初中数学有效教学实践研究

CHUZHONGSHUXUE
YOUXIAOJIAOXUE
SHIJIANYANJIU

张艳侠 ◎ 著

辽宁大学出版社
Liaoning University Press

图书在版编目（CIP）数据

初中数学有效教学实践研究 / 张艳侠著. 一沈阳：
辽宁大学出版社，2017.6
ISBN 978-7-5610-8673-5

Ⅰ．①初… Ⅱ．①张… Ⅲ．①中学数学课—教学研究
—初中 Ⅳ．①G633.602

中国版本图书馆 CIP 数据核字（2017）第 134499 号

初中数学有效教学实践研究

CHUZHONG SHUXUE YOUXIAO JIAOXUE SHIJIAN YANJIU

出 版 者：辽宁大学出版社有限责任公司
　　　　　（地址：沈阳市皇姑区崇山中路 66 号　邮政编码：110036）
印 刷 者：沈阳市第二市政建设工程公司印刷厂
发 行 者：辽宁大学出版社有限责任公司
幅面尺寸：170mm×240mm
印 　 张：15.5
字 　 数：260 千字
出版时间：2017 年 6 月第 1 版
印刷时间：2017 年 6 月第 1 次印刷
责任编辑：马　静
封面设计：韩　实
责任校对：依　人

书 　 号：ISBN 978-7-5610-8673-5
定 　 价：45.00 元

联系电话：024—86864613　　网　　址：http://press. lnu. edu. cn
邮购热线：024—86830665　　电子邮件：lnupress@vip. 163. com

前　言

　　笔者从事初中数学教学工作十二年，数学教研员工作十八年，经历了一次次教学改革的过程。《基础教育课程改革纲要（试行）》颁布和实施以来，亲历了课程改革带来的变化。

　　本书以新课程实施以来数学教学的变化及存在的问题为出发点，结合实际案例对数学教学、数学核心概念、数学教学目标、数学教学内容、数学教学方法、数学教学评价、数学教学设计等方面的内容梳理集成，呈现给读者。目的是给初中数学一线教师的数学教学提供借鉴和启发，引发同行对数学有效教学进行深入的思考与研究，进而提高数学教学质量。

　　本书共有八章：

　　第一章：绪论部分。介绍和分析了国内外有效教学的研究成果，进一步突显了研究有效教学的现实意义，在汲取国内外有效教学研究成果的基础上，结合教学实践提出了作者的思考。

　　第二章：数学教学。分析了数学教学的现状。实施"新课程"以来，数学教学改革取得了应有的成就，同时也存在着种种问题。从数学教学中存在的问题出发，正确认识数学教学，这是数学有效教学的基础。

　　第三章：数学核心概念。介绍了对数学核心概念的理解、核心概念在教学中的地位和要求、学生数学核心素养的培养及数学学科育人功能的发挥，这是数学有效教学的根本所在。

　　第四章：数学教学目标。介绍了认识教学目标、确定教学目标、表述教学目标、优化教学目标及基于目标评价教学的策略。

　　第五章：数学教学内容。教学内容是教学目标得以实现的载体，介绍了根据教学目标精编教学内容。教学内容要突出生活性、整体性、典型性和层次性，可以采用问题串的方式呈现教学内容。

　　第六章：数学教学方法。教学内容要求丰富的教学方式与之相匹配，介绍了优化讲授式、细化合作式、深挖探究式的具体措施，同时介绍了导学案的应用和作者研究的数学分层次分组的教学方法。

第七章：数学教学评价。情感是制约和影响学生学习的重要因素。介绍了学生的学习结果、学习过程、学习水平及情感与态度的评价策略和多样的评价方式。

第八章：数学教学设计。介绍了数学教学设计的内涵，推介了概念课、定理公式法则课、习题课、复习课教学设计的课例，进一步在实践层面理解有效教学的操作策略。

本书引用了众多相关研究者的文献资料，注明了参考文献的来源，但也不排除有疏漏之处。在此谨向对深入研究有效教学而辛勤付出的专家和学者深表谢意！

由于时间仓促和学识所限，本书难免出现疏漏和不妥。敬请读者予以斧正。

张艳侠

2017 年 5 月于沈阳

目　　录

第一章 绪 论

如何提高教学的有效性一直是教育研究的重要课题。自 20 世纪上半叶西方教学科学化运动首次提出有效教学概念以来，国内外教育学术界对于有效教学的研究取得了很多成果。

一、国外对有效教学的研究

（一）有效教学研究的发展历程

20 世纪以来，西方主流教育学界实现了从"教学是艺术"到"教学是科学"的重大转变，与此相对应，有效教学也经历了三个重要的发展阶段。

1. 追求有效"教学规模"

捷克教育学家夸美纽斯在 1632 年出版的《大教学论》中认为：通过扩大"教学规模"可以实现"教学效率"的提升，以"学生多"来对教师的教学过程进行替代。教学模式的定式化成为教育学研究的一个热点，分别产生了广为人知的"普通教学法""六段教学法"等多种模式。

2. 追求有效"教学模式"

美国学者乔伊斯·韦尔在 1972 年出版的《教学模式》一书中详细介绍和对比了各种教学模式。质疑定式化"教学模式"的普遍有效性，对于多元化"教学模式"的追求成为新的研究趋势，这一阶段对教学模式的研究逐渐丰富了起来。其中最有影响力的三大教学模式理论为德国瓦根舍因提出的"范例教学"、美国布鲁纳提出的"学科结构教学"及苏联赞可夫提出的"发展性教学体系"。

3. 追求有效"教学设计"

随着对学生个性化、课堂不可重复性认识的逐渐深入，教育学家们逐渐认识到有效教学不能单单依靠静态的教学模式创新，也不能单单依靠教学方法和教学技术手段的更新，而要与课堂和学生的特点紧密联系，这促使了有效教学的研究由"教学模式"向"教学设计"发展。对如何通过教学方案设计实现有效教学，主流教育学界有三种观点：①美国教育家加涅提出的"科学主义"教学设计思想；②美国教育学家杜威提出的"建构主义"参与者知识观教学设计思想；③美国学者加德纳提出的"多元智能"教学设计思想。

（二）对有效教学特征的研究

国外学者对于有效教学特征主要从"教"和"学"两个方面开展研究。

1. 对于教师"教"的研究

费尔德曼认为：科目和学科知识、备课和组织、清晰度和理解度、教学热情、对学生水平和学习进度的敏感和关心、可用性和帮助性、考试质量、评价学生的公正性、对学生的总体公平等九个方面，是有效教学的重要特征。

波尔克认为：教师良好的学术表现、沟通技巧、创造性、专业性、教学知识、全面而适当的学生评价和测评、自我发展和终身学习、人格、天赋或学科知识以及学科领域建构观念的能力等十个方面，是有效教学的重要特征。

2. 对于学生"学"的研究

Doyle 提出：帮助学生识别重要性、保持学生的兴趣、尊重学生的发展、尊重学生的差异、保持学生的注意、保持明确的目标、依赖学生先前学习的结果、清晰地呈现材料、提供恰当的结构、指导学习、提供反馈、帮助巩固知识、尊重学生、理解学生、保持学生的好奇心、充分了解本学科、强调重要内容等方面，是教师有效教学的特征。

美国高等教育学会和约翰逊基金会总结出有效教学的七个特征：即鼓励师生互动、鼓励学生主动学习、注重任务时间、给予及时反馈、尊重不同学生的天赋和学习方式、鼓励学生合作、传达高期望等，得到学术界的广泛关注和认可。

（三）对有效教学标准的研究

国外学者主要从有效教学应具有的行为标准来对有效教学进行评价，主要包括教学目的、教学内容、教学环境、教学方法、教学活动、教学能力、教学反馈等方面。

Young 和 Shaw 认为：教师有效地与学生交流和沟通、教师营造愉快的学习氛围、教师关心学生的学习、教师善于激励学生的学习、教师有效地组织课程、教师讲授的内容对学生有价值、教师尊重学生等七个方面，是判断有效教学的行为标准。

Ellott 和 Travers 认为：创造一种积极的学习环境、有效地运用语言、坦诚地对待学生、谨慎地使用表扬、公平地对待每一个学生、综合地利用多种技术、是一个优秀的问题解决者、清晰地讲授、切实组织课堂互动是理想的教师的教学行为。

Stewart 等认为教师奖励学生的进步和努力、课程内容和评价联系在一起、激发学生的参与兴趣、课程内容对学生来说是有趣的灵活的、学生有选择同伴和学习内容的机会、教师有同理心、教师课堂上帮助学生建立自信等，是有效课堂教学的评价标准。

（四）对有效教学策略的研究

有效教学策略是有效教学设计的指导思想，与传统教学不同，有效教学策略强调教师做很多准备并通过学生高度参与实现教学目标。

Stewart 等从备课、上课和评价方面提出了有效教学的策略。即：在上课之前，引导学生的思维贴近学习内容；给学生营造一个宽松、有趣的课堂氛围；在课堂上尊重学生表现出来的个人愿望；给每一个学生尤其是学业不良的学生多次尝试的机会；课堂评价要密切地观察到每一个学生。

Rosenshine 和 Stevens 从回顾、学习新知、练习、反馈、复习等方面提出有效教学策略。即：回顾，检查前一天作业，如果需要再讲一遍；展示新概念和技能；指导学生练习，并检查学生的理解情况；反馈并纠正学生的错误；给学生独立练习的机会；设定每周每月的复习计划。

Killen 从组织方式提出有效教学策略。即：直接教学、讨论、小组活动、合作学习、解决问题、探究学习等。

Zemelman, Daniels 和 Hyde 从宏观方面提出有效教学策略，即以儿童为中心、以经验为基础、有反思、真实可信、具有整体性、与社会相协同、具有民主性、重视认知、关注学生发展、有建设性、使用心理语言和有挑战性。

二、国内对有效教学的研究

我国对有效教学研究起步较晚，兴起于 21 世纪初的课程改革，借鉴国外研究，对有效教学进行了有价值的研究。

（一）对有效教学内涵的研究

华东师大崔允漷教授认为："有效"是指通过一段时间的学习之后，学生所获得的具体进步或发展。学生有无进步或发展是教学有没有效益的唯一标准。

福建师大余文森教授认为：从"学"和"教"两个方面界定有效教学。"学"包括速度（学习时间——投入）、收益（学习结果——产出）、安全

（学习体验——苦乐）三个方面，即时间、结果、体验是衡量有效学习的重要指标。"教"指能促进"学"的"教"，即通过教师的教，学生不仅学得更多、快、深、好，而且学会了学习、掌握了学习方法、提高了学习能力。

浙江海洋学院宋秋前教授提出：有效教学是师生遵循教学活动规律，以最优的速度、效益和效率促进学生在知识与技能、过程与方法、情感态度与价值观上获得整合、协调、可持续的进步与发展。

（二）对有效教学要素的研究

中科院心理研究所研究员张梅玲认为：教师、学生和教材构成课堂教学的主要要素。教材的知识结构直接影响到学生的认知结构，良好的教材结构能促进学生认知结构的形成及问题的解决和问题解决策略的使用；教师根据学生的原有知识和经验，通过教学设计促使学生更好地主动建构。

云南师大孙亚玲博士认为：有效教学的积极因素包括教师（教师的教育观念、道德水平、智力与智慧、科学文化水平、教学能力、心理状态）、学生（一般特征、起点能力、学习策略与方法、参与状态）、教学内容（内容的价值取向、内容的多少、呈现方式）和教学环境（物化环境、人文环境）。

（三）对有效教学教师行为的研究

崔允漷教授在其专著《有效教学》一书中，把教学行为分为三种，一是主要教学行为（呈示行为——讲述、板书、声像呈示、动作示范；对话行为——问答、讨论；指导行为——自主学习指导、合作学习指导、探究学习指导）；二是辅助教学行为（学习动机的培养与激励、课堂强化技术的应用、教师期望效应的实现、良好课堂气氛的营造）；三是课堂管理行为（课堂问题行为及其成因、课堂问题行为的处理、课堂问题行为的预防）。

宋秋前教授认为：以学生发展为价值取向的教师有效的教学行为，具有以下几个特点：（1）变牵着学生走为跟着学生走；（2）把思维过程还给学生；（3）变教教材为用教材教。

（四）对有效教学策略的研究

崔允漷教授把教学策略划分为：准备阶段策略（课前制定教学方案所要做的工作——教学目标的确定、教学材料的处理与准备、主要教学行为的选择、教学方案的形成）、实施阶段策略（课堂上的行为——教学行为、管理行为）、评价阶段策略（对指导教学过程及结果做出的价值判断——教师专业活动评价及学生学业成就的评价）。

辽宁师大吕宪军提出了有效教学的基本策略：（1）重过程的教学策略；（2）形成认知结构的教学策略；（3）创设练习情境的教学策略；（4）提供真

实情境的教学策略。

（五）国内有效教学研究存在的特点和问题

1. 研究目的

国内有效教学的研究目的主要是为落实素质教育理念，解决应试教育的顽疾，试图追求一种能够促进学生全面发展的教学模式或方法。即为西方有效教学研究的第二个方面，忽视了学生的个性化特征和课堂的个性化特征，极易出现教学模式在一定环境的"水土不服"的现象。

2. 研究方法

国内有效教学研究以理论研究为主，基于国外有效教学研究成果并结合我国实际，在理论上探讨如何推进基础教育课程改革，能结合学科教学实践对有效教学进行研究的较少。

3. 研究内容

着重于教学理念、教学方法、教学模式的概述和分析，强调教学活动的互动方式，缺少对于教学设计有效性的研究。

4. 评价标准

反对以学业成绩等数量化指标对教学有效性进行评价，强调教学的主体意义和生命意义，有效性评价以学生的"学"为主，但缺少了对教师的"教"进行有效性评价。

三、笔者的思考

由于部分教师对"新课程"理念的理解存在误区及经验、能力不足等因素，导致教学中出现的形式化、低效化现象较为严重。因此，对有效教学的理论与实践研究具有十分重要意义，提高课堂教学的有效性是当前深化教学改革的关键和根本要求。

笔者汲取国内外有效教学的研究成果，结合一线教学实际情况，从数学教学设计的角度进行了实践探索，提出了以下基本观点：

（一）有效教学设计应"以学定教"、"依标而教"

1. 以学定教

以学定教是有效教学的起点和归宿。一切教学活动的开展都要围绕引发学生的学而展开。依据学习理论，尊重学生的学习特点，尊重学生的个体差异。

2. 依标而教

依标而教是遵循《课标》进行教学，是有效教学的前提。《课标》是对学生在经过一段时间的学习后应该把握什么和通过思维能做什么的界定和表述，具体反映了国家对学生学习结果的基本要求。首先，遵循《课标》的要求，保障数学教学的基础性和规范性，实现数学教学在培养人思维能力和创新能力方面不可替代的作用。其次，把握学科本质、培养能力、发展智力，培养学生的数学核心素养。

（二）教学目标是有效教学的核心

教学目标是学科教学的灵魂，是教学的根本出发点与归宿。要提高教学效益，教学目标一定要有效，它关系到教学活动的导向、教学内容的取舍、教学方法的运用、教学效果的评价等。

有效的教学目标具有全面性（三维目标的整体实现，是学生受到良好数学教育的标志）、明确性（设置质和量的具体规定性教学目标，可测量，便于把握和评价应用）、层次性（将教学目标分层次，不同层次的学生达到不同层次的教学目标，激发不同层次学生的学习积极性，增强学生自信心）的特点。教学目标的设计既要符合《数学课程标准》的要求，又要与学生的学习实际相适应。

（三）教学内容是教学目标得以实现的载体

教学内容应该根据教学目标选取，教学内容为实现教学目标服务。在教学内容的选择上突出生活性、整体性、典型性和层次性，能够促进学生三维目标的达成；在内容的呈现方式上体现知识的形成与应用过程，能够促进学生在学习过程中掌握学习方法目标的达成。

（四）教学内容与学习方式相匹配

数学课程内容是现实的，并且教学过程是学科课程的重要组成部分，因此课程内容本身就需要科学的学习方式与之匹配。有效的数学学习活动不能单纯地依赖模仿与记忆，而动手实践、自主探索与合作交流是学生学习数学的重要方式。运用自主、合作、探究等学习方式符合学生的认知特点，也是学生所喜爱的学习方式。在自主、合作、探究中学习，学生的三维目标才能得到实现。

（五）有效的教学评价是促进学生发展的基石

学生的情感是制约和影响学生有效学习的重要因素，通过评价主体多元化、评价形式多样化、评价结果人性化等策略，能激发学生的学习动机和调动学生的学习热情。课堂教学评价既要关注学生的学习结果，也要关注学生的学习过程；既要关注学生的学习水平，也要关注学生在数学活动中表现出来的情感与态度。

第二章　数学教学

第一节　数学教学现状

2002 年实施"新课程"以来，特别是《2011 年版新课标》颁布以来，通过对区域内数学教学的全面调研，对数学教学的现状进行了理性的分析。

一、"新课程"实施以来的可喜变化

1. 教师的变化

（1）教师教育观念的变化

教师的知识观、教材观、学生观、教学观，正在悄然发生变化。

教师对知识的理解发生了变化，多数教师普遍认同建构主义的知识观，即知识不是静态的结果，而是一种主动建构的过程。教师在教学中能够采用探究、讨论、实验、合作等多种教学活动形式，使学生与学习对象相互作用，使其主动认知、主动建构并获得充分发展。

教师把学生看作是自主的学习者，学生来到学校，不应是被动地接受知识，而应是主动地进行知识的建构。通过自主的知识建构活动，学生的创造力、潜力等得以发挥，情感态度、价值观得以陶冶，个性得以发展。

教师普遍认为教学是对话与知识的建构活动，没有与学生沟通的教学是不可想象的。新课程教学中，教师与学生是平等的关系，师生相互尊重、真诚交往、共同探求知识，交流获得知识的体验。

教师不再把教会学生知识作为唯一的教学目标，而是在教学目标中让学生掌握学习方法、激发学生学习兴趣，在探索中掌握知识。学生的情感态度、价值观与知识同等重要。

教师谈论的话题是教学如何从学生的经验和体验出发，密切知识与生活之间的联系，如何引导学生不断深入地观察和体会社会生活，如何在实际活

动中发现问题，并运用所学知识去解决问题。

（2）教师教学方式的变化

"新课程"实施后，教师的教学行为正在逐步变化。对区域学生的调查表明：48.5%的学生认为，教师采用"讲授与探究"相结合的教学方式，22.3%的学生认为教学过程是"以学生探究为主"。七年级有 39.2%的学生、八年级有 58.3%的学生认为：教师"很注重探究过程"，七年级有 55%的学生认为教师在教学中对学生学习兴趣、积极性、进取心"非常关注"，八年级有 40%的学生认为教师在教学中关注学生的学习兴趣、积极性、进取心。通过实地调研看到，教师在教学中能激发学生学习积极性，为学生提供从事探究活动的机会，指导学生自主探究与合作交流。教师经常使用"你有不同意见，请讲"这类语言，教师正在逐步成为学生学习的组织者、引导者与合作者。

教学中教师尊重学生的个体差异。在学生讨论时，教师走下讲台，对学生进行个别指导；课堂教学中，教师让学生进行开放式提问；在解答问题的过程中，教师让学生参与，经常使用"谁来回答他的问题"、"还有其他的答案吗"这类语言，让学生各抒己见，积极讨论，引导学生在讨论中思考。在合作中交流，教师为学生留有更多的思考时间，并经常使用"你再想想"，"让我们来帮帮他"等鼓励性的语言。

（3）教师评价方式的变化

教师评价观方面有较大的转变。评价的目的应是促进教师不断改进教学，促进学生的发展，因此评价的主体是多元的（包括教师、学生、领导、家长），评价学生的方式也应是多样的。问卷调查表明，80%的教师在评价学生学习时，注重学习过程，85%的学生也认为教师对其兴趣、积极性、主动性和进取心等非常关注或关注。令人可喜的是，所有教师都认为自己在教学中非常关注学生在学习活动中表现出来的情感态度和价值观。

教师评价学生的方式呈多样化态势。如有的班级采用在学生姓名下面画小红旗的方式，对学生在各门学科中取得的点滴成绩、在课堂中质疑探究取得的成绩等予以记录，获得二十面小红旗就可以获得一朵小红花。班里有"学生多样化评价栏"，班内选出了"学习优胜者"、"劳动模范"、"克服病痛的强者"等等。这种多样化的评价方式极大地调动了学生的积极性、主动性，有助于学生个性的发展。

教师评价学生注重过程性评价。调研结果显示，65%的教师认为：口头表达、活动报告、成长记录等形式的评价与书面考试并重；57%的教师认为：报告学生成绩以"分数或等级加评语"的形式更合适；84％的教师认为：对学生学习进行评价最主要的目的是促进学生发展。

（4）新课程的实施促进了教师专业化成长

长期以来，教师多数把自己的职业角色努力定位在无所不知、无所不晓的"百科全书式"的理想模型上，总是期望自己成为博学者。随着时代的发展，知识信息的飞速增长，若教师还以无所不知、无所不晓作为职业目标的话，那么他将无法适应多变的时代和满足学生多方面的需求。"新课程"实施后，教师成为研究者的理念正在逐步得以体现。座谈中我们发现教师意识到"不仅要考虑教什么和怎样教的问题，而且要思考为什么教的问题"，教师感到新课程的教学压力比以前大了，已经意识到自身的职业角色正在发生变化，正由"教"转向"导"。在座谈中，教师说："新课程更强调教师去指导学生探索发现知识，但由于以往的定式，有时觉得无所适从，但我也在努力地去做"。这表明教师的观念正在发生转变，正在朝着《课标》要求的方向改变。

2. 学生学习方式的变化

（1）教学中学生有独立思考的时间和空间

教师在课堂上少讲、精讲，留给学生更多的自主学习时间。把时间交给了学生，它的价值在于激活了每一个学生的思维。回应了学生的"给我一次机会，还你一个惊喜"的企盼。教育的本质是解放人，使人更自由，让人发挥出最大的潜能。因此，自主学习是"新课程"教学的追求目标之一，自主学习，不仅可以培养学生的自主学习意识和学习能力，而且更重要的使学生养成独立的人格和善于独立思考的习惯。

（2）课堂上师生平等对话，学生敢于质疑

课堂上建立民主平等的师生关系，学生作为独立的个体，根据自己的生活方式、性格特点、社会经验、知识水平去体会、去感悟，通过一题多解、不同角度观察、分析问题并形成一定的解答方法和技能，打破了统一答案、唯一答案的"学习标准"。学生敢想、敢说、敢问、敢演、敢答，张扬了学生的个性，激发了学生的潜在能力。

（3）课堂上实现师生互动、生生互动

课堂上每个学生可以尽情地展示自己或小组的学习成果，老师以平等的身份与学生互动，提高了学生学习的积极性和主动性。经过生生互动、师生互动，形成生生、师生间思维的碰撞，提升了学生乃至教师对教学内容的理解。更为重要的是，学生拥有了自信和快乐地学习的空间，其意义不只在于学习成绩和学习能力的提高，更在于有效地促进了性格的发展，进而形成良好的学习习惯，为学生的终身发展打下良好的基础。

（4）学生成为课堂教学的主角

课堂上教师放弃了权威的地位，把课堂还给学生，相信学生、依靠学生、发展学生，真正调动学生学习的积极性，让学生的脑、手、口、眼都动起来。学生学习既有自主、自悟、自结，又有合作交流，学生相互启发、共同探究，学会学习，成为学习的主人。

二、教学活动中存在的问题

"新课程"所蕴含的教育理念反映了当今经济全球化、文化多元化、社会信息化的特点，体现了世界教育发展的趋势，折射出了人们对美好未来的追求。新课改的核心是新课程理念的落实，把国家的意志变为千百万教师的教学行为，这是新课程能否成功的关键。

没有课堂教学行为的变革，就没有新课程的实施。课堂是实施新课程的主阵地。著名教育家苏霍姆林斯基说过"一个有经验的校长，他所注意和关心的中心问题就是课堂教学。"

我们需要反思课堂教学。什么样的教学是符合新课程要求的？新课程该怎样往下走？什么是教学的有效性？我们又该如何使我们的教学更有实效，从而达到高效呢？

我们对教师和学生做了一个专项调查，调查数据统计结果如下：

教师方面：

研究《课标》	51%的教师有《课标》；32%的教师备课看《课标》；23%的教师关注三维目标。
处理教学内容	31%的教师能对教学内容进行调整、重组、增删。
教师讲课时间	85%的教师讲课时间在 30～35 分钟，关注"教"了多少。
合作、探究学习方式	25%的教师能放手让学生合作学习、探究学习。
课堂教学评价	36%的教师对学生进行鼓励性评价。

学生方面：

学生课堂教学参与率	63％的学生参与课堂教学活动。
学生课堂独立思考、自主探究、合作交流	31％的学生能独立思考；12％的学生有机会进行观察、分析、猜想、验证、归纳等探究学习；16％的学生能与同学合作交流。
学生对教师课堂教学的满意率	45％的学生对教师课堂教学满意。
学生课堂的达标率	56％的学生能够当堂达到教学目标要求。

这些数据显示，我们的课堂教学与新课程的要求还有很大的距离，特别是教师的课堂教学行为还有很大的提升空间。

通过对师生的问卷调查和课堂观察，概括出课堂教学存在的主要问题有以下几个方面：

1. 课堂上教师讲得太多，学生的主体性被忽视

《数学课程标准》强调：在教学中，教师要处理好讲授与学生自主学习的关系，注重启发学生积极思考；发扬教学民主，当好学生数学活动的组织者、引导者、合作者。

然而，在教学中教师由传统的"一讲到底"，变为"一问到底"，其实质学生仍然在教师的牵制下，按教师设计好的问题亦步亦趋地被动学习。其根本原因是教师传统观念根深蒂固，固有的习惯很难改变，总觉得有些地方不讲不行，怕学生不理解，本来提出一个问题就完全可以让学生有话可说，可教师却把它割裂成几个简单问题，一问一答，让学生跟着教师走。

案例：《探索直线平行线的条件》一节课的课堂观察记录

统计要点①：教师提问，学生回答情况。

工具：学生作位图、纸笔。

统计结果：统计师生问答次数及问答方式。

教师一节课提问101次，一问群答72次，一问一答29次，占比29％。在一问一答的29人次中，其中举手主动回答16人次，被动回答13人次；在一问一答的29人次中，其中有10人次集中在3名学生中，占34.5％。

全班44名学生，有23名学生没有独立发言，占52.3％。

统计要点②：师生时间分配。

统计结果：一节课教师只有在学生板演和动手操作时各停止1分钟，其

他时间一直在提问、提示、讲解，其中最多停顿 20 秒。

简析：形式上看，这样的课教师不是一言堂、满堂灌，实质上学生根本没有思考的时间和空间，教师的提问、提示、讲解占据了学生观察、思考、分析、想象、推理、交流的机会和时间，学生只能跟着教师的思路和指定的程序亦步亦趋，学生仍处于被动学习状态，教师把"一讲到底，满堂讲"，变成"一问到底，满堂问"。

2. 课堂上教师不能关注全体学生，使得教学效果不理想

《数学课程标准》强调在教学中，要面向全体学生，关注学生的个体差异。对学习有困难的学生，教师要给予及时的关注与帮助，鼓励学生主动参与数学学习活动，要及时地肯定他们的点滴进步，耐心地引导他们分析产生困难或错误的原因，并鼓励他们自己去改正错误，从而增强学习数学的兴趣和信心。

然而，课堂上教师的目光更多的是投向那些学习成绩较好的学生，学困生则被忽视，不能真正调动学困生的学习积极性。学生参与课堂教学是有效教学的前提，教学中教师必须面向全体学生，关注不同层次的学生，充分调动学生的学习积极性，使不同层次的学生都能参与到教学中来。

案例：《解直角三角形复习（2）》教学片段

（某市 2015 年中考试题，10 分）三沙市一艘海监船某天在黄岩岛 P 附近海域由南向北巡航，某一时刻航行到 A 处，测得该岛在北偏东 30°方向，海监船以 20 海里/时的速度继续航行，2 小时后到达 B 处，测得该岛在北偏东 75°方向。求此时海监船与黄岩岛 P 的距离 BP 的长。（结果精确到 0.1）

学生思考约 1 分钟（7：42—7：43），让学生回答。

简析：一个 10 分的题，只有 1 分钟思考时间，教师只关注优等生会了，而其他大多数学生还没有解题思路，甚至还没有审清题意，教师就开始让优等生回答问题，因而造成一些学生跟不上教学进程，无法参与到教学中来，久而久之，对学习失去了兴趣和信心。

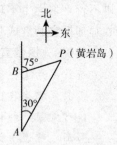

3. 部分教师不注重知识的形成过程

《数学课程标准》强调在教学中要设计必要的数学活动，让学生通过观察、实验、猜测、推理、反思等过程，感悟知识的形成和应用过程。恰当地让学生经历这样的过程，对于他们理解数学知识与方法、形成良好的数学思维习惯、增强应用意识、提高解决问题的能力有着重要的作用。

在教学中展现"知识背景——知识形成——揭示联系"的过程，有利于

激发学生的学习兴趣，理解数学实质，提高思维能力，了解知识之间的联系。

　　然而，在教学中，部分教师认为让学生经历知识的形成过程很浪费时间，所以，对新知识简单处理，匆匆而过，造成学生对数学知识机械记忆和单纯模仿。

　　案例：《因式分解》教学片段

　　片段一：比一比，看谁算得又对又快？（投影）

　　$99^3 - 99$

　　能被 100 整除吗？

　　（学生活动：6 人一组讨论交流了各自的不同算法，请算得最快的同学谈思路，得出最佳解题方法。）

　　然后由因数分解引出本节课题：因式分解

　　师：课件展示教材上的做一做内容，学生完成。

　　1. $3x(x-1) =$　　　　　　2. $m(a+b-1) =$

　　3. $(m+4)(m-4) =$　　　　4. $(y-3)^2 =$

　　那么：

　　5. $3x^2-3x=$　6. $ma+mb-m=$　7. $m^2-16=$　8. $y^2-6y+9=$

　　师：1—4 四个式子是整式乘法运算，是把积的形式转换为多项式。

　　师：5—8 四个式子，它们的左边都是一个什么式子？右边又是什么形式？

　　生：它们的左边都是一个多项式，右边都是几个整式的积的形式。

　　师：对，5—8 四个式子是把多项式转换为积的形式，就是整式乘法的逆过程。

　　师：我们把 $12=2\times2\times3$ 叫因数分解，那么 5—8 四个式子这样的情况我们怎么称呼呢？

　　生：因式分解。（稍停顿，部分学生齐答）

　　师：非常好！大家明白什么是因式分解了吗？

　　生：明白啦！

　　师：大家真聪明，因式分解也叫分解因式，我们看下面几个式子，哪些是因式分解？

　　(1) $(y+3)(y-3) = y^2-9$　　　　(2) $x^2-16 = (x-4)(x+4)$

　　(3) $a^2+2ab+b^2 = (a+b)^2$　　　(4) $4a^2+8a=4a(a+2)$

　　(5) $x^2-1+x = (x+1)(x-1)+x$

　　（在学生独立思考的基础之上，开展小组讨论交流，得出了答案）

生：正确的答案：（2）（3）（4）是因式分解，（1）（5）不是因式分解。

片段二：小测试

师：我们学习了什么是因式分解，大家还记得吧？

生：记得！

师：好，下面我们来进行个小测试。（课件展示）

判断题

1. $a^2-2ab+b^2=(a-b)^2$ （　　　）

2. $xy^3=xy \cdot y^2$ （　　　）

3. $x^2+2x-3=(x-1)(x+3)$ （　　　）

4. $x^2-x=x^2(1-\dfrac{1}{x})$ （　　　）

认为第一个等式是因式分解的请举手————41 人（全班 46 人），答对率 89%。

认为第二个等式是因式分解的请举手————17 人，答对率 63%。

认为第三个等式是因式分解的请举手————26 人，答对率 43%。

认为第四个等式是因式分解的请举手————23 人，答对率 50%。

简析：

教师以为因式分解很好理解，通过以上环节对因式分解的概念进行感知、内化，通过对各式观察、分析、交流合作，理解因式分解的概念。简单地处理了概念之后，匆忙去做习题了。教师忽略了对概念的剖析，如整式、多项式、积等关键词的理解，导致学生的学习效果不理想。

4. 课堂教学活动形式化、表象化

当前的教学活动较多的是散漫的、随意的、肤浅的、局限于表层的活动，缺乏明确的目的，有的从表面上看学生是动起来了，小组合作学习也开展起来了，课堂气氛也很活跃。但仔细观察便会发现，这些活动只停留在形式上的热热闹闹，没有真正激发学生深层次的思考。仿佛有了这些形式就是实施新课程了。

案例：《5.2.1 求解一元一次方程（一）》教学片段

新知探究一：

师：根据等式的性质解方程

生：板书解题过程

师：（擦掉中间步骤）同学们小组讨论，观察这两个式子，有怎样的变化，把这种变化叫做什么？依据是什么？需要注意什么？

$5x \boxed{-2} = 8$

$5x = 8 \boxed{+2}$

师：（半分钟）谁能回答？

生 1：（举手）把原方程中的某一项改变符号后，从方程的一边移动到另一边，这种变形叫做移项。

师：（板书概念）

生 2：移项的依据是等式的基本性质 1。

生 3：移项的过程中，一定要注意改变符号。

师：出示达标练习 1，把下列方程进行移项变形。

$4x - 3 = 5$　移项，得：_____

$5x - 2 = 7x + 8$　移项，得：_____

$3x + 20 = 4x - 25$　移项，得：_____

$1 - \dfrac{3}{2}x = 3x + \dfrac{5}{2}$　移项，得：_____

新知探究二：

师：同学们，小组讨论一下：

移项时，通常把_____移到等号的左边；把_____移到等号的右边。

师：（半分钟）哪组的同学能回答？

生 4：移项时，通常把含有未知数的项移到等号的左边；把常数项移到等号的右边。

师：如何用移项法解下面的方程：

生 5：

$1 - \dfrac{3}{2}x = 3x + \dfrac{5}{2}$ 移项，得 $-\dfrac{3}{2}x - 3x = \dfrac{5}{2} - 1$

合并同类项，得 $-\dfrac{9}{2}x = \dfrac{3}{2}$

方程两边同时乘 $-\dfrac{2}{9}$，得 $x = -\dfrac{1}{3}$

师：出示达标练习 2。（按步骤书写规范）

(1) $4x - 2 = 3 - x$　　　　(2) $-7x + 2 = 2x - 4$

(3) $-x = -\dfrac{2}{5}x + 1$　　　　(4) $2x - \dfrac{1}{3} = -\dfrac{x}{3} + 2$

新知探究三：

师：同学们，小组讨论一下，移项解方程的步骤。

师：（半分钟）哪组的同学能回答？

生 6：分三步：

第一步：移项；第二步：合并同类项；第三步：系数化 1。

简析：在这一教学片段中，教师设计了三次新知探究，每一次新知探究都运用了小组合作学习。但值得探讨的问题是：

1. 每次新知探究的内容是否需要学生合作学习才能完成？

2. 如果是需要学生合作学习才能完成的学习任务，那每次讨论的时间都是半分钟，是否有些仓促？

3. 学生合作探究是否应该在独立思考的前提下进行更有效？

随着课程改革的发展，新课改的理念已经能够被广大教师所接受，但由于教师对教学实质把握不准，在新课程实施过程中出现了对新课程理念理解的表象化、操作的形式化的现象，这些现象折射出课堂教学改革的缺憾。

第二节　数学教学

针对教学中的低效甚至是无效的现状，如何在教学中追求实效，提高课堂有效性成了课程改革的核心问题，教学的有效性作为现实问题也就成为我们每一位教师必须研究的课题，为此我们必须正确认识数学教学。

数学教学是对数学课程的具体实施，是为达成一定的数学课程目标，在特定的环境条件下所展开的教学活动。数学教学是数学活动的教学，是师生之间、学生之间交往互动与共同发展的过程。这里强调了数学教学是一种活动，是教师和学生的共同活动，这对教师树立正确的数学教学观具有重要意义。

一、对数学教学活动的基本看法

1. 数学教学活动是师生积极参与、交往互动、共同发展的过程

数学教学应该是教师和学生共同参与的活动。这里的参应包括行为参与、思维参与和情感参与，不仅指参与的形式，更指收到的实际学习效果。数学教学不应该是教师单向信息输出，而应该是教师、学生、文本之间的多向交流互动。互动包括师生互动、生生互动、学生与学习对象互动和学生自我互动，最终实现师生的共同发展。

2. 有效的教学活动是学生学与教师教的统一

教学活动是"教"'和"学"两方面活动的统一，这两方面的统一就是要达到共同的教学目的。简单地看，教与学在数学内容学习上达到一致，教学活动就是有效的，但在实际教学中，情况往往不是这样，我们看到的有些数学课堂，老师备课很认真，讲得很辛苦，甚至讲得很精彩，但学生却无动于衷；有些课堂，学生在老师的调动下似乎也"动"了起来，课堂的气氛似乎也很热烈，但最终学生单独面对数学问题的时候还是不能很好地解决。其实，处理好教与学的关键是处理好教师和学生的关系，传统的教学观对这种关系采取了二元对立的思维方式，基于"教师中心"或"学生中心"的认识就是这种思想的代表。

教师教和学生学的统一，实质就是要处理好"以教师为主导，以学生为主体"的关系。好的教学活动应该是学生主体地位和教师主导作用的和谐统一。一方面，学生主体地位的真正落实，依赖于教师主导作用的有效发挥；另一方面，有效发挥教师主导作用的标志，是学生能够真正成为学习的主体。

实行启发式教学有助于落实学生的主体地位和发挥教师的主导作用。教师富有启发性的讲授；创设情境、设计问题，引导学生自主探索、合作交流；组织学生操作实验、观察现象、提出猜想、推理论证等，都能有效地启发学生的思考，使学生成为学习的主体，逐步学会学习。

3. 学生和教师在教学活动中的角色定位

《课程标准 2011 年版》指出，在数学教学活动中，"学生是学习的主体，教师是学习的组织者，引导者和合作者。"这样的角色定位，集中体现了以学生发展为本的目标取向之下教师和学生之间应具有的关系。毫无疑问，今天的数学课堂教师所做的一切是为了学生的发展，对学生学习主体地位的强调，不仅必要而且必须。在这里需要正确认识的是，突出学生的主体地位，并不意味着教师教学主导性的削弱，而是对教师提出了更高的要求，即需要教师从一个单纯的知识传授者，转变成学生数学学习的组织者、引导者和合作者，为学生的发展提供良好的环境和条件。

教师的"组织"作用主要体现在两个方面：第一，教师应当设计一个好的教学方案；第二，在教学活动中教师要适当地选择教学方式。教师的引导作用主要体现在引导学生积极思考、激发学生的好奇心；促进学生理解知识，掌握技能，积累经验，感悟思想；引导每一名学生都能够积极地参与学习活动，提高教学活动的针对性和有效性。教师与学生的"合作"主要体现在教师以平等、尊重的态度鼓励学生积极参与教学活动，启发学生共同探索，与学生一起感受成功与挫折、分享发现与成果。

二、数学课堂教学中最需要做的事

尽管每堂数学课有每堂课的既定目标，也有各自的重心所在，但就整体来看，在数学课堂教学中，我们最应该下工夫的点在什么地方呢？什么是最需要做的事？

1. 激发学生的学习兴趣

数学好玩，曾是数学家陈省身先生给数学的赞美，但为什么数学所特有的魅力对于好多学生来说常常难以感受到呢？这是值得我们思考的，特别是在义务教育阶段，教师需要更多地在激发学生学习兴趣上下工夫。教师要通过自己的教学智慧和教学艺术，充分展示数学的魅力，激发学生的好奇心，调动学生的学习积极性；教师要尊重学生，以强烈的责任心、严谨的治学态度、健全的人格感染和影响学生；教师不断提高自身的数学素养，善于挖掘教学内容的教育价值；教师要在教学实践中用《课标》的理念分析各种现象，恰当地激发学生的学习兴趣。

2. 引发学生数学思考

数学思考是数学学科在培养人的思维能力和创新能力方面发挥的不可替代的作用。数学思考，就是在面临各种现实问题情境，特别是非数学问题时，能够从数学的角度去思考，自觉用数学知识、方法、思想和观念去发现其中存在的数学现象和数学规律，并能用数学知识和思想方法去解决问题。题型模仿、类型强化、技能操练固然在教学中需要去做，但如果这些措施离开了数学思考，也只能是无效行为。数学思考是学生进行数学学习的核心，有思考才会有问题、才会有反思、才会有思想，才能真正感悟到数学的本质和价值，也才能在创新意识上得到发展。

3. 培养学生良好的数学学习习惯

学习习惯指在长期的学习中逐渐养成的较为稳固的学习行为倾向和习性。一个人在学习的习惯上总是处于不断的养成过程中，学生与学生之间学习习惯有好有差，这就需要我们在教学中予以引导，加以培养。良好的数学学习习惯具有很强的心理内驱力和学习目标达成的惯性力，它有利于学生形成学习的正向牵引，提高学习效率；良好的数学学习习惯能够帮助学生，逐步实现由学会到会学的转变，使学生今后在适应终身学习上受益。

良好的数学学习习惯的养成和日常课堂教学行为是紧密相关的，认真听讲、善思好问、预习复习、认真作业、质疑反思、合作交流，这些学习习惯需要的日常教学中潜移默化、点滴积累，通过较长时间的磨炼，最后方能习以为常，形成习惯。

4. 掌握恰当的数学学习方法

课程改革的一项重要任务是改善学生的学习方式。在传统教学中，学生的数学学习方式和方法比较单一、死记硬背、机械训练、题海战术使学生在数学学习中显得比较被动，缺乏自主的多样化的学习方式。在教学中，教师应把培养学生的数学学习方法放在一个重要的地位，方法的培养需要教师在数学教学的具体过程中潜移默化，这里的"方法"是指学习方法，要反映数学学习的特征，对学生而言，不仅是适宜的，而且是有效的。

三、学生的数学学习应当是一个什么样的过程

教师的"教"最终是为了学生的学，而为了学生学得更好更有效，教师必须关注研究学生的学习情况。《课标》提出，学生学习应当是一个生动活泼的，主动和富有个性的过程，认真听讲、积极思考、动手实践、自主探索、合作交流等，都是数学学习的重要方式。学生应当有足够的时间和空间去经历观察、实验、猜测、计算、推理、验证等活动过程。

1. 学生学习应当是一个生动活泼的，主动和富有个性的过程

在传统的数学教学中，我们常常看到这样的情况，教师为了追求教学中所谓的高效率，总是希望尽快将学生的学习纳入自己预定的轨道，而不顾及学生学习的实际状况。在应试背景下，又总是以统一的考试标准为基准，通过齐步走的方式，去实现教学的目标，这就不可避免的抑制了学生数学学习自主性的发挥，也难以满足学生个性化的学习需求。

从数学学习心理学的角度看，即使处于同一个年龄段的不同学生在认知水平、风格和发展趋势上也存在差异，学生的智力结构也是多元的。有的习惯于形象思维，有的习惯于抽象思维，有的长于计算，有的强于证明，这本没有优劣之分，只表现出不同的特征与适应性。另外每个学生都有自己的生活经历、家庭环境和认知基础，这导致不同的学生在数学学习中，有自己的思维方式和解决问题的策略。鼓励学生数学学习的自主性，发展学生的个性，不仅能促进数学学习过程的开放、生动和多样，有利于学生创新意识的培养，就整个数学学习共同体而言，多种特征、风格和多样有利于学生创新意识的培养，多种特征、风格和认知方式，可以为学生间的交流提供有力支持，互相启迪，促进大家共同发展。

2. 认真听讲，积极思考，动手实践，自主探究合作交流，都是数学学习的重要方式

数学课程标准所提出的重要的数学学习方式，包括传统的方式，也包括课程改革中所倡导的方式，这表明不是提出转变学生的学习方式，就是对于多年来形成的一些数学学习方式，采取简单肯定或否定的态度。课程改革实践表明，我们不仅应倡导数学学习方式的多样化，更应根据学生学习水平和学习内容的实际，采取恰当的学习方式，以获得最佳的学习效果。

3. 学生应当有足够的时间和空间，经历观察、实验、猜测、计算、推理、验证等活动过程

从学生认识的发生发展的规律来看，老师讲授——学生练题的单一的学习方式，已经不能完全适应学生发展的需求了，这种方式甚至造成了学生学习的某些障碍，如过多的演练使学生对于数学产生厌倦和畏惧。立足学生的全面发展的数学学习，应该提供多样化的活动方式，让学生积极参与，并在这些丰富的活动中获得交流、积累经验。从数学发展来看，它本身也是充满着观察和猜想的活动过程，传统教科书把这一生动的活动过程压缩成了只见逻辑的形式结构。数学发展到今天，由于借助了计算机手段，用数学解决问题的方式也是多样的，学校中的数学教育就有必要让学生经历多元化的数学学习活动，以适应社会需求。学生学习数学的目的，不仅仅是获得知识与技能，更重要的是获得探索数学的体验和利用数学解决实际问题的能力，以及理性的精神和对科学执着追求的态度。因此在数学教学中，必须给学生留有充分的思维时间和空间，让学生亲身体验如何做数学、如何实现数学的再创造过程，使学生能够真正地从事数学的思维活动，从中感受到数学的力量。

四、在教学中教师的主导性如何发挥

在课改实验中，曾经有人质疑，既然《课标》将教师角色定位为学生学习的组织者、引导者和合作者，并明确指出学生是学习的主体，这是否意味着数学教师不具有主导性，或主导性是否发挥，是否发挥得好都不重要了呢？《2011版课标》非常明确地增加了，教师要发挥主导性作用的表述，从正面回答了教师的质疑。要能真正地在课堂教学中实现教师是学生学习的组织者、引导者和合作者，教师采用按部就班的工作方式是不行的，必须发挥教师的主观能动性和创造性，并在课堂上通过教师的主导作用来实现。

1. 处理好面向全体与因材施教的关系

面向全体和因材施教，也是教学中需要处理好的一对关系，教学活动应

努力使全体学生达到课程目标的基本要求，同时要关注学生的个性差异。对于学习困难的学生，教师要给予及时的关心和帮助，为他们提供适合的学习内容和表达的机会，并及时肯定和鼓励他们的点滴进步，增强他们学习的自信心；对学有余力的学生，教师要给他们提供足够的和富有挑战性的学习内容，发展他们的数学才能。

2．处理好讲授和学生自主学习的关系

长期的实践证明，在数学课堂教学中，讲授法是一种在概念、命题教学中很有效的教学方法，当然这里的有效有一个前提，即一定是能启发学生思维，引导学生探索的讲授。实践也同样证明，那些形式上的合作，那些无序的、无目的的自主只能带来数学课堂的低效甚至是无效。我们需要的是两者的融合与互补，追求教与学的统一。

3．处理好预设与生成的关系

教学方案是教师对教学过程的预设，方案的形成依赖于教师对教材的理解、钻研和再创造。实施教学方案，是把"预设"转换为教学实际的教学活动，在这个过程中师生双方的互动往往会"生成"一些新的教育资源，这就需要教师能够及时把握，因势利导，适时调整预案，使教学活动收到更好的效果。

第三章 数学核心概念

《数学课程标准 2011 年版》提出了十个核心概念：数感、符号意识、空间观念、几何直观、数据分析观念、运算推理、推理能力、模型思想、应用意识和创新意识。

把握好核心概念的意义对教师的教和学生的学都极为重要。

核心概念涉及学生在数学学习中应该建立和培养的关于数学的感悟、观念、意识、思想、能力等。因此，核心概念是学生在义务教育阶段数学课程中最应培养的数学素养，是促进学生发展的重要内容。

《课程标准 2011 年版》将核心概念蕴含于具体的课程内容之中，从这一点上看，核心概念是课程内容的核心或者聚焦点，它有利于我们把握课程内容的线索或层次，抓住教学中的关键，并在数学教学中发展学生的数学素养。

核心概念，本质上体现的是数学的基本思想。数学的基本思想指对数学及其对象、数学概念和数学结构及数学方法的本质认识。数学的基本思想，集中反映为数学抽象、数学推理和数学模型三大思想。这些思想是数学学习中的重要目标，而核心概念对数学基本思想的体现是十分鲜明的，比如数与代数的内容直接关联到数感、符号意识、运算能力、推理能力和模型思想等。核心概念不同程度地体现了抽象、推理和模型的基本思想要求，这就启示我们核心概念的教学更应关注其数学思想本质。

核心概念是数学课程的目标，也就是我们数学教学的目标，教师应通过具体的教学予以落实。《课程标准 2011 年版》提出："建立数感，符号意识和空间观念，初步形成几何直观和运算能力"、"发展数据分析观念，感受随机现象"、"发展合情推理和演绎推理能力"、"增强应用意识，提高实践能力"、"体验解决问题方法的多样性，发展创新意识"。这些目标的表述基本上涵盖了所有的核心概念。

总之，把握好这些概念对于教师有效教学和学生有效学习都至关重要。

第一节　数　感

《课程标准 2011 年版》指出，数感主要是指关于数与数量、数量关系、运算结果估计等方面的感悟。建立数感，有助于学生理解现实生活中数学的意义，理解或表述具体情境中的数量关系。

一提起数感，有些人感觉比较玄乎，比较"虚"，一些教师也会觉得把数感作为课堂教学目标，很不好把握。但是生活实例表明，我们必须加强对数感的认识。实例：教师在教学指数幂的意义一课时，抛出一个现实情境问题：将一张纸对折 32 次，它的厚度有多少呢？经过几次对折，学生有了一个初步的了解，而对于对折 32 次后的结果只是一种猜测。教师给出的结论：一张纸对折 32 次之后，它的厚度可以超过世界最高峰珠穆朗玛峰的高度。这个结论使学生在感到惊讶之余，更表示出强烈的质疑，学生会产生一种"不见结果，不信服"的学习内驱力。这个实例中，教师利用的是学生具体实际操作所建立起来的直观感觉与数学科学计算得出的结果之间的巨大反差，由此创设出一个生动的极富吸引力的学习环境。这个实例也说明学生在学习数学概念时，其固有的数感不仅在起作用，而且教师若能适时地利用学生原有的数感的特点进行设计，形成教学中学生的认知冲突，则能够更大地提高课堂教学效率的效果。

一、对数感的基本认识

1. 关于数感内涵的说法

查阅多方资料，国内外关于数感的说法有很多种，结合《课标》及课标解读，归纳成以下几种：第一种，认为数感是"关于数字或数量"的一种直觉；第二种，认为数感与语感、方向感、美感等类似，都会有一种"直感"的含义，具有对于特定对象一种敏感性及相关的鉴别能力；第三种，认为数感是一种主动的、自觉的、自动化地理解数和运用数的态度和意识，是一种基本的数学素养；第四种，认为数感包含知觉、观念、能力，可以用知识来统一指称，这一知识是程序性的、内隐性的、非结构性的。

2. 课标中对数感的表述

在教学中，教师对数感也常常有"虚无缥缈"的感觉，找不到教学的支点。《课标》将数感描述为"感悟"，既有"感"（感知）、又有"悟"的意思。

"感"是外界刺激作用于主体而产生的,是通过肢体感官,而不是通过大脑思维,他含有原始的经验性的成分。"悟"是主体自身的,通过大脑思维而产生的。"感悟"是既通过肢体,又通过大脑,既有感知的成分,又有思维的成分。

《课标》将数感归纳为三个方面:数与数量、数量关系、运算结果估计,这样非常有利于教师在教学中更好地把握培养学生数感的几条主线。

关于数与数量

低年段小学生对数的感悟是从辨认实物的多少开始建立的,在数数的过程中,逐步把数量词与实物联系起来,逐渐由小到大。随着年级的增高,学生还会经历更多的对数的意义的感悟(比如对分数、百分数、小数的感悟),并能形成对事物的各种表达方式的理解,比如学生会知道 $\frac{1}{2}$、50%、0.5 是同一个数的不同表示。实际生活中,学生能够把数和数量之间的关系联系起来,比如对数量单位的认识,一提起文具盒的长度,能够想到厘米,一提起教室的长宽,能够想到米,一提起两个城市的距离,能够想到千米。

关于数量关系

随着年级的升高和数的扩充,学生对数量关系的感悟会逐步提升,比如对有理数的大小、函数所表示的数量关系的感悟,对一些相对综合、复杂一点的数量关系的感悟,常常是伴随着具体的问题情境而展开的。比如具有一定数感的学生坐在出租车上,他不会对车上的计价器熟视无睹,他会关注跳动的数码,并对数码变动的间隔时间,出租车已行的路程,起步价以及每千米价,到达目的地的路程总价,及相互关系在头脑中做出反应并形成判断。这里的数感是对具体问题所涉及的数量关系的整体把握。

关于运算结果估计

数的运算是数学课程中所占学时较多的内容,这一部分内容的学习,过去我们更多关注运算法则的掌握和运算技能的训练,而通过运算培养学生的估算意识和能力,以此发展学生的数感,应该成为新课程标准下课堂教学的目标。《课标》在数与代数部分多处提到估计及估算的要求。如,"在生活情境中感受大数的意义,并能进行估计","能结合具体情境,选择适当的单位进行简单估算,体会估算在生活中的作用"(第一学段),"在解决问题的过程中,能选择合适的方法进行估算"(第二学段),"能用有理数估计一个无理数的大致范围"(第三学段)。对运算结果的估计涉及的因素有很多,比如,对参与运算的数量意义及其关系的理解,对于运算方法的选择与判断,对于运算方式的把握，对具体情境的数量化的处理等。所以，对运算结果的估计，反映的是学生对数学对象更为综合的数感。

二、怎样培养学生的数感

数感既然是对数的一种感悟，它就不会像知识技能的学习那样立竿见影，需要在教育中潜移默化积累经验，经历一个逐步建立和发展的过程。

1．大量事实表明，教师首先要提升自己的数感

事例 1：

某考试题：有一个小孩以 10 米/秒的速度前进……肖薇想一想，幽默地说"是不是这个孩子长了翅膀"？说明命题者数感有问题或者忽略了实际意义。大家想一想：孩子一秒钟能跑 10 米？一秒钟是什么概念？数下 1，这就跑出 10 米去，这也太快了，所以命题的时候应该注意这个问题。

事例 2：

有这样一个方程题：某书店老板去批发市场购买某种图书，第一次购书用 100 元，按该书定价 2.8 元出售，并很快售完。由于畅销，书店老板又去批发市场购书，这时批发价上涨，每本比第一次高出 0.5 元，这次用去了 150 元，所购书的数量比第一次多了 10 本，当这批书在出售 80% 的时候出现了滞销，便以五折售出剩余图书，问该老板第二次售书是赔钱还是赚钱（不考虑其他因素）？赔（或赚）多少钱？

解：批发价为 x 元，依题意得 $\frac{150}{x+0.5}-\frac{100}{x}=10$

解得 $x_1=2$，$x_2=2.5$

……

本题的生活背景是市场经济，数据为什么压到相对较小，也许是命题者出于"怕给学生的运算造成负担"的考虑，如果计算器可以带入考场，那么数据就不必缩小了。出这道题的目的是什么呢？以往我们书本上关于这样的问题，一元二次方程解出来的一定是一个正根，一个负根，那么负根想都不用想，就可直接舍掉，因为不合题意。本题中解一元二次方程得出的两个根都是大于零的，这就涉及取舍问题。现在两根都是正的，那就可能都符合题意，怎么取舍呢？回到实际问题的情境当中，回到社会常识问题当中，就是要用批发价做一个衡量标准，与它比较来进行取舍。比较有意思的是：如果取 x_1，那么老板就赚钱了，如果取 x_2，那么老板就赔钱了，这就是我们的学生对数学模型的理解。现实生活中有这样的事儿吗？又赔了，又赚了，是

不可能的。

这个情境，在数学问题的解决过程中，对根的取舍起到决定性的作用，让情景和数学问题融为一体，不是穿衣戴帽那种有所分离的方式，实质上，这是对数感的认识和理解问题。所以，教师要提升自己的数感，不仅关注数，更关注在背景中如何去理解数。

2. 结合每一学段的具体内容，逐步提升和发展学生的数感

比如在第三学段，随着数的认识领域的扩大以及数的认识经验的积累，建立起对负数的数感，可以引导学生在复杂的数量关系和运算问题中提升数感，发展成良好的数感品质。

《标准》在关于学习内容的说明中指出，数感的主要表现在：理解数的意义；能用多种方法来表示数；能在具体情境中把握数的相对大小关系；能用数来表达和交流信息；能为解决问题而选择适当的算法；能估计运算的结果，并对结果的合理性进行解释。

人们常常会有意识地将一些现象与数量建立联系。例如，有一个空盒，有一堆糖，有人就会有意识地对两者进行比较，这堆糖装在盒子里能不能装下，能不能装满，这就是数感在起作用。

学生的数感，不单是靠教师讲解获得的，而是要结合具体情境，通过数学活动得到感受和体验。我们要结合具体情境帮助学生理解数的意义。例如，刚入学的一年级学生，在认识 10 以内数的时候，必须通过实物、图片，使实物或图片与数一一对应，甚至可以将学生带出教室，数一数教室门前有几棵树，有几盆花，使学生对 10 以内的数与身边实物的数量结合起来。在认识万以内数的时候，不可能让学生具体数一数实物，可以为学生提供丰富的现实背景，使学生在真实的情境中获得感受和体验。如，联系本校实际，"我校有学生 1000 人"，让学生回忆一下每星期一升旗的时候，1000 人在操场上集合是什么样的，10 所这样的学校学生集中在一起就是 10000 人。这样一些具体的、与学生密切联系的活动，可以使学生对数形成一个鲜明的表象，并且在遇到相似情境时，在头脑中出现一个具体的参照物。

在具体情境中把握数的相对大小关系，不仅是理解数概念的需要，同时也会加深学生对数的实际意义的理解。

建立数感，有助于理解具体情境中的数量关系。如，我们列方程和解方程、列函数和解函数这个过程，都是在培养学生的数感。

建立数感，可以理解为会"数学地"思考，这对每个人来说都是重要的。我们没有必要让人人成为数学家，但应当使每个公民都在一定程度上会

"数学地"思考，数感是人的一种基本素养。

3．让学生多经历有关数的活动，在活动中逐步积累数感经验

在具体数学活动中，学生能动脑、动口、动手，多种感官协调活动，使之能相互交流，这对强化感知和思维，积累数感经验非常有益。

例如，让学生观察身边的事物，怎样用数来表示。数可以用来表示数量（基数）、顺序（序数），也可以用来测量、命名和编码。如，52 可以表示 52 个人、52 路车、52 号房间、52 毫升容量、距离某地 52 千米、52 号篮球队员等。又如，（《标准》第 22 页）某学校为每个学生编号，设定末尾用 1 表示男生、用 2 表示女生。9713321 表示"1997 年入学的一年级三班的 32 号学生，该生是男生"，从而，也能准确理解身份证号码的意义了。

学会用数表达和交流信息，既能使学生体会学习数学的价值，也是数感的具体表现。

又如，一位教师在上"感受万有多大"一课时，讨论"万这个数究竟有多大？"

事先让学生通过各种途径查找资料，在班上交流。有的学生在《少儿百科全书》中查到：100 万次心脏跳动是一个正常人 9.9 天心脏跳动的次数；100 万小时相当于一个 114 岁的人活的小时数。有的学生拿出家里珍藏的一本书，书的扉页上注明有 100 万字，让同学们看一看有多厚，有多少页，展示每页的字数。通过这样的活动，不仅使学生对万这个数有一些具体的感受，同时可以使学生运用不同的渠道获取信息，并学会倾听，从别人对某些数量的描述中发现问题、思考问题也是一种交流。

第二节　符号意识

符号意识，它既是数学的语言，也是数学的工具，更是数学的方法。数学符号的功能、特性是多方面的，它具有抽象性，这使得数学能够超越于数学对象的具体属性，而从形式化的角度进行逻辑推演，并一步步把数学引向深入；它具有明确性，某一数学符号的意义一旦被赋予，它就在这确定意义下被运用，不会含糊，不会产生歧义，从而带来数学极大的严谨性；它具有可操作性，数学过程往往体现于数学符号之间的运算，针对运算的算法是形式化的，几乎是自动化的，不需要每次都从头做起（引自让·迪多内的《论数学的进展》）。此外，数学符号还具有节律性和通用性等特点，正因为如此，数学符号在数学发展中起着举足轻重的作用。法国数学家让·迪多内在

《论数学的进展》一文中将"引进好的符号"作为促进数学发展的重要原因之一。学生在数学学习过程中，将无时无刻不与符号打交道，对数学符号的语言、工具、方法的功能和上述特性的认识，事实上构成了学生数学学习的重要内容，学生掌握数学符号、运用数学符号能力的培养，也成为重要的教学目标。

一、对符号意识的认识

符号意识指的是什么呢？从一般意义上说，所谓符号，就是针对具体事物对象而抽象概括出来的一种简略的记号或代号。数字、字母、图形、关系式等构成了数学的符号系统。符号意识，是学习者在感知、认识、运用数学符号方面所做出的一种主动性反应，它也是一种积极的心理倾向。

数学符号最本质的意义就在于它是数学抽象的结果。比如，在数与代数中，数来源于对数量本质的抽象，而数据就成为能够以大小排序的符号。与数的符号表示一样，关于数的运算知识也是从生活实践中加以抽象，逐渐形成法则。这一过程中很重要的一步是使用字母这一符号来表示抽象运算，这使得"可以像对'数'那样，对'符号'进行运算，并且通过符号运算得到的结果具有一般性。"这表明数学符号不仅是一种表示方式，更是与数学概念、命题等具体内容相关的、体现数学基本思想的核心概念，发展学生的符号意识是数学教学的重要目标。

理解并运用符号来表示数、数量关系的变化规律，能理解用符号来表示数、数量变化规律，这是一种水平。知道运用符号进行运算、推理得到的结论具有一般性，这是符号的一种意识。大家知道数学是形而上的东西，什么是形而上？就是针对形进行研究的，用数学的符号语言来表示它，然后对这些符号之间的关系来推演，在这个过程中，用这些符号去得到的结论一定是一般形式的，这是初中学段学生能够理解到的，这样有助于学生真正的数学思考的形成，能运用数学符号去探索寻求数学的真理存在。

二、符号意识的内容

在数学学习中，无论是概念、命题学习，还是问题解决，都涉及用符号去表征数学对象，并用符号去进行运算、推理，得到一般性的结论。《课程标准 2011 年版》对符号意识的表述，有这样几层意思值得我们体会：

1. 能够理解并运用符号表示数量关系和变化规律

《课程标准 2011 年版》中的这个要求针对的是符号表示，一是能够理解符号所表示的意义；二是能够运用符号去表示数学对象（数，数量关系和变化规律）。

　　每一个数学符号都有它特定的含义，如"＋，－，×，÷"分别表示特定的运算意义，"＝，≈，＞，＜"则表示数学对象之间的某种关系。学生理解符号的意义，是数学学习中的最基本要求，也是符号意识的最基本要求。由于数学符号是一种特殊的语言，对数学符号的理解，也有其固有的特点和要求。因为符号具有一定抽象度，对符号的认识和理解，就不应是形式上的，而应是实质上的，即应从抽象的符号本身，看到其所表征的准确的数学意义；由于符号具有压缩信息的功能，所以对符号的意义的理解，就不能是片面的，而应是全面的、完整的。特别是将符号语言转换为我们所熟悉的生活语言时，应该抓住其数学本质予以解读和表征；由于数学符号具有概括性和一般性特征，所以对它的认识和理解又不是孤立的僵化的，比如应注意符号与符号之间的关联（如"＋"与"×"之间的关系），也应注意统一符号的多重意义的理解（如 $y=ax$ 既可以表示矩形面积长宽的关系，也可以表示平行四边形面积与底高的关系，也可以表示路程与时间速度的关系，也可以表示总价与单价数量之间的关系，还可以表示半圆周长与圆周率和圆半径的关系……）。

　　对数学符号不仅要"懂"，还要会"用"，运用符号表达数学对象就是"用"符号的重要方面。这里的数学对象主要指数、数量关系和变化规律，它们在各个学段都有自己特定的要求。关于用符号表达数学对象，这里着重指出两点：一是注意义务教育阶段整个学习过程中，学生用符号表达数学对象是一个由简单到复杂，由相对具体到相对抽象的过程。比如用数字符号表示现实中的多少，用单一的运算符号表示数字运算关系，其抽象度显然不及用字母代替数及用字母表示数量关系，后者对前者来说是一个阶段性的变化。而用符号关系式或一定的数学模式语言去表示特定的数学变化规律则更为抽象和复杂。这表明关于数学表达的符号意识的发展是一个逐渐积累变化的过程。二是数学符号的表达是多样的，比如关系式、表格、图象等，都是表达数量关系和变化规律的符号工具，有时即使是同一数学对象，也可采用多种符号予以表达，而多种符号表达方式之间，也是可以转换的。符号表达上的这些特点，值得我们在教学中关注。

　　如《课程标准2011年版》例9：在下列横线上填上合适的数字、字母或图形，并说明理由。

　　1，1，2；1，1，2；＿＿＿，＿＿＿，＿＿＿；

A，A，B；A，A，B；_____，_____，_____；

□，□，⊟；□，□，⊟；_____，_____，_____；

通过观察规律，使第一学段学生能够感悟到，对于有规律的事物，无论是用数据，还是用字母或图形，都可以反映生活规律，只是表达形式不同而已。

2. 知道使用符号可以进行运算和推理，得到的结论具有一般性

从某种意义上说，这正是符号意识作为一种"意识"需要强化的，这一要求的核心是基于运算和推理的符号"操作"意识，由于运算和推理是数学教学活动中最重要的基本形式之一，所以《课程标准 2011 年版》的这一要求是希望在各个学段学习中，都加强学生在逻辑法则下使用符号进行运算、推理的训练，这涉及的类型很多，如对具体问题的符号表示、变量替换、等价推演、模型抽象及模型解决等。

3. 理解符号的使用是数学表达和进行数学思考的重要形式

数学表达是学生在解决具体问题时必须采用的方式，数学表达实质上就是以数学符号作为媒介的一种语言表达。通过培养学生的符号意识，发展学生的数学表达能力，成为当今课堂关注的目标。

例如："某书定价 8 元，如果一次购买 10 本以上，超过 10 本部分打八折。分析并表示购书数量与付款金额之间的关系。"显然，购书数量与付款金额之间成函数关系（分段函数），为了解决问题的方便，我们可以分别采用函数关系式、列表、做出图象等多种符号表达方式来表示这一具体问题。

发展符号意识，最重要的是运用符号进行数学思考，我们不妨把这种思考称为"符号思考"，这种思考是数学抽象、数学推理、数学模型等基本数学思想的集中反映，也是最具数学特色的思维方式。

举一个简单的例子："房间里有四条腿的椅子和三条腿的凳子共 16 个，如果椅子腿数和凳子腿数加起来共有 60 条，那么有几把椅子和几个凳子"？如果学生没有经过专门的"鸡兔同笼"解题模式的思维训练，他完全可以使用恰当的符号进行数学思考，找到解题思路。如可以用表格分析椅子数的变化引起凳子数和腿总数的变化规律，直接得到答案，也可采用一元一次方程或二元一次方程组的关于字母的思考方式来加以解决。

三、怎样培养学生的符号意识

1. 结合概念、命题、公式的教学，培养学生的符号意识

概念、命题、公式是数学课程内容中的重要组成部分，是数学教学的重点，而它们又和数学符号的表达和使用密切相关。正是因为如此，《课程标准 2011 年版》在学段目标和各学段课程内容中，都提出了具体的要求。如："理解符号＞，＝，＜的含义，能用符号和词语描述万以内数的大小"，"认识小括号"（第一学段）；"认识中括号""在具体情境中，能用字母表示数""结合简单的实际情境了解等量关系，并能用字母表示""能用方程表示简单情境中的等量关系"（第二学段）；"能分析具体问题中的简单数量关系，并用代数式表示""通过用代数式、方程、不等式、函数等表述数量关系的过程，体会模型的思想，建立符号意识"（第三学段）。

2. 结合现实情境培养学生的符号意识

一方面，尽可能通过实际问题或现实情境的创设，引导、帮助学生理解符号以及表达式、关系式的意义，或引导学生对现实情境问题进行符号的抽象和表达；另一方面，对某一特定的符号表达式，启发学生进行多样化的现实意义的填充和解读，这种建立在现实情境与符号化之间的双向过程，有利于增强学生数学表达和数学符号思维的变通性、牵引性和灵活性。

例如，我们经常会遇到这样的题目：

观察下列等式：

$(1+2)^2-4\times1=1^2+4,$

$(2+2)^2-4\times2=2^2+4,$

$(3+2)^2-4\times3=3^2+4,$

……

则第 n 个等式可以表示为_____。

本题通过考查等式两端的数字表达式，学生能够从中发现变量，进而利用题目中给定的 n 来表示其中的规律，本题主要考查学生的观察能力和运用符号描述规律的能力

观察上面等式，第 n 个式子可以表示为：_____，它实质上是小学高年段的内容，如果把最后一句话去掉，这就到了初中水平。根据前面的三个算式，学生能想到规律，要想把这个规律表述出来，就得自己想出来用符号来表示它，学生能想到用字母来表示它，这是初中不同于小学的要求，这叫符号意识。如果符号都已经赋予了，已经告诉学生用什么符号表示了，这就

不是初中水平，就回到小学层面了，所以说这道题蕴含着考查符号意识的机会，但就是最后这句话使得要求降低了，没有很好地考查学生的符号意识。把最后一句话去掉，就是要让学生自己想到运用符号来表达规律，这样就"逼"出了学生的符号意识。你告诉他，就不是符号意识，符号意识就没了。

3. 在数学问题解决过程中发展学生的符号意识

符号意识，更多地表现为以学生为主体的一种主动用符号的意识，因此，符号意识的培养，仅靠一些单纯的符号推演训练和模仿记忆是难以达到应有的效果的。引导学生发现问题、提出问题（这实际上需要运用符号抽象和表达问题）、分析问题、解决问题（这实际上是使用符号进行运算推理和数学思考）的全过程，在这一过程中，积累运用符号的数学活动经验，更好地感悟符号所蕴含的数学思想本质，逐步促进学生符号意识得到提高。

例如，观察下列图形，都是由边长为 1 厘米的小正方形按一定规律拼接而成。依此规律，第 17 个图形中小正方形有_____个。

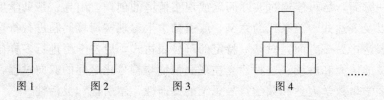

图1　　　图2　　　图3　　　图4

这个题就是操作，并没有把公式表示出来，但是规律公式已经记在心里了，能用语言描述，才能求第 17 个图形中小正方形的数量。如果学生还有其他的解法，就是一直画到第 17 个，那就说明这个学生根本就没学会数学，老师也就没教会他数学。会数学的学生一定是先找规律的，这个规律没有表述出来，但是心里很清楚。也可能有的学生干脆就直接把这个规律用符号表达出来，写成公式，然后把 17 代入进去计算得出结果，这是高水平的。所以说这道题也能够"逼"着孩子去想"这个题的公式是什么"，这就是符号意识。实际上本题所考查的不仅仅是符号意识这一个方面，也考察把图形抽象成数，考察孩子的抽象能力，然后给出一个数列，然后要去观察数列中的每一项，特别是项与项之间的关系。所以说，这种观察能力也是此题考查到的，只是在这里强调的是考查数学符号意识这个方面。

第三节　空间观念

一、认识空间观念

几何学是最早成为人们以课程的形式进行学习的科目。空间想象力,被一致认为是数学诸多能力中的重要组成部分。空间观念作为空间想象力发展的基础,受着普遍的重视,也成为我国义务教育阶段几何课程的主要目标之一。

心理学把人对头脑中已有表象进行改造,创造出新形象的过程称为想象。关于空间想象力的含义,林崇德在 1991 年指出,中学生的空间想象包括对平面几何图形和立体几何图形的运动、变换和位置关系的认识,以及数形结合、代数问题的几何解释等。

空间想象力主要体现在对诸如一维、二维、三维空间中方向、方位、形状、大小等空间概念的理解水平及其几何特征的内化水平上,体现在对简单形体空间位置的想象和变换(平移、旋转以及分割、割补和叠合等)上,以及对抽象的数学式(算式或代数式等)给予具体几何意义的想象解释或表象能力上。

曹才翰提出,空间想象力就是以现实世界为背景,对几何表象进行加工改造,创造出新的形象的能力。同时他指出,空间想象力对于初中生来说,要求太高了,所以义务教育阶段培养学生的空间观念反映了如下五个方面的要求:(1)由形状简单的实物抽取出空间图形;(2)由空间反映出实物;(3)由复杂的图形中分解出简单的、基本的图形;(4)由基本的图形中寻找出基本元素及其关系;(5)由文字或符号做出或画出图形。

关于发展学生的空间观念的目的,数学家和数学教育研究者都有相关的描述。数学家阿蒂亚认为,几何是数学中这样的一个部分,其中视觉思维占主导地位,而代数是数学中有序思维占主导地位的部分。两者在真正的数学研究中都起着本质的作用,他们在教育中的意义也是清楚的。我们的目标是培养学生发展这两种思维模式,过分强调一种而损害另一种是错误的。

几何有助于我们用一种有序的方式表示和描述我们生活的现实世界,将帮助学生描述和弄清世界的意义。对学生来说,发展牢固的空间关系的观念,掌握几何的概念和语言,可以较好地为学习"数和度量"概念做准备,还可以促进其他数学课程的进一步学习。几何的模型提供了一个透视图,学生可以从中分析和解决问题，而且几何的解释还可以帮助学生形成一个抽象的（符号的）表示，使人更容易理解。

的确，一方面，空间与人类的生存密切相关，了解、探索和把握我们生活的空间，能使人类更好的生存活动和利用空间，另一方面，空间观念是创新精神所需的基本要素，没有空间观念和空间想象力，几乎很难谈到发明创造，因为许许多多的发明创造，都是以实物的形态呈现，作为设计者，首先要对自己的创造物进行想象，然后，可能是模型的构建，这里的模型包括图形和实物，再根据模型修改设计，直至最终完善成型，空间观念和空间想象力在这个过程中起着至关重要的作用。

二、空间观念的内容

《课程标准 2011 年版》从四个方面对空间观念进行了刻画和描述。空间观念主要是指根据事物特征抽象出几何图形，根据几何图形想象出所描述的实际物体；想象出物体的方位和相互之间的位置关系；描述图形的运动和变化；依据语言的描述，画出图形等。

《课程标准 2011 年版》对空间观念的描述，是在义务教育阶段通过图形与几何内容的学习对学生在这些方面的要求以及需要达成的目标，这样的目标达成的过程是一个包括观察、想象、比较、综合、抽象分析的过程，它贯穿在图形与几何学习的全过程中，无论是图形的认识，图形的运动，图形与坐标等都承载着发展学生空间观念的任务。

1. 根据物体特征抽象出几何图形，根据几何图形想象出所描述的实际物体

有研究表明，三位图形与二维图形的相互转换是培养学生空间观念的主要途径。"根据物体特征，抽象出几何图形，根据几何图形想象出所描述的实际物体"的过程，是三维图形与二维图形的相互转换的基本表现形式，这是一个充满观察、比较、推理和抽象的过程，是建立在对周围环境直接感知基础上的对空间与平面关系的理解与把握。

由实物或几何图形再到视图，经历了抽象以及从三维图形到二维图形转化的过程，再由视图到几何体或实物，则实现了从二维图形到三维图形的转换。此外，几何体与侧面展开图，几何体与用平面去截得的截面等，都蕴含着三维图形与二维图形的相互转换。

画出物体的三视图，就需要在头脑加工的基础上，把观察到的经过想象、抽象后再现出来的记录下来，使空间观念从感知不断发展上升为一种可

以把握的能力。

2. 想象出物体的方位和相互之间的位置关系

方位与现实生活是密切联系的，也是个体对空间把握能力的一个具体的体现，对方位的感知和图形相互之间位置关系的把握是表现空间观念的一个重要方面。

想象物体的方位和相互之间的位置关系，在不同的问题情境中有不同的想象的水平要求。在给出包含四个方向并注明中心点的方位结构中，判断某一物体的相对于中心的方位是最基本的层次；只给出一个方向（如北），判断物体之间的位置关系，就需要学生更复杂一些的想象力了，同时推理也是必要的。

3. 描述图形的运动变化

图形的运动既有形式上的（平移，旋转，翻折，放大，缩小等等），也有运动的方向上的。对图形的运动和变化的描述，更具有综合性，它要求对相关知识和内容的理解，同时需要观察、想象并再现图形的运动和变化过程，无论是语言表述还是图形刻画这个过程，都同样是把空间观念从感知推向一种可以把握的能力。

例如，描述从学校到家的路线示意图，并注明方向及途中的主要参照物。

学生需要回忆实际的路线，想象他经过的各个环节和方向，学生也可以借助实物模拟路线，进一步画出路线的简单示意图。这其中涉及的方位实际上与单纯描述物体的方位又复杂了一些，它是一种综合的运用。

4. 依据语言的描述画出图形

想象空间是很开放的，可以是具体的图形，也可以是具有某种大小或位置关系的一种图形等等。当有人向你描述你看不到的情境时，你需要根据他人的描述，构建符合原形的直观想象，阐述和倾听都需要在逻辑上对图形关系进行分析和操作，正确地反映出描述的结果。

三、空间观念的培养

空间观念培养是一个长期的经验积累的过程，因此对教学的要求有别于具体的几何知识，但它又是在几何知识的学习中体现的。全美数学教师理事会在 1989 年指出，发展学生的空间观念，儿童必须具有许多经验。例如，几何关系的要点，在空间中物体的方向、方位和透视观点；相关的形状和图形与实物的大小，以及如何通过改变大小来改变形状。这些经验要依靠儿童以下几个方面的能力，如会利用像"上面""下面"和"后面"等一些词语，能画出一个图形旋转 90° 或 180° 以后的图形，能根据要求进行作图、折叠，让学生想象、绘制和比较放在不同位置上的图形等等，这些活动将有助于发展他们的空间观念。

事实上，在图形与几何课程的学习中，还是可以利用很多的素材和机会发展学生的空间观念的，主要是我们如何来认识和利用这些素材和机会。

1. 促进空间观念发展的课程内容

《课程标准 2011 年版》中，不仅将发展空间观念作为核心概念和目标，同时在三个学段都重视发展学生空间观念的内容的设置，这些在本书的内容分析部分都有提及。

例如第一、第二学段的"图形与运动"，"图形与位置"中大部分内容的学习，都是发展学生空间观念的很好的素材；第一、第二学段中的"从不同方向观察物体"，"运用基本图形拼图"，以及"基本几何体的展开图"等，也都是旨在发展学生空间观念的课程内容；第三学段，图形的变化中的各种图形的运动，尤其是图形的投影内容的安排，其核心目标也是发展学生的空间观念。

事实上，空间观念的培养在图形的认识以及图形的证明过程中都会有所体现，因为几何图形的认识和证明中对图形特点的观察也需要想象，也有根据他人的描述画出图形的过程。因此，在图形与几何内容学习中抓住典型内容，就可以将空间观念的培养贯穿于这个学习过程中。

2. 促进空间观念发展的教学策略

（1）现实情境和学生经验是发展空间观念的基础

空间观念的形成，基于对事物的观察与想象，而现实世界中的物体及其关系是学生们观察的最好材料，学生的已有经验也是观察想象分析的基础，因此在教学中结合学生们熟悉的现实问题情境，是发展学生空间观念的有效策略。

例如，绘制学生自己房间和学校的平面图，描述从家到学校的路线图，描述观察到的情境的画面，描述游乐园中各种运动的现象，这些问题既是他们生活中熟悉的，又是数学学习中需要重新审视和加工的。平时看到的东西要进行回忆，在头脑中想象、加工之后的再现就已经是数学的抽象了，这其中就渗透了空间观念发展的元素了。

无论是教材的编写，还是教师的教学设计，需要注意开发和利用现实世界中丰富的资源，城市的建筑与立交桥，乡村的院落与山水，我们生活的广阔空间和其中大量的实物，为我们提供了一个鲜活的大课堂，供我们观察、想象与描述。

（2）利用多种途径发展学生的空间观念

从《课程标准 2011 年版》对空间观念的描述和有关课程内容的分析中，我们能够感觉到，发展学生空间观念应该是有多种途径的，生活经验的回忆再现，实物观察与描述，拼摆与画图，折叠与展开，分析与推理等等，都是发展空间观念的有效途径。

教师在教学中应该结合教学内容恰当地安排学生的活动，创造条件使学生有机会从事上述的活动来发展空间观念。

例如：我们可以在小学高年级安排这样的折纸活动，将一张正方形的纸对折后再对折一次，然后用剪刀剪出一个小菱形，再把纸完全展开，请画出它的展开图。

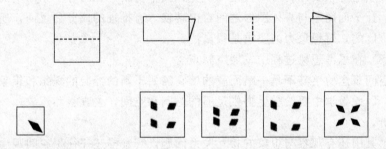

图形的运动和变化，这里包括从复杂的图形中分离出来的简单图形，从复杂的图形里面识别出来你要找的图形，这是学生的能力问题。很多孩子看到眼花缭乱的几何图形就懵了，这实质上是空间观念不够。根据语言能够画出图形这是一个想象，这些东西我们都可以在考试的时候用语言文字来描述它，包括符号意识，不再给出图形，这就考察出了学生的空间观念。不能以为给出一个图形和不给出一个图形，主要是难度不一样，这里面涉及思维能力的问题，把图形给画出来了对于学生的能力——空间观念这一部分就无从考查了。图形的运动变化，也不要给出每一过程的形态，给出了每一过程的形态，学生的想象能力就没了，让他自己去画，这就是在考查他的空间观念。本题是有两条对称轴的对称图形，是由折叠的方式决定了的，如果给出了每一过程的形态，备选哪一个图形能通过这种方式获得？学生从对折过程中如果没有得出备选的结论，备选这四个选项就不好选了，这里面既有归纳推理的归纳过程也有想象力的想象过程，想象力没了，后面就很难解决了，做起来就相当困难了。

又如：下图是由大小相同的小正方体组成的简单几何体的主视图和俯视图，（1）请画出这个几何体的左视图；（2）若正方体组成的简单几何体的小正方体为 n，请写出 n 的所有可能值。

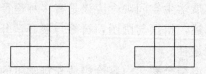

本题借助图形考查学生的空间想象能力，探索几何体与平面图形的位置关系，探索和描述几何对象的变化规律，借助图象进行推理等。这是让学生从平面图形想象到立体图形，这个立体图形是由几个相同的小正方体组成的。实质上是不要以为考的只是知识，识图本身就是在培养学生的空间想象观念，让平面图形与立体图形之间自由转换，有推理的成分在里面，所以是很有难度的，对想象力的要求是很高的。

（3）在思考想象过程中发展空间观念

空间观念的培养不是一蹴而就的，它需要不断的经验的积累和想象力的丰富，因此教学中要给学生提供足够的时间和空间，去观察和想象，去操作和分析。

这其中还有观察与想象的相互关系问题，观察描述往往是空间观念发展的基础，而想象与再现，则是更高层次的空间观念的表现。

对学生来讲，可能直接的观察与想象是有些困难的，有的教师会模拟地创设这样一个情境，让学生去观察具体物体的摆放场景，然后进行判断。这样做确实能够降低纯粹靠想象作出判断的难度，但同时也失去了培养学生想象力的机会。因此，教师不妨让学生先想一想，尝试着作出判断，然后，再实际的看一看，把实际看到的和想象的进行比较得出正确的结论。这样将有助于学生积累想象的经验，提高对物体之间关系进行把握的能力，发展学生的空间观念。

第四节　几何直观

一、对几何直观的认识

几何直观的几何是指几何图形，直观不仅指直接看到的东西，更重要的是依托现在看到的东西、以前看到的东西进行思考、想象，利用图形描述和分析问题。借助几何直观，可以把复杂的问题变得简明形象，有助于探索解决问题的思路及预测结果。几何直观可以帮助学生直观地理解数学，在整个学习过程中都发挥了重要作用。综合起来，几何直观就是依托、利用图形进行数学的思考和想象。它在本质上是一种通过图形所展开的想象能力。爱因斯坦曾说过一句名言："想象力比知识更重要，因为知识是有限的，想象力概括着世界上的一切，推动着进步，并且它是知识进化的源泉，严格地说想象力是科学研究中的实在因素。"

"数学是研究数量关系和空间形式的科学"。空间形式最主要的表现就是"图形"，除了美术，只有数学把图形作为基本的主要研究对象。在数学研究、学习、讲授中，不仅需要关注研究图形的方法，研究图形的结果，还需要感悟图形给我们带来的好处。几何直观就是在"数学——几何——图形"这样一个关系链中，让我们体会到它所带来的巨大好处。20 世纪最伟大的数学家希尔伯特在其名著《几何直观》一书中谈道：图形可以帮助我们发现描述研究的问题；可以帮助我们寻求解决问题的思路；可以帮助我们理解和记忆得到的结果。几何直观在研究学习数学中的价值由此可见一斑。

几何直观是具体的，不是虚无的，它与数学的内容紧密相连。事实上，很多重要的数学内容、概念，例如，数、度量、函数，以至于高中的解析几何、向量等等，都具有"双重性"，既有"数"的特征，也有"形"的特征，只有从两个方面认识它们，才能很好地理解它们并掌握它们的本质意义。也只有这样，才能让这些内容、概念变得形象生动起来，变得更容易使学生接受并运用它们去思考问题，形成几何直观能力，这也就是经常说的"数形结合"。让图形"动起来"，在"运动和变化"中来研究、揭示、学习图形的性质，这样一方面加深了对图形性质的本质认识；另一方面，对几何直观能力也是一种提升。由此可以看到，在义务教育阶段培养学生的几何直观是尤为重要的。

几何直观与逻辑推理也是分不开的。几何直观常常是靠逻辑支撑的。他不仅是看到了什么？而是通过看到的图形思考到了什么？想象到了什么？这是数学非常重要而有价值的思维方式。几何直观会把看到的与以前学到的结合起来，通过思考、想象，猜想出一些可能的结论和论证思路，这就是合情推理，它为严格证明结论奠定了基础。

有些数学研究的对象是可以"看得见、摸得着"的，而很多数学研究的对象是"看不见、摸不着"的，这是数学的一个基本特点。但是数学中那些抽象的对象，绝不是无根之木无源之水，它的"根和源"一定是具体的。例如我们看不到"七维空间"，但是我们知道"白色的光是由七种颜色的光组成的——赤橙黄绿青蓝紫"。这种事可以理解为，"七维空间"的"可以看得到的源"是帮助我们联想的"实物"和基础。在数学中，需要依托"一维、二维、三维空间"，去想象和思考"高维空间"的问题，这就是几何直观或几何直观能力。

几何直观在研究、学习数学中可以看作是最基本的能力，数学教师应重视它并在日常教学中帮助学生不断提升这种能力。

二、几何直观的内容

《课程标准 2011 年版》明确指出："几何直观主要是指利用图形描述和分析问题，借助几何直观，可以把复杂的数学问题变得简明形象，有助于探索解决问题的思路，预测结果，几何直观可以帮助学生直观地理解数学，在整个数学学习过程中都发挥着重要的作用。"

在数学课程中，几何内容是很重要的一部分。几何课程的教育价值，最主要的有两个方面：一方面，几何能培养学生的逻辑推理能力；另一方面，它也能培养学生的几何直观能力。但目前，在部分教师中对此在认识上存在着一定的局限性，在几何教学中，他们仅仅重视培养逻辑推理能力，忽视了对学生几何直观能力的培养，我们应全面理解几何直观的教育价值，重视几何直观。

认识和理解"几何直观可以帮助学生直观地理解数学，在整个数学学习过程中都发挥着重要的作用"这一点是非常重要的，它表明我们不仅在几何教学中重视几何直观，在整个数学教学中都应该重视几何直观，培养几何直观能力应该贯穿于义务教育数学课程的始终。这种几何直观能力，能使我们更好地感知数学、领悟数学，数学逻辑和数学直观对数学都是重要的，它们也是相互交织关联的，直观中有逻辑，逻辑中有直观。

三、几何直观的培养

几何直观在很大程度上是数形结合的一种解释。函数的变化规律，从它的系数直接来判断它的规律是想象不出来的，所以借助了图象，这就是几何直观。

在义务教育阶段，许多重要的数学内容、概念都具有数和形两方面的本质特征，学会从两个方面认识数学的这些对象是非常重要的，即数形结合是认识数学的基本角度。

例如：在数学活动中，小明为了求 $\frac{1}{2}+\frac{1}{2^2}+\frac{1}{2^3}+\frac{1}{2^4}+\cdots+\frac{1}{2^n}$ 的值（结果用 n 表示），设计了如图 a 所示的图形。（1）请你利用这个几何图形来求 $\frac{1}{2}+\frac{1}{2^2}+\frac{1}{2^3}+\frac{1}{2^4}+\cdots+\frac{1}{2^n}$ 的值；（2）请你利用图形 b，再设计一个能求 $\frac{1}{2}+\frac{1}{2^2}+\frac{1}{2^3}+\frac{1}{2^4}+\cdots+\frac{1}{2^n}$ 的值的几何图形。

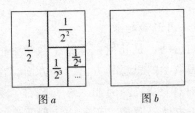

图 a　　　　　图 b

解：（1）设总面积为 1，最后余下的面积为 $\frac{1}{2^n}$，

故几何图形 $\frac{1}{2}+\frac{1}{2^2}+\frac{1}{2^3}+\frac{1}{2^4}+\cdots+\frac{1}{2^n}$ 的值为 $1-\frac{1}{2^n}$。

本题如此考查，是给定了借助图形的一种算法，而要求学生换一种算法，突出考查的是利用图形描述数量关系。

那么，适当调整问题的表述，就能考查到学生的几何直观了。例如：在数学活动中，小明为了求 $\frac{1}{2}+\frac{1}{2^2}+\frac{1}{2^3}+\frac{1}{2^4}+\cdots+\frac{1}{2^n}$ 的值（结果用 n 表示），怎么求？你能说说你的思路吗？

如果能够画出图形来，不管画出下面图形中的哪一个，都说明学生的思维方式体现出了几何直观，具备几何直观意识，几何直观应当作为解决问题的一种手段自然地出现在解题过程中，由学生想出。

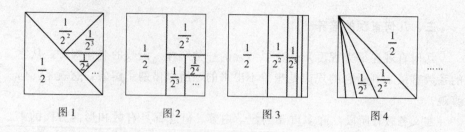

图1　　　　　　图2　　　　　　图3　　　　　　图4

综上，几何直观在研究、学习数学中可以看作是最基本的能力，在日常教学中教师应从以下几个方面培养学生的几何直观能力。

1. 在教学中使学生逐步养成画图习惯

在日常教学中，帮助学生养成画图习惯是非常重要的。可以通过多种途径和方式，使学生真正体会到画图对理解概念、寻求解题思路带来的益处，无论计算还是证明，逻辑的、形式的结论都是在形象思维的基础上产生的。在教学中应有这样的导向：能画图时尽量画，其实质是将相对抽象的思考对象"图形化"，尽量把计算、证明等数学的过程变得直观，直观了就容易展开形象思维。

2. 重视变换——让图形动起来

几何变换或图形的运动，是几何也是整个数学中很重要的内容，它既是学习的对象，也是认识数学的思想和方法。一方面，在数学中，我们接触的最基本的图形都是"对称图形"，例如：球、圆锥、圆台、正多面体、圆、正多边形、长方形、长方体、菱形、平行四边形等等，都是"不同程度对称的图形"。另一方面，在认识、学习、研究"不对称图形"时，又往往是以这些"对称图形"为工具的。变换又可以看作运动，让图形动起来是指在认识这些图形时，在头脑中让图形动起来。例如平行四边形是一个中心对称图形，可以把它看作一个整体，通过围绕中心旋转180°，去认识、理解、记忆平行四边形的其他性质，充分利用变换去认识、理解几何图形是培养几何直观的好办法。

3. 学会从"数"与"形"两个角度认识数学

数形结合首先是对知识技能的贯通式认识和理解，以后逐渐发展成一种对数与形之间的化归与转化的意识，这种对数学的认识和运用能力，应该形成正确的数学态度所必须要求的。

有人认为看见图形就是数形结合，勾股定理也是数形结合。我们可以体会一下"什么是数形结合"。一是用数来描述形里面的问题，把形的问题转化成数的问题加以解决，这是数形结合的一种表达形式。比如说我们都学过解析几何，常见的几何图形，用方程把它们的运动规律表述出来，然后在代数范围内进行推演，就能知道图形大体在什么位置，图形之间到底是什么关系，这是数形结合的典范。二是代数的问题用图形的方式形成解决问题的方法，这也是数形结合的一种表达形式。比如说方程、方程中的数量关系，对于初一的孩子来说不好把控，那就画个图形把他们的关系表述出来，把抽象的东西直观化，把脑子里的东西画出来，这都叫几何直观。现在我们学习中有一种方法叫做思维导图，思维导图实际上就是一种几何直观的思维表现，包括日常教学所做的 ppt 课件。大家试想一下，如果没有 ppt 课件，那么对于抽象的课教师讲得累，学生听得也累，要把一些题目从教师的口头表达出去，学生还要听清，可能把大家全都累坏了，但是教师把它展示出来的时候，师生各自的思维马上就降低了，不占用脑子里的内存，这样彼此就都轻松了，这就是几何直观的好处。数和形两个方面，当形的问题回到数上来解决，这是数形结合的一个表现，数的问题借助形来看出基本方法。勾股定理本身是探索数量关系，不是数形结合，就是探索这个图形中的数量关系，不是解决问题的方法，它本身就是三边之间的数量关系，所以说它不是数形结合。

4. 掌握运用一些基本图形解决问题

把学生掌握一些重要的图形作为教学任务，贯穿在义务教育阶段数学教学、学习的始终。例如，除了上面指出的图形，还有数轴、方格纸、直角坐标系等。在教学中，要有意识地强化对基本图形的运用，不断地运用这些基本图形去发现描述问题、理解记忆结果，这应该成为教学中关注的目标。

第五节　数据分析观念

一、数据分析观念的意义及含义

也许有人会提出这样的问题，统计不就是计算平均数、画统计图吗？这些事情计算器、计算机就能做得很好，还有必要花那么多精力学习吗？确实在信息技术如此发达的今天，计算平均数、画统计图等内容不应再占据学生过多的学习时间，事实上它们也远非统计的核心。在义务教育阶段，学生学习统计与概率的核心目标是发展"数据分析观念"。一提到观念，显然它就绝非等同于计算、作图等简单技能，而是一种需要在亲身经历的过程中，培养出来的对各种数据的领悟，由一组数据所想到的、所推测到的，以及在此基础上，对于统计与概率独特的思维方法和应用价值的认识。

《课程标准 2011 年版》中将数据分析观念解释为："了解在现实生活中有许多问题应当先做调查研究，收集数据，通过分析作出判断，体会数据中蕴含的信息；了解对于同样的数据可以有多种分析的方法，需要根据问题的背景选择合适的方法。通过数据分析体验随机性，一方面对于同样的事情每次收集到的数据可能不同；另一方面只要有足够的数据，就可以从中发现规律。数据分析是统计的核心"。

在这段表述中，点明了两层意思，第一点明了统计的核心是数据分析。数据是信息的载体，包括语言、信号、图象，凡是能够承载事物信息的东西都构成数据，而统计学就是通过这些载体，来提取信息进行分析的科学和艺术。第二点明了数据分析观念的三个方面的要求：体会数据中蕴含着的信息；根据问题的背景选择合适的方法；通过数据分析体验随机性。这三个方面体现了统计与概率独特的思维方法。

二、对数据分析观念要求的分析

1. 体会数据中蕴含着信息

统计学是建立在数据的基础上，本质上是通过数据进行推断。义务教育的重要目标是培养适应现代生活的合格公民，而在以信息和技术为基础的现代社会里，充满着大量的数据，需要人们对他们做出合理的决策。因此，数据分析观念的首要方面是"了解在现实生活中许多问题应当先做调查研究，收集数据，通过分析作出判断，体会数据中蕴含的信息"。

例如《课标》中例 18　新年联欢会准备买水果，调查班级同学最喜欢吃的水果，设计购买方案。

说明：借助学生身边的例子，体会数据调查、数据分析对于决策的作用，可以举一反三，教学中可以如下设计：

（1）全班同学讨论决定：购买经费 820 元，可以在限定的金额内考虑学生最喜欢吃的一种或几种水果。

（2）鼓励学生讨论搜集数据的方法。例如，可以采用一个同学提案，赞同的举手的方法；可以采取填写调查表的方法；可以采用全部提案后，同学轮流在自己同意的盒里放积木的方法，等等。必须事先约定，每位同学最多可以同意几项。

（3）收集并表示数据，参照事先的约定决定购买水果的方案。

要根据学生讨论的实际情况进行灵活处理,购买方案没有对错之分,但要符合最初制定的原则。

在这个例子中不难看出,首先要设计合理的例子,鼓励学生收集数据、整理数据、分析数据,从而做出决策和推断,并在此基础上体会数据中蕴含的信息,体会数据分析的价值。

2. 根据问题的背景选择合适的方法

"统计学"是通过数据来推断数据产生的背景,即便是同样的数据,也允许人们根据自己的理解,提出不同的推断方法,得出不同的推断结果……因此,统计学对结果的判断标准是"好坏",从这个意义上说,统计学不仅是一门科学,也是一门艺术。

为了使学生对此有所体会,《课程标准 2011 年版》提出了数据分析观念第二方面的内涵,"了解同样的数据可以有多种分析的方法,需要根据问题的背景选择合适的方法。"《课程标准 2011 年版》中对于例 38 的说明:"条形统计图有利于直观了解不同高度的学生数及其差异;扇形统计图有利于直观了解不同高度的学生占全班学生的比例及其差异;折线统计图有利于直观了解几年来学生身高变化的情况,预测未来身高变化趋势。"因此需要我们根据问题的背景选择合适的统计图,总之,统计学对结果的判断标准是"好坏",而不是"对错"。

3. 通过数据分析体验随机性

推断性数据分析的目的是要通过数据来推测产生这些数据的背景,称这个背景为总体。我们假定总体是未知的,我们的目的是通过样本来推断总体,而在调查或者实验之前,我们不可能知道数据的具体取值。也就是说数据可以取不同的值,并选取不同值的概率可以是不一样的,这就是数据随机性的由来。

《课程标准 2011 年版》中将"通过数据分析体验随机性"作为数据分析观念的内涵的第三个方面。数据的随机性主要有两层含义:一方面对于同样的事情,每次收集到的数据可能会是不同的;另一方面,只要有足够的数据,就可能从中发现规律。《课标》中的例 40:袋子中装有四个红球和一个白球,一方面每次摸出的球的颜色可能是不一样的,事先无法确定;另一方面,有放回重复摸多次(摸完后将球放回袋子中,摇晃均匀后再摸),从摸到的球的颜色的数据中,就能发现一些规律,比如,红球多还是白球多,红球和白球的比例等。再有,《课标》中例 22:学生记录自己在一个星期内每天上学途中所需要的时间,如果把记录时间精确到分,可能学生每天上学途中需要的时间是不一样的，这个可以让学生感悟数据的随机性；更进一步还可以让学生感悟虽然数据是随机的，但数据较多时具有某种规律，可以从中得到很多信息，比如通过一个星期的调查，可以知道"大概"需要多少时间。

数据分析是统计的核心。例如：想开鞋店，用到什么样的决策，写出一个方案。这个时候先做一个调查，能到这个小店里来的人无非就是周边的居民，对他们发一个问卷进行调查，看看他们的鞋码都是多大，能够想到做这件事儿，这是数据分析的第一种水平（想到调查研究）；第二种水平就是了解同样的数据，可有多种方法来判断，就是对问题的背景，选择合理的判断方法。例如：一个公司要招聘员工，就打出广告，平均工资 5000 块钱，而你去应聘你的工资就 800 块钱，你认为老板欺骗你了，这说明你没有数据分析观念，你上当受骗是可以理解为"自愿的"。广告打出平均工资 5000 块钱，应聘者就信了，这种数据拿出来的时候，公司 500 名员工可能工资各不相同，有 500 个工资数据，而把老板算在内平均工资就是 5000 块，因为老板个人的工资数据较大，可能是 2 万，所以平均工资 5000 块没问题呀！所以一种数据有多种解释，你要站在自己是员工的角度，而不是从老板的角度考虑，判断自己的工资水平。最后一个层次就是体验随机性，这就是告诉我们杂乱无章的数据背后是有规律的。这就是我们在初中阶段教给学生的数据分析观念。

第六节 运算能力

运算能力主要是指能够根据法则和运算律正确地进行运算的能力，培养运算能力，有助于学生理解运算的算理，寻求合理简洁的运算途径解决问题。在义务教育阶段的数学课程的各个学段中，运算都占有很大比重，学生在学习数学的过程中，要花费较多的时间和精力去学习和掌握关于各种运算的知识及技能。《课程标准 2011 年版》在学段目标的知识技能部分，对各学段运算分别提出了明确的要求：例如第三学段，体验从具体情境中抽象出数学符号的过程，理解有理数、实数、代数式、方程、不等式、函数；掌握必要的运算（包括估算）技能；探索具体问题中的数量关系和变化规律，掌握用代数式、方程、不等式、函数进行表述的方法。

运算不仅是数学课程中"数与代数"的重要内容，"图形与几何""统计与概率""综合与实践"，也都与运算有着密切的联系，是不可或缺的内容。

《课标》所提出的课程目标中的很多方面，例如获得四基：基本知识、基本技能、基本思想、基本活动经验，运用数学的思维方式进行思考，增强发现和提出问题的能力、分析和解决问题的能力等，都与运算的学习有关，运算对实现课堂目标发挥着重要的支撑作用。

一、对运算能力的认识

根据一定的数学概念法则和定理，由一些已知量通过计算得出确定结果的过程称为运算。能够按照一定的程序与步骤进行运算，称为运算技能。不仅会根据法则公式正确地进行运算，而且理解运算的算理，能够根据题目条件寻求正确的运算途径，称为运算能力。

《课程标准 2011 年版》指出：运算能力主要是指能够根据法则和运算律正确地进行运算的能力。培养运算能力，有助于学生理解运算的算理，寻求合理简洁的运算途径解决问题。

运算能力并非一种单一的孤立的数学能力，而是运算技能与逻辑思维等的有机整合。在实施运算分析和解决问题的过程中，要力求做到善于分析运算条件，探究运算方向，选择运算方法，使运算符合算理，合理简洁。换言之运算能力不仅是一种数学的操作能力，更是一种数学的思维能力。

《课程标准 2011 年》在数学思考中提出运算能力："建立数感、符号意识和空间观念，初步形成几何直观和运算能力，发展形象思维和抽象思维。"这说明运算能力是数学思考的重要内涵。不仅如此，运算能力对《课标》在目标中提出的其他三个方面——知识与技能、问题与解决、情感与态度的目标的整体实现同样是不可缺少的基本条件。

二、运算能力的特征

运算的正确、灵活、合理和简捷是运算能力的主要特征。

首先要保证运算的正确，必须要正确地理解相关的概念、法则、公式和定理等数学知识，明确意识到实施运算的依据。《课标》对运算在每一学段都提出相应的要求，都是和相关的数学知识一并提出的。

实施运算，要不断总结正反两方面经验教训，逐渐减少在实施运算中思考概念、法则、公式的时间和精力，提高运算的熟练程度，以求运算顺畅，力求避免失误。

一题多解和多题一解出现在运算过程中是十分普遍的，即一般性与特殊性往往同时出现在实施过程中，一题多解的运算，体现了运算的灵活性，多题一解的运算体现了运算的普适性。一题多解和多题一解交替出现，相互比较往复循环，不断优化，促使学生越来越感悟到：实施运算解决问题，不仅要正确，而且要灵活、合理、简捷。

要充分重视估算。《课标》在每个学段的学段目标和课程内容中，都强调了估算，并提出了具体的要求，配备了一定数量的例题。例如在第三学段：掌握必要的运算包括估算技能；能用有理数估计一个无理数的大致范围（例47）；经历估计方程解的过程（例52）；会利用二次函数的图象求一元二次方程的近似解。

估算是重要的运算技能，进行估算需要掌握一定的方法，积累一定的经验，需要避免出现过大的误差。估算又是运算能力的特征之一，进行估算需要经过符合逻辑的思考，需要有一定的依据，需要使估算的结果尽量接近实际情境，能对实际问题做出合理的解释。

运算能力的形成不是一蹴而就的，运算能力的发展总是从简单到复杂，从低级到高级，从具体到抽象，有层次地发展起来的。因此在实际教学过程中，既不能让学生的运算能力在已有的水平上停滞不前，也不能超越知识的内容和其他能力水平孤立地发展运算能力。应该贯穿于师生共同参与数学教学活动的全过程中，并体现发展的适度性、层次性和阶段性。

适度性。运算能力需要经过多次反复训练，螺旋上升逐步形成，在这一过程中安排一定数量的练习，完成一定数量的习题是必不可少的。题量过少训练不足，难以形成技能，更难以形成能力；而题量过多搞成题海战术，反而适得其反，会使学生产生厌学情绪。目前学生的课业负担过重，数学课程的作业量过大是导致学生厌学的重要原因之一。把握学习内容的要求，进行适当训练，科学安排，应是发展运算能力的要求。

层次性。安排一定数量的练习，完成一定数量的习题，对形成运算能力不可缺少，但训练的难度一定要适当，要从教学的全局出发合理调控。义务教育的主要任务是打基础，数学也是如此，训练题要有一定的数量，更要有合理的质量。以二次根式为例，如果没有最简二次根式的概念，没有分母有理化的要求，就会使教学无所适从，既造成教学的困惑，又影响高中阶段的进一步学习。但搞得过分繁琐，则必然加重学生的负担，浪费时间和精力。为此《课标》安排了例48，并在题后的说明中指出，运用二次根式的加减乘除运算法则，进行二次根式的四则运算，根号下仅限于数，不要求进行根号下含字母的二次根式的运算。事实上在高中阶段还会遇到含有根式的化简，需要有适当的训练，但如果把诸如这样的题目也安排为训练题，那就过于繁琐，过于强调技巧，增加负担，对日后学习作用也不大。因此要注重发展运算能力的层次性。

阶段性。《课标》对运算和运算能力的要求是分学段提出的，每个学段都体现了一定的学段特征，力求符合学生的认知规律。

三、运算能力的培养与发展

运算能力的培养与发展是一个长期的过程，应伴随着数学知识的积累和深化。正确理解相关的数学概念，是逐步形成运算技能、发展运算能力的前提。运算能力的培养与发展，不仅包括运算技能的逐步提高，还应包括运算思维素质的提升和发展。义务教育阶段学生能力的培养和发展要经历如下的过程：

1. 由具体到抽象

第三学段掌握有理数的加减乘除、乘方及简单的混合运算；掌握合并同类项和去括号的法则，进行简单的整式加减乘除运算；利用乘法公式进行简单计算；进行简单的分式加减乘除运算；了解二次根式根号下仅限于数的加减乘除运算法则，并会用它们进行有关的简单四则运算；解一元一次方程和可化为一元一次方程的分式方程；掌握代入消元法和加减消元法，解二元一次方程组；用配方法、公式法、因式分解法，解数字系数的一元二次方程；解数字系数的一元一次不等式。

无论是学习和掌握数与式运算，还是解方程和解不等式的运算，一开始总是和具体事物相联系的，之后逐步脱离具体事物，抽象成数与式、方程与不等式的运算。直至高中阶段进行更为抽象的符号运算，如集合的交、并、补等运算，命题的或、且、非等运算，运算思维的抽象程度是运算能力发展的主要特征之一。

2. 由法则到算理

学习和掌握数与式的运算，解方程和解不等式的运算，在反复操练相互交流的过程中，不仅会逐步形成运算技能，还会引发对"怎样算？怎样算得好？为什么要这样算？"等一系列问题的思考，这是由法则到算理的思考，是运算从操作的层面提升到思维的层面，这是运算能力发展的重要内容。

第三学段除了"理解有理数的运算律，能用运算律简化运算"外，算理的内容和要求进一步强化。在学习方程解法之前，要求"掌握等式的基本性质"；在学习不等式解法之前，要求"探索不等式的基本性质"。《课程标准2011 年版》提供了例 53：小丽去文具店买铅笔和橡皮，铅笔每支 0.5 元，橡皮每块 0.4 元，小丽带了两元钱，能买几支铅笔，几块橡皮？在此例中不仅给出了详细的解题方案和过程，还指出，这是一个求整数解的不等式问题，并且问题是开放的，通过列表具体计算，有助于学生直观理解不等式。对于初中学生，这个问题是生活常识，但希望学生能通过这个例子，学会用数学的思维方式看待生活中的问题。在一元二次方程的内容中，《课标》不仅设置了"能用配方法、公式法、因式分解法解数字系数的一元二次方程"，而且还增加了"会用一元二次方程根的判别式判别方程是否有实根和两个实根是否相等""了解一元二次方程的根与系数的关系"等内容，这表明不仅要学习和掌握一元二次方程的运算方法，更要思考和领悟解一元二次方程的算理。

3. 由常量到变量

函数在第三学段是重要的内容。函数概念的引入，运算对象从常量提升到变量。

《课程标准 2011 版》中不仅有"能确定简单实际问题中函数自变量的取值范围，并会求出函数值""会利用待定系数法，确定一次函数的表达式""用配方法将数字系数的二次函数表达式化为顶点式的形式，并能由此得到二次函数图象的顶点坐标"等直接进行运算的内容，还包括与运算密切相关的内容，如："能结合图象对简单实际问题中的函数关系进行分析""用适当的函数表示法，刻画简单实际问题中变量之间的关系""结合对函数关系的分析，能对变量的变化情况进行初步讨论""根据一次函数及反比例函数的表达式探索并理解 $k>0$ 和 $k<0$ 时，图象的变化情况"。

由常量到变量，表明运算思维产生了新的飞跃，运算能力也发展到一个新的高度。

4. 由单向思维到逆向、多向思维

逆向思维是数学学习的一个特点。在第三学段，增加了乘方与开方的互逆关系。

运算也是一种推理，在实施运算分析和解决问题过程中，"由因导果"和"执果索因"的推理模式也是经常用到的，表现为有效探索运算的条件与结论，已知与未知的相互联系及相互转化，思维方向是互逆的，更是相辅相成的。

在实施运算的过程中，还会遇到多因素的情况，各个因素互相联系，互相制约，又相辅相成，更加需要不同的思维方向，不同的解题思路和不同的解题方法，通过比较加以择优选用，这是运算思维达到一个新的高度的重要标志，是运算能力的培养与发展的高级阶段。

由于思维定式的消极作用，逆向思维和多向思维的难度较大，在实施运算的过程中对分析运算条件、探究运算方向、选择运算方法、设计运算程序等各个环节，都要引导学生进行周密的思考，力求使运算符合算理，达到正确熟练，灵活多样，合理简捷，实现运算思维的优化及运算能力的逐步提高。

第七节　推理能力

推理在数学中具有重要的地位。《课标》指出"推理是数学的基本思维方式，也是人们学习和生活中经常使用的思维方式"。学习数学就是要学习推理，具有一定的推理能力是培养学生数学素养的重要内容，也是数学课程和课堂教学的重要目标。

一、对数学推理的认识

数学推理直接与命题有关。在数学中，我们随时会对思维对象做出一种断定。如：$\sqrt{2}$是无理数，三角形 ABC 不是等腰三角形。我们把这种对客观事物的情况有所肯定或否定的思维形式叫做判断。判断作为一种思维形式，与表示它的语句有密切关系。在数学中表示判断的语句称为命题。而数学推理则是以一个或几个数学命题推出另一个未知命题的思维形式，这是对数学推理基于形式逻辑角度的解释。从数学内部看，数学推理，反映的是一种基本的数学思想，也是一种重要的数学方法，它与数学证明紧密联系，数学推理与证明，共同构成了数学的最重要的基础。

1. 合情推理与演绎推理

推理能力在数学中属于数学思考中的一种，因此《课标》在数学思考目标中做出了明确的要求，指出，要发展合情推理和演绎推理能力。合情推理是数学家乔治·波利亚对归纳推理、类比推理等或然性推理（即推理的结论不一定成立的推理）的特称。归纳推理是以个别或特殊的知识为前提，推出一般性知识为结论的推理。从特殊到一般，按照考虑的对象是否完全，又分为完全归纳推理和不完全归纳推理。由于完全归纳推理考查了推理前提中所有的对象和任务，所以结论一定成立，因此完全归纳推理不是或然推理，而是必然的推理。合情推理中的归纳推理一般指不完全归纳推理。

类比推理是由两个或两类思考对象在某些属性上的相同或相似，推出它所在的另一属性也相同或相似的一种推理，它是从特殊到特殊的推理。如：由分数类比分式，由分数基本性质得到分式基本性质，由二维空间的三角形类比三维空间的四面体，由二维空间的勾股定理得到三维空间的毕达哥拉斯定理，类比推理也是一种或然性的推理。

而演绎推理是重要的事实，包括定义、公理、定理等，从确定的规则出发得到某个具体结论的推理，它是必然性推理，即只要推理前提真，得到的结论一定真，是从一般到特殊，它的基本形式是三段论。

2. 合情推理与演绎推理功能不同，相辅相成

波利亚很早就注意到数学有两个侧面，"用欧几里得方式提出来的数学是一门系统的演绎科学，但在创造过程中的数学却是实验性的归纳科学。"用合情推理获得的结论，用演绎推理验证猜想、证明结论，正如《课标》中所指出："两种推理功能不同，相辅相成"。

在数学学习活动中，我们经常会遇到同时采用两种方式来求得问题解决的情形，例如：探索过圆外一点所画的圆的两条切线的长有什么关系？

案例：教学中可以引导学生经历这样的过程：

(1) 发现结论

在透明纸上画出如图所示的图，设 PA，PB 是圆 O 的两条切线，A，B 是切点，让学生操作，沿直线 OP 将图形对折，启发学生思考，或者组织学生交流，学生可以发现，$PA=PB$，$\angle APO=\angle BPO$。

这是通过实例发现图形性质的过程，启发学生由特殊到一般，通过合情推理，推测出切线长定理的结论。

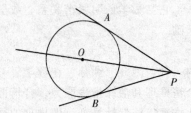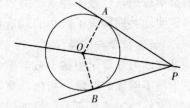

(2) 证明结论的正确性

如图连接 OA，OB，因为 PA，PB 是圆 O 的两条切线，则 $\angle PAO=\angle PBO=90°$，也就是三角形 PAO 与三角形 PBO 均为直角三角形，又因为 $OA=OB$，$OP=OP$，所以直角三角形 PAO 与直角三角形 PBO 全等，于是就有 $PA=PB$，$\angle APO=\angle BPO$。

这是通过演绎推理证明图形性质的过程。

由此可见，合情推理与演绎推理是相辅相成的两种推理形式，都是研究图形性质的有效工具。

在传统数学教学中，往往重演绎轻归纳、类比，只满足于证明现成结论，学生很少经历探索结论、提出猜想的活动过程，而在数学中发现结论往往比证明结论更重要，《课标》提出的培养合情推理能力，对培养学生的创新意识提供了支撑。

三、关于学生推理能力的培养

义务教育阶段对学生推理能力的培养是内容学习和目标达成的一条主线，也是一个逐渐提升的长期过程，应从以下几个方面在教学中加以注意。

1. 推理能力的发展应贯穿在整个数学的学习过程中

这是《课标》中提出的非常明确的要求。"贯穿整个数学学习过程"其含义为：其一，它应贯穿于整个数学课程的各个学习内容，应该包括数与代数、图形与几何、统计与概率，以及综合与实践等所有领域；其二，它应贯穿于数学课堂教学的各种活动过程，如在概念教学中，让学生经历从特定对象的本质属性入手抽象概括形成概念的过程，并引导学生有条理地表述概念定义。在命题教学中引导学生分清条件、结论，把握条件、结论间的逻辑关系；在证明教学中更要让学生遵循证明规则，通过数学推理证明数学结论。其三，它应贯穿于整个学习环节，如预习、复习、课堂教学、练习测试，在所有这些学习环节中要求学生逐步做到言必有据、合乎逻辑。当然，贯穿于整个学习过程中也意味着推理能力的培养应贯穿于三个学段，循序渐进合理安排。

2. 通过多样化的活动培养学生的推理能力

反思传统教学对学生推理能力的培养，往往被认为是加强逻辑中的训练，主要的形式就是通过习题演练以掌握更多的证明技巧。显然这样的认识是有局限性的，《课标》强调通过多样化的活动来培养学生的推理能力。比如第三学段"在多种形式的数学活动中发展合情推理能力"。教师也应认真体会《课标》的要求，针对推理能力的培养，在课堂中开拓出更加有效、多元化的活动途径。

3. 使学生多经历"猜想——证明"的问题探索过程

在"猜想——证明"问题探索过程中，学生能亲身经历用合情推理发现结论，用演绎推理证明结论的完整推理过程，在过程中感悟数学基本思想，积累数学基本活动经验，这对于学生数学素养的提升极为有利。教师要善于对素材进行加工，引导学生多经历这样的活动。

案例：引导学生发现如下的运算规律：

$15 \times 15 = 1 \times 2 \times 100 + 25 = 225$；

$25 \times 25 = 2 \times 3 \times 100 + 25 = 625$；

$35 \times 35 = 3 \times 4 \times 100 + 25 = 1225$；

……

观察后，引导学生思考是否有一般性的结论呢？可以猜想，如果用字母 a 代表一个正整数则有如下的结论：

$(a \times 10 + 5)^2 = a \ (a+1) \ \times 100 + 25$。

但这样的猜测是正确的吗？需要给出证明：

$(a \times 10 + 5)^2 = a^2 \times 100 + 2a \times 10 \times 5 + 25 = a \ (a+1) \ \times 100 + 25$

这是一个由具体数值计算到符号公式表达的过程，由特殊到一般的过程。可以让学生自己感悟，有些问题是可以通过具体问题得出结论，然后通过一般性证明来验证自己所发现的结论，这就是数学推理带给我们的乐趣。

第八节　模型思想

关于数学模型的相关提法，在《课程标准 2011 年版》多个部分出现，特别是模型思想作为一种基本的数学思想，与目标、内容紧密关联，作为一线教师，我们应该对《课标》中的模型思想的含义及要求准确的理解并把它落实在课堂教学之中。

一、对数学建模的认识

所谓数学模型，就是根据特定的研究目的，采用形式化的数学语言，抽象地概括地表征所研究对象的主要特征、关系所形成的一种数学结构。在义务教育阶段，数学中用字母、数字及其他数学符号建立起来的代数式、关系式、方程、函数、不等式，及各种图表、图形等都是数学模型。

这种结构的主要特点是经过抽象舍去对象的一些非本质属性以后所形成的一种纯数学的关系结构，这种结构是借助数学符号来表示，并能进行数学推演的结构。对于数学模型，可以从两个层次去理解：广义的理解是把那些凡是针对客观对象，加以一级或多级抽象所得到的形式结构都视为客观对象的模型；狭义的理解是指针对特定现实问题或具体实物对象进行数学抽象所得到的数学模型。在中小学阶段数学中的模型一般指后者。

数学建模就是通过建立模型的方法来求得问题解决的数学活动过程，这一过程的步骤可以用如下所示的框图来体现：

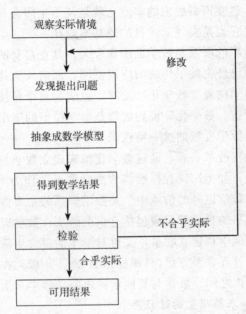

上述步骤中，最重要的是抽象成数学模型这一步骤，这些步骤反映的是一个相对严格的数学建模过程，义务教育阶段特别是小学的数学建模，应视具体课程内容要求，不一定完全经历所有的环节，这里有一个逐步提高的过程。

二、模型思想的含义及要求

1. 模型思想是一种数学的基本思想

《课程标准 2011 年版》将数学基本思想作为十大核心概念之一提出，必然引出这样的问题，数学基本思想主要是指哪些思想呢？作为十个核心概念中唯一一个以思想支撑的概念，实际上已经明示它是数学基本思想之一。史宁中教授在《数学思想概论》中提出这样的观点："数学发展所依赖的思想，在本质上有三个，抽象，推理，模型。通过抽象在现实生活中得到数学的概念和运算法则，通过推理得到数学的发展，然后通过模型建立数学与外部世界的联系。"从数学产生、数学内部发展、数学外部关联三个维度上概括了对数学发展影响最大的三个重要思想。

作为中小学课程中的模型思想，应该在数学本质意义上给学生以感悟，以形成正确的数学态度。正因如此，《课程标准 2011 年版》指出"模型思想的建立，是学生体会和理解数学与外部世界联系的基本途径"。他明确地表述了这样的意义：建立模型思想的本质，就是使学生体会和理解数学与外部世界的联系，而且它也是实现上述目的的基本途径。

数学与外部世界的联系是数学发展到今天，其在自身的舞台上最精彩的表演。今日的数学已经突破了传统的应用范围，而向人类几乎所有的知识领域渗透，而各门科学向着"数学化"发展，也成为当今科技发展的一个重要趋势。这里的"渗透、数学化"说到底就是数学模型的运用，作为基础教育的数学不能不关注数学发展的这一特点。

从当前各国课程改革来看，通过数学建模来建立数学与外部世界的联系也成为共同关注点，如美国课程标准将"数学联系"作为重要目标，"认识到并能应用数学于数学以外的情境中"是数学联系的主要内涵，美国课程标准还强调，各种水平的数学学习应包括有机会解决在数学以外的情境中产生的问题，既可与其他学科建立联系，又可与学生的日常生活相联系。

在加强数学与外界联系方面，《课程标准 2011 年版》在总目标中也明确提出"体会数学知识之间、数学与其他学科之间、数学与生活之间的联系。"

2. 关于建立和求解模型的过程要求

《课标》将这一过程简化为三个环节：首先是从现实生活或具体情境中抽象出数学问题，这说明发现和提出问题是数学建模的起点。然后用数学符号建立方程、不等式、函数等表示数学问题中的数量关系和变化规律，在这一步中，学生要通过观察、分析、概括、抽象、选择、判断等数学活动完成模式抽象，得到模型，这是建模最重要的一个环节。最后通过模型去求出结果，并用此结果去解释、讨论它在现实问题中的意义，显然，数学建模过程可以使学生在多方面得到培养，而不只是知识技能，更有思想方法，也有一些经验积累，其情感态度也会得到培养。

3. 模型思想体现在《课标》的许多方面

比如，《课程标准 2011 年版》有如下提法"经历数与代数的抽象、运算与建模的过程""通过用代数式、方程、不等式、函数等表述数量关系的过程，体会模型的思想""体会方程是刻画现实世界数量关系的有效模型""结合实际情境，经历设计解决具体问题的方案，并加以实施等过程，体验建立模型解决问题的过程"，除此之外，在教学实施、教材编写、评价的各部分都有关于模型思想的具体要求，教师在日常教学中要注意这一点。

三、模型思想的培养

模型思想的建立，是学生体会和理解数学与外部世界联系的基本途径，建立和求解模型的过程，包括从现实生活或具体情境中抽象出数学问题，用数学符号建立方程、不等式、函数等表示数学问题中的数量关系和变化规律，求出结果并讨论结果的意义，这些内容的学习有助于学生初步形成模型思想，提高学习数学的兴趣和应用意识。

模型思想需要教师在教学中逐步渗透和引导学生不断感悟，使学生经历问题情境、建立模型、求解验证等数学活动过程，通过数学建模改善学习方式。

第四章　数学教学目标

教学目标是课堂教学的核心和灵魂，是课堂教学的根本出发点及归宿，它支配着教学的全过程，关系到教学活动的导向、教学内容的取舍、教学方法的运用和教学效果的评价等。在新课标理念下确立的教学目标应该具有全面性、明确性、层次性，既符合《数学课程标准》的要求，又符合学生的学习实际。

第一节　对教学目标的基本认识

一、教学目标的含义

刘芳在中国论文网上 2010 年 01 月 19 日发表的《高中思想政治课教学目标的价值取向研究》一文中指出：教学目标是教师根据《课标》和学生特点预设的本课时或本单元教学过程中和教学过程结束后学生的身心变化，最具实践性、实效性、可操作性和可测评性。教育目的、教育目标、培养目标和课程目标的主要意图和方针都要通过教学目标来体现，它是教学活动的起点和终点，也是教学评价的重要依据。

李如密在《中国教育学刊》1999 年第 5 期第 39－40 页上发表的《教学目标与目标教学》一文中指出：教学目标是指教学活动主体预先确定的，在具体教学活动中所要达到的，利用现有技术手段可以测度的教学结果。

覃翠萍，梁星全在《科技咨询导报》2007 年第 16 期中发表的《如何制定教学目标》一文中指出：所谓教学目标，就是预先确定的通过教学可以达到的，并利用现有技术手段能够测度的教学结果，是教师希望学生从该学科和每节课中应该学到的东西。它是组织、设计、评价一节课的基本出发点和依据，没有教学目标就好像一个人没有了灵魂，没有了思想，干什么都是漫无目的。有了教学目标，教师才能根据教学目标去组织课堂的教学，设计教学的程序等。教学目标这一概念具有四层含义：一是教学目标是师生双方共同的目标，对于老师来说，就是讲授的目标；对于学生来说，就是通过教学活动最终产生的终结行为的变化。二是教学目标是一种预期结果，是教学活动过程终结后出现的结果，而不是现实变化。三是教学目标是经过努力可以达到的结果，是具体可操作的。四是教学目标是可以测量的。

李旭东在 2007 年《内江科技》发表了《浅论教学目标》一文，文中指出：教学目标是教师从事教学活动之前所设想的行动要达到的目的与期望。它有两方面的含义：（1）它是以学生的身心变化为标准的。（2）学生的这种身心变化是从教师的期望开始的，教师为实现期望就要在整个教学过程中为之奋斗，通过不断地备课、讲课，从中总结经验改进教学，提高教学质量。

邵朝恒在 2010 年《教学目标的概念》一文中认为：教学目标包括"知识与能力"、"过程与方法"、"情感、态度与价值观"三个维度。在这三个维度当中，情感目标是最高追求，知能目标是基础，方法目标既是目标也是实现知能目标与情感目标的手段。教学目标在教学中主要有导教、导学、导测量三种功能。

一是导学——确定教学范围、教学内容、教学重点和难点，以及学生的原有学习基础等，引导学生自主、积极地参与教学过程。

二是导教——确定教师将采取的教学步骤、教学环节以及每个步骤或环节将采取的教学活动，指导教师有条理地去完成教学计划或任务。

三是导测量——明确学生要达到的学习要求或水平，为教师本人及教育监督者提供检测的标准和依据。

第二节　课堂教学目标的确定

课程是学校教育的核心，课程目标是教学工作的方向和应当达到的水平或程度。教学目标是课堂教学的核心，课堂教学目标只是指导某一节课的教学过程。一方面，课堂目标是以《课标》所规定的知识内容、教学要求等为依据制定的。另一方面，课程目标又不能代替课堂目标，它们之间是"上位与下位"、"普遍性与操作性"、"总体要求与具体结果"的关系。另外，课程目标是既定的，课堂目标是生成的。

教学目标是期望学生在完成学习任务后达到的程度，是预期的教学成果，是设计、实施和评价教学的基本出发点。然而，经过调研发现，目前许多教师在教学目标设计方面仍存在一些问题。

（1）对教学目标设计认识不足，应付了事，多数教师在平时教学设计中教学目标照抄《课标》或参考书。

（2）教学目标空泛，不具有操作性、可评价性。

（3）三维目标，不分主次，缺乏针对性。

（4）教学目标描述行为主体不明确、行为动词不规范、不具体。

一、教学目标确定的三个要素

1. 课程标准

《义务教育数学课程标准（2011 版）》（以下简称《标准》）是纲领性文件，是教材编写、教学、评估和考试命题的依据，是国家管理和评价课程的基础，体现了国家对不同学段学生在知识与技能、过程与方法、情感态度与价值观等方面的基本要求，具有法定性、指导性。

《标准》将课程目标分为总目标和学段目标，总目标从知识技能、数学思考、问题解决、情感态度四个方面具体阐述。学段目标分为三个学段，并强调"总目标的这四个方面，不是相互独立和割裂的，而是一个密切联系、相互交融的整体"。"这些目标的整体实现，是学生受到良好教育的标志，它对学生的全面、持续、和谐发展有着重要的意义"。"数学思考、问题解决、情感态度的发展离不开知识与技能的学习，知识与技能的学习必须有利于其他三个目标的实现"。

四个方面"知识技能、数学思考、问题解决、情感态度"可分为两类，一类是结果性目标（知识技能），用行为动词"了解、理解、掌握、运用"等来描述；另一类是过程性目标（数学思考、问题解决、情感态度），用行为动词"经历、体验、探索"等来描述，并且明确规定了行为动词的同类词。

"了解"的同类词：知道、初步认识。

"理解"的同类词：认识、会。

"掌握"的同类词：能。

"运用"的同类词：证明。

"经历"的同类词：感受、尝试。

"体验"的同类词：体会。

《标准》中课程内容分三个学段，分别规定了每个学段的学习内容及要达到的程度。

课程目标、课程内容是确定教学目标的直接依据，这是教师必须抓住的根本要素，否则就会偏离方向，不能更好地发挥数学在培养人的思维能力和创新能力方面的育人功能。

2. 教材知识体系

首先，要对章节、单元、全册或全套教材进行梳理，通盘了解，基本了解本学科的体系和结构，知识的前后顺序，章节或单元目标和重点以及课时分配等，这对本学期的教学起到纵观全局的统领作用。

如，数学 7—9 年级教材知识体系：

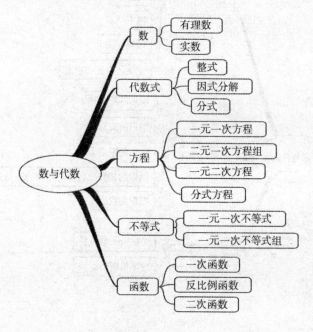

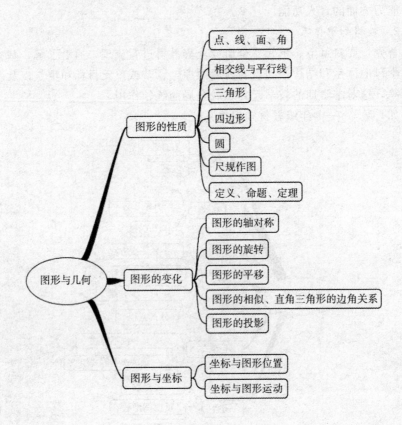

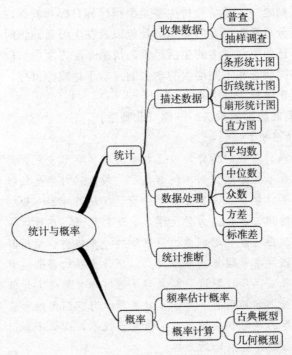

其次，要读懂教材，因为教材本身是按照课程目标编写的，它不仅提供了知识内容，还考虑了方法因素、情感因素和素养要求及过程设计。教师在使用教材时首先要理解编者意图，深挖教材，从而确定教学重点、难点，避免"照本宣科"，做到"用教材教"而不是"教教材"。

案例：《同底数幂的乘法》一课（北师版）

【教材的地位和作用分析】

"同底数幂的乘法"是在学习了有理数的乘方和整式的加减之后，为了学习整式的乘法而学习的关于幂的一个基本性质（法则），又是幂的三个性质中最基本的一个性质。"同底数幂的乘法"从发现到验证经历了"观察、发现、归纳、概括"的过程，现了从特殊到一般的归纳方法。学生理解并掌握了"同底数幂的乘法"的学习方法和研究路径后，就能用类比的方法自主学习"幂的乘方"和"积的乘方"了。由此可见同底数幂的乘法是整式乘法的逻辑起点，是该章的起始课，承载着单元知识以及学习方法、路径的引领作用，在本章的学习中具有举足轻重的地位和作用。

3. 学生的学习实际

学生的学习基础、知识结构、情感态度，即学情分析，是我们制定教学目标的重要根据之一。学情分析主要是根据课程目标和教材内容分析学生的认知基础。先分析学生已有的知识和技能以及在学习新知识时需要哪些知识和技能，同时还要了解学生的生活经验、情感态度方面的适应性及学生的个体差异，为不同状态和不同层次的学生制定易于达成的目标，使教学目标更有针对性，真正做到"目中有人"。

案例：《同底数幂的乘法》一课（北师版）

【学生学情分析】

学生已掌握有理数的运算，并已初步具有用字母表示数的思想，但用字母来归纳同底数幂的乘法法则，使其具有一般性，对学生的抽象思维能力和逻辑推理能力要求较高。因此在教学中设计了从特殊到一般的方法，引导学生复习有理数的乘方运算。为学生学习的逻辑起点，在教学中充分类比数的运算方法，然后再过渡字母，通过观察和进一步体会、运用幂的意义，顺利从数的运算过渡到字母运算，最后得到以字母为底的幂的运算法则。由于学生基础水平比较差，所以要进一步复习巩固有理数的乘方运算和整式加减运算。由于七年级下学期已有一些学生对数学学习感到困难和厌倦，因此要考虑充分调动学生的学习积极性，并从低起点入手，设计不同层次的问题，让学生在学习过程中体验成功的乐趣。

二、教学目标确定的两个步骤

1. 将《标准》要求分解成章教学目标

确定课堂教学目标，首先从《标准》出发，从课程总目标、学段目标和课程内容方面明确《标准》要求，其次，将《标准》要求分解成本章教学目标。

2. 将章教学目标分解成课时教学目标

首先，根据章教学目标进行课时教学任务分析。分析课时的教学内容在本章或知识体系中的地位和作用，本课时教学内容的前后知识联系，本课时教学任务及重点、难点。

其次进行学情分析。分析学生已有的知识基础、生活经验和情感体验等方面的现实状况。教师教学应该以学生的认知发展水平和已有的经验为基础，将原有的知识、经验作为新知识学习的起点，使教学起点处于学生的"最近发展区"上，学习起点不能过高也不能过低。

案例：《用公式法求解一元二次方程（第一课时）》课堂教学目标设计

第一步：将《标准》要求分解成章教学目标

1. 从《标准》开始，明确《标准》要求

(1) 体验从具体情境中抽象出数学符号的过程，理解方程；掌握必要的运算（包括估算）技能；探索具体问题情境中的数量关系和变化规律，掌握用方程进行描述的方法（课程目标——第三学段目标——知识与技能）。

(2) 通过用方程表述数量关系的过程，体会模型思想，建立符号意识（课程目标——第三学段目标——数学思考）。

(3) 能够根据具体问题中的数量关系列出方程，体会方程是刻画现实世界数量关系的有效模型（课程内容——第三学段内容）。

(4) 经历估计方程解的过程（课程内容——第三学段内容）。

(5) 理解配方法，能用配方法、公式法、因式分解法解数字系数的一元二次方程（课程内容——第三学段内容）。

(6) 会用一元二次方程根的判别式判别方程是否有实数根和两个实数根是否相等（课程内容——第三学段内容）。

(7) 了解一元二次方程的根与系数的关系（课程内容——第三学段内容）。

(8) 能根据具体问题的实际意义，检验方程的解是否合理（课程内容——第三学段内容）。

2. 将《标准》要求分解成章教学目标

(1) 经历从具体的情境中抽象出一元二次方程的过程，进一步体会方程是刻画现实世界数量关系的有效模型，建立符号意识。

(2) 理解一元二次方程及其相关概念，理解配方法，能用配方法、公式法、因式分解法解数字系数的一元二次方程，并在解一元二次方程的过程中体会转化等数学思想。

(3) 经历估计一元二次方程解的过程，进一步培养估算的意识和能力，发展数感。

(4) 会用一元二次方程根的判别式判别方程是否有实数根和两个实数根是否相等。

(5) 了解一元二次方程的根与系数的关系。

(6) 能利用一元二次方程解决有关实际问题，体会数学与现实生活的紧密联系；能根据具体问题的实际意义，检验方程的解是否合理，进一步培养分析问题、解决问题的意识和能力。

第二步：将章教学目标分解成课时教学目标。

1. 教学任务分析

用公式法求解一元二次方程，本质上是配方法的一般化和程式化。因此本节课的教学任务可以分解为：进一步巩固上节课的配方法；在此基础上再进行一般规律的探究——推导求根公式；用公式法解一元二次方程。其中，引导学生自主探索，正确推导出一元二次方程的求根公式，是本节课的重点，也是难点；正确熟练地使用一元二次方程的求根公式解方程，提高学生的综合运算能力是本节课的次重点和难点。

2. 学情分析

通过前几节课的学习，学生已经认识了一元二次方程的概念及其一般形式，并且已经能够熟练地将一元二次方程转化为一般形式；大部分学生能够利用配方法解一元二次方程，但仍有一部分学生不能够使用配方法解一元二次方程。

另外，通过以前的学习，学生已经具备本节课所需要的推理技能、活动经验和逻辑思维能力。

3. 根据教学任务分析和学情分析，确定本课时的教学目标

（1）经历探究一元二次方程求根公式的过程，发展推理能力，积累活动经验。

（2）能正确、熟练地使用求根公式解一元二次方程，提高综合运算能力。

（3）会用一元二次方程根的判别式判别方程是否有实数根和两个实数根是否相等。

（4）进一步发展合作交流的团队意识和能力。

第三节　课堂教学目标的表述

教学目标清晰、准确、全面、规范地表述出来，有利于发挥教学目标的导教、导学、导测作用。

一、教学目标具体化

设置质和量的具体规定性教学目标，可操作、可测量，便于实际教学时的把握和评价时的运用。如"提高……"、"灵活运用……"、"培养学生……的精神、态度"等目标设置缺乏质和量的具体规定性，这样可操作性和可测性都很差，不便于实际教学时的把握和评价时的运用。正确的做法是：在"知识与技能"领域常采用结果性目标方式，即明确告诉学生数学学习的结

果是什么？采用的行为动词一般较为明确，可测量、可评价。例如：《一元一次不等式（第一课时）》知识与技能目标：经历一元一次不等式概念的形成过程，会判断一个不等式是不是一元一次不等式，会解一元一次不等式。再例如《锐角三角函数（第一课时）》知识与技能目标：探究当直角三角形的锐角固定时，它的对边与斜边（邻边与斜边、对边与邻边，邻边与对边）的比值都固定这一事实；会用锐角三角函数的概念进行一些简单计算。这样的教学目标非常明确，具有可操作性和可测性。

二、教学目标规范化

对教学目标的表述，美国心理学家马杰的"ABCD法"：A行为主体、B行为动词、C行为条件、D表现程度。

行为主体应该是学生，而不是教师。教师不能凭自己主观武断设定教学目标，而是要在充分解读学生的基础上，从学生已有的经验、认知结构出发，确保所设计的教学目标是学生想完成的（他们的需要）、能够完成的（他们的能力）、应该完成的（课标要求）。教学目标的完成者是学生，学生是教学目标的主体。以往我们习惯采用"使学生……"、"提高学生……"、"培养学生……"等方式都是不符合"表述"要求的。比如，"使学生学会用代入消元法解二元一次方程组"，行为主体是老师而不是学生。现在正确的表述是："会用代入消元法解二元一次方程组"，尽管行为主体"学生"两字没有出现，但是隐含的主体仍是学生。

行为动词要按照《标准》中给出的术语进行描述，即"了解、理解、掌握、运用"和"经历、体验、探索"或它们的同类词。

行为条件是指影响学生产生学习结果的特定的限制或范围。对条件的表现有四种类型：一是关于使用手册与辅助手段，如"可以带计算机或查字典"；二是提供信息或提示，如"参考例1的解题方法，完成……"；三是时间限制，如"在6分钟内，完成……"；四是完成行为的情景，如"在课堂上讨论，能……"。

行为程度是指学生通过一段的时间学习后，所产生的行为变化的表现水准或学习水平，用以评价学生的学习表现或学习结果所达到的程度。

如：学生（行为主体）借助计算器（行为条件），探索（行为动词）方程的近似解（表现程度）。

三、教学目标全面化

以往教师在目标设置中较多地关注知识、技能的培养，缺少对数学思考、问题解决和情感领域的设计。随着新课程的实施，教师对《课标》的重视不断加强、理解不断加深，能够关注"数学思考、问题解决和情感态度"。

案例：《一元一次不等式（第一课时）》的教学目标

知识与技能：经历一元一次不等式概念的形成过程，会判断一个不等式是不是一元一次不等式，会解一元一次不等式。

过程与方法：在概念的得出和探索一元一次不等式解法的过程中体会类比思想。

情感态度与价值观：在独立思考、参与讨论交流的活动中，体会参与的乐趣和成功的喜悦，养成独立思考、讨论交流的学习习惯。

案例：《锐角三角函数（第一课时）》的教学目标

知识与技能：探究当直角三角形的锐角固定时，它的对边与斜边（邻边与斜边、对边与邻边，邻边与对边）的比值都固定这一事实；会用锐角三角函数的概念进行一些简单计算。

过程与方法：体验三角函数概念的形成过程，确信三角函数的合理性，体会特殊到一般的认识事物的方法和数形结合的思想。

情感态度价值观：在探索、分析、论证、总结获取新知识过程中体验成功的喜悦，体验探索、讨论、论证对学习数学的重要性。

四、教学目标层次化

教学中学生均能达到教学目标，是教学的最佳理想状态，但客观实际是学生个体存在差异，不可能同时达到统一的目标。因此，要根据不同层次学生的需要，将课堂教学目标进行分解。一般分解出来三个层次，每个层次的目标都应该包括知识与技能、数学思考、问题解决、情感态度价值观，区别在于根据学生接受能力的差异确定不同的要求，从而保证不同程度的学生能得到全面协调发展。

各层次的目标要与学生的学习水平差异相适应，准确地设在学生的"最近发展区"，不同层次的学生根据自己的需要、能力，自主地选择相应的教学目标。这样不同层次的目标能够诱发不同层次学生的学习积极性，学生"各有所获"、获得"成就感"，使教学目标在教学过程中真正起到了激励作用和导向作用。

五、教学目标表述格式

1. 三维目标分项表述

按照所有课程的"三维目标"作为一级分类进行表述。

案例：《数轴》一课教学目标

（1）知识与技能

①理解数轴的概念，会用数轴上的点表示有理数；

②理解数轴的点与有理数的对应关系，体会数形结合思想。

（2）过程与方法

①通过对数轴概念的建立过程引导学生的思维活动，使学生在学习过程中，不仅学会知识，而且受到研究问题的思想方法训练，从而培养学生的思维能力，逐步发展独立解决问题的能力。

②经历从实际问题中抽象出数学问题的过程，逐步渗透相互转化、数形结合的思想方法。

（3）情感、态度与价值观

①让学生体会知识源于生活，并应用于生活的理念；

②培养学生逐步形成独立思考、自主探索、动手实践、合作交流的学习方式。

2. 四个方面分项表述

按照数学课程目标"四个方面"作为一级分类进行表述。

案例：《绝对值》一课的教学目标

（1）知识技能

了解绝对值的表示方法，理解绝对值的概念，会求有理数的绝对值。

（2）数学思考

经历绝对值概念的抽象与形成的过程、归纳绝对值的性质过程，体会数形相依和分类讨论的观点。

（3）问题解决

经历将实际问题抽象为数学问题的过程，从几何、代数两个角度得到求一个数的绝对值的方法。

（4）情感态度

通过归纳绝对值的性质的过程，获得数学活动的经验。

3. 综合表述

在理解"三维目标"和"四个方面"的基础上，将"三维目标"和"四个方面"融合在一起进行综合表述。

案例：北师版《菱形的性质与判定》（第一课时）的教学目标

①经历研究菱形性质的探索、发现、猜想、证明的过程，进一步发展合情推理和演绎推理能力。

②认识菱形，掌握菱形的性质。

③能够用综合法证明菱形的性质定理。

④进一步体会证明的必要性，以及计算与证明在解决问题中的作用。

第四节　基于目标设计评价

教学目标确定之后，我们就需要思考如何评价或检验这些目标能否实现。因此，在备课中教师就要根据目标设计评价方案，判断学习目标中的各种即定学习目标达成的状况，进而进行预测、反馈和指导，促进教与学都能按照教学目标展开。

一、基于目标设计评价的两种顺序

1. 顺向教学设计

在以往的教学设计中，通常是教学目标确定之后，根据教学目标确定教学内容，根据教学内容选择教学方法，然后进行教学评价。即教学目标——教学活动——教学评价。

2. 逆向教学设计

另一种教学设计是教学目标确定之后，根据教学目标，设计评价内容，然后设计教学活动，即教学目标——教学评价——教学活动。这一过程，教学目标、评价内容、教学活动是教学设计的三个组成部分，是一个整体，具有内在的一致性。教学目标是灵魂，评价是判断学习目标是否实现的手段，教学活动是落实学习目标的载体。

二、逆向教学设计

逆向教学设计实质是先于教学活动设计教学评价，以教学目标的达成为核心的教学设计，先于教学活动设计教学评价更能体现有效教学。评价先于教学活动设计，要求教师带着评价内容思考教学活动，增加教学活动的针对性，提高课堂的教学效果。

根据教学目标设计目标样题，然后再根据目标样题设计教学活动。

案例：《平行线的性质（一）》

1．教学目标

（1）知识与技能

探索平行线的性质，并掌握它们的图形语言、文字语言、符号语言；了解平行线的性质和判定的区别。

（2）过程与方法

通过学生动手操作、实验、观察，培养他们主动探索与合作能力，使学生领会数形结合、转化的数学思想，从而提高学生分析问题和解决问题的能力。

（3）情感、态度与价值观

通过师生的互动交流，促使学生在学习活动中培养良好的情感和合作交流、主动参与的意识。

2．根据教学目标，设计目标样题

（1）回顾归纳

两条平行直线被第三条直线所截，同位角＿＿＿＿＿＿，内错角＿＿＿＿＿＿，同旁内角＿＿＿＿＿＿。

设计意图：回顾知识点，为下面的解题做准备。

（2）基础运用

知识点一　两直线平行同位角相等

1．如图 1 所示，直线 $a // b$，且 a，b 被 c 所截，若 $\angle 1 = 40°$，则 $\angle 2 =$ ＿＿＿＿＿＿。

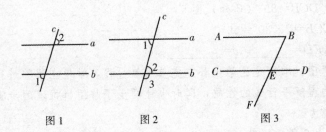

图1　　　　　图2　　　　　图3

知识点二　两直线平行内错角相等

2．如图 2 所示，直线 $a // b$，且 a，b 被 c 所截，若 $\angle 1 = 60°$，则 $\angle 2 =$ ＿＿＿＿＿＿，$\angle 3 =$ ＿＿＿＿＿＿。

知识点三　两直线平行同旁内角互补

3．如图 3 所示，若 $AB // CD$，$\angle DEF = 120°$，则 $\angle B =$ ＿＿＿＿＿＿。

设计意图：平行线三个性质的简单应用。

（3）综合运用

4. 如图 4 所示，$DE/\!/BC$，$DF/\!/AC$，下列结论正确的个数为（　　）

①$\angle C=\angle AED$　②$\angle EDF=\angle BFD$　③$\angle A=\angle BDF$　④$\angle AED=\angle DFB$

A. 1 个　　　　B. 2 个　　　　C. 3 个　　　　D. 4 个

设计意图：在稍微复杂的几何图形中，考查平行线性质的灵活运用。

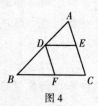 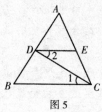

图 4　　　　　　　　　　　图 5

6. 如图 5 所示，已知 CD 平分 $\angle ACB$，$\angle EDC=\dfrac{1}{2}\angle ACB$，$\angle DCB=30°$，求 $\angle AED$ 度数。（填空，理解解题过程。）

解：$\because CD$ 平分 $\angle ACB$

$\therefore \angle 1=\dfrac{1}{2}\angle ACB$（　　　　　　　）

又 $\because \angle 2=\dfrac{1}{2}\angle ACB$（　　　　　　　）

$\therefore \angle 1=\angle 2$（等量代换）

即 $DE/\!/BC$（　　　　　　　）

又 $\because \angle DCB=30°$（已知）图 5

$\therefore \angle ECB=2\times30°=60°$

即 $\angle AED=$ _____ ＝ _____。（　　　　　　　）

设计意图：本题是让学生补充完整解答过程，学生在解答过程中不但可以更深刻的理解平行线的性质，同时也让学生了解逻辑推理的步骤，培养学生推理的能力。

7. 如图 6 所示，若 $\angle 1+\angle 2=180°$，$\angle 3=110°$，求 $\angle 4$。

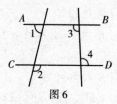

图 6

设计意图：平行线判定和性质的综合应用。设计成解答题，训练学生的书写过程，培养学生的推理能力。

3. 根据目标样题设计教学活动

《平行线的性质（一）》，根据上面的目标样题，设计如下的教学活动：

问题与情境	师生活动	设计意图
一、温故知新、激发兴趣 根据右图，填空： ①如果∠1＝∠C，那么 ___ // ___（　　） ②如果∠1＝∠B，那么 ___ // ___（　　） ③如果∠2＋∠B＝180°，那么 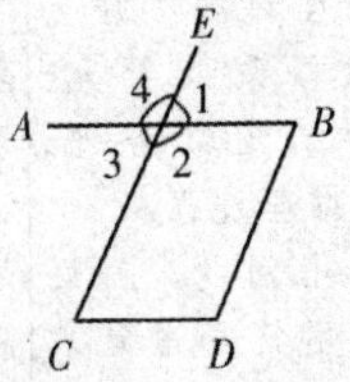 ___ // ___（　　）	教师提出问题，学生代表回答，如出现错误或不完整，请其他学生修正或补充。师生共同点评。 在学生回答后教师根据判定方法的内容提出问题：若把判定定理的条件和结论互换是否成立？	根据目标样题：（1）回顾归纳，设计此教学活动，目的是复习上节课所学的平行线的三种判定方法并引入探究课题，有意识让学生回顾上节课的内容，为后面类比研究平行线判定的过程、构建平行线性质的研究过程做好铺垫。
二、交流合作，探索发现 讨论：如何探究两直线平行，同位角之间、内错角之间以及同旁内角之间的数量关系？ 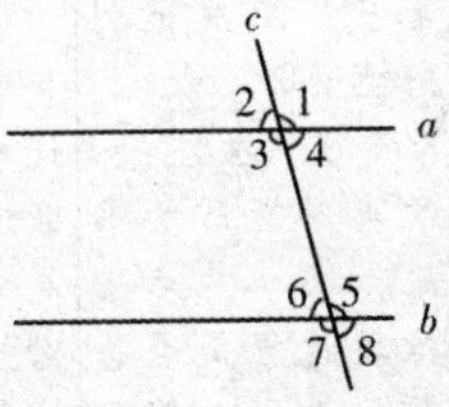 活动1：画两条平行线 a∥b，然后再画一条截线 c 与 a、b 相交，标出如图的角。 问题1：找出图中的同位角、内错角、同旁内角。 问题2：用量角器度量这8个角的度数，观察这些角在位置上有什么关系、在数量上有什么关系？你有什么猜想？ 猜想： 1. 两条平行线被第三条直线所截，同位角相等。 2. 两条平行线被第三条直线所截，内错角相等。 3. 两条平行线被第三条直线所截，同旁内角互补。	学生讨论，寻求方法。学生动手操作，通过观察、实验、猜想、验证完成问题。小组成员共同完成，通过用量角器度量，学生发现角的关系，猜想出结论。 教师应重点关注： （1）量角器的正确使用方法； （2）实验过程中，明确前提条件为两条直线平行； （3）培养学生的动手实践能力。	根据目标样题：（2）基础运用，设计此教学活动，探索并运用平行线的性质。 激发学生探究数学问题的兴趣，使学生获得较强的感性认识。 通过动手测量提高学生的动手操作能力，使其从感性认识上升到理性认识。 锻炼学生的归纳、表达能力，鼓励学生敢于发表自己的观点。

续表

问题与情境	师生活动	设计意图
活动2：运用与推理 归纳性质1：两条平行线被第三条直线所截，同位角相等。（因所学知识有限，猜想1不要求推理证明） 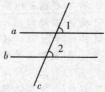 问题：你能根据性质1证明猜想2吗？ 归纳性质2：两条平行线被第三条直线所截，内错角相等。 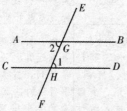 问题：你能证明猜想3吗？ 归纳性质3：两条平行线被第三条直线所截，同旁内角互补。 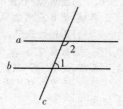 活动3：分组讨论，协作学习 分组讨论： (1) 平行线三个性质的条件和结论分别是什么？ (2) 它与判定有什么区别？	师生共同归纳性质，学生由图形语言转化为文字语言，文字语言转化为符号语言。 教师提出问题学生充分思考并请学生代表口述推理过程，师生共同做修改或补充。共同归纳出最合理、完整的推理过程。 教师提出问题，鼓励学生使用符号语言表述推导过程。学生独立思考完成证明。 教师展示学生的证明过程，师生共同做修改或补充。完成证明归纳出性质3。 本环节要重点关注： (1) 学生对性质的书写。 (2) 推理过程是否符合逻辑，学生对符号语言的掌握程度。 (3) 学生能否利用性质1、2用不同的方法对性质3进行证明。 学生进行小组讨论共同分析总结，得出组内结论。 教师根据小组结论内容进行提问，归纳总结。	通过学生做和说，培养学生一定的表达能力和逻辑推理能力。教师引导，逐步构建研究思路，循序渐进地引导学生思考，从"说点儿理"向"说清理"过渡。培养学生的数学思维，让学生从多角度进行思考解决问题，并在思考过程中发现知识点，提高提炼总结的能力。并检验学生对本节课知识的掌握程度。 让学生自己总结，既锻炼学生的语言表达能力，又能加深学生对知识的掌握和理解。培养学生的数学语言及思维。

续表

问题与情境	师生活动	设计意图
三、师生互动，典例示范 例：已知：如图1，直线 $a \parallel b$，$\angle 1 = 50°$，求：$\angle 2$，$\angle 3$，$\angle 4$ 的度数。 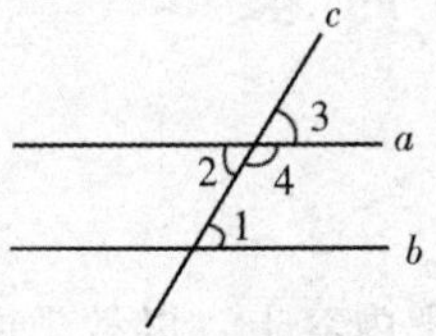 图1 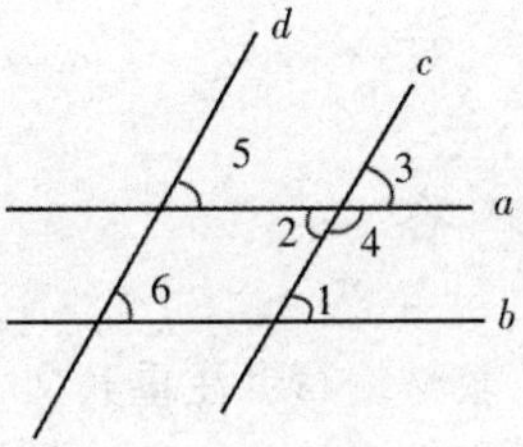 图2 变式：已知：如图2，$\angle 5 = \angle 6$，$\angle 1 = 50°$，求：$\angle 2$，$\angle 3$，$\angle 4$ 的度数。 在变式中能否求 $\angle 5$ 的度数？	教师展示问题。 学生独立完成，展示两位同学的解题过程，对比过程的书写并由学生进行纠错，总结出完整的解题过程。 本环节要重点注意： (1) 注重学生数学思维的形成，提高学生的书写能力。 (2) 注重平行线性质的正确运用。 (3) 注重平行线判定及性质的区别。	根据目标样题：（3）综合运用，设计此教学活动，综合运用平行线的性质与判定。循序渐进提高难度、提高灵活运用定理的能力，感受解决有关平行问题的关键，突破难点，并进一步提高用符号语言进行推理的能力。
四、归纳小结，强化思想 (1) 请你谈谈本节课的收获和感受。 (2) 说说平行线的"判定"与"性质"有什么不同？	教师提出问题 学生讨论归纳	通过小结，帮助学生梳理本节课所学内容，掌握本节课的核心——平行线的性质，引领学生回顾探究平行线性质的过程，体会研究平行线性质的方法。
五、布置作业 P22：习题5.3 第2、3、4题		

第五章　数学教学内容

明确的教学目标必须落实在科学、合理的教学内容上，以教学内容为载体，教学目标才能达成。对教学内容处理的核心是研究教材、吃透教材内涵。

第一节　精选教学内容

教材是我们最主要的教学素材。一般说来，教材编写者注重其文字叙述的系统性和逻辑性，教师应注重学生的认知水平和学习规律，因此教材的逻辑顺序和教师的教学思路有时不一定完全相同，教师应该从教学实际出发，依照《课标》要求，根据学生的认知水平，对教材的内容进行精心设计、重新组织、恰当编排，决不能照本宣科。简单的例题、练习题，觉得没什么好讲的，越是这样越是需要认真备课，收集资料，借鉴他人经验，认真研究学生的知识基础和认知结构，对教学内容进行补充、延伸、拓展、重组，有利于对知识的引入、重点的突出、难点的突破，有利于对学生学习的障碍点、易混点、易错点的调控，避免给学生形成错误的思维定式。一旦形成错误的思维定式，就要利用课后练习课去补救，不仅占用了学生大量的时间，更损伤了学生的学习积极性。

一、对教材内容的处理

《标准》指出：学习素材应尽量与学生的生活现实、数学现实、其他学科现实相联系，应有利于学生对所学内容的数学理解，教学内容要体现数学知识的整体性，体现重要知识和方法的产生、发展和应用的过程。

对教材的内容进行精心设计、重新组织、恰当编排，突出教学内容的生活性、整体性、典型性、过程性、层次性，提高学生知识与技能、过程与方法、情感态度与价值观预设目标的达成度。

1. 突出教学内容的生活性

数学是一门与社会生活息息相关的学科，生活中的数学知识是启蒙教育的重要素材，一旦将它们与书本知识融合起来，就会使学生感受到书本知识学习的意义和作用，意识到学习的责任和价值，从而增强学习数学的兴趣和动机，提高学习效果。教师应充分利用教材的一些内容选取生活中的事例。

案例："对顶角"的教学设置如下的问题：

问题 1 把两根小木条中间钉在一起，使它们形成 4 个角，这 4 个角的大小能自由改变吗？在制作过程中你有什么感想？

问题 2 在相交的道路、剪刀、栏栅门等实际问题中（教师通过多媒体课件呈现图片），你能发现哪些几何形象？试做出它的平面图形。

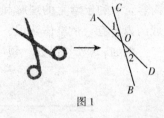

图1

问题 3 如果将剪刀用图形简单地加以表示（如图 1），那么∠1 与∠2 的位置有什么关系？它们的大小有什么关系？能说明你的理由吗？

问题 4 找找生活中对顶角的例子。

问题 1 是一个与学生的生活紧密联系的数学实验，直观的动态模型能够使学生初步形成对顶角概念的形象雏形理解，从而让学生经历知识的发生过程，能够给学生提供充分的实践与想象的空间。问题 2 配合问题 1 对几何形象进一步去观察、操作、猜想，使学生的发现与归纳在更高的思维层次上展开，从而克服了直接给出"两线四角"引入对顶角概念的单一教学模式，促使学生进行探究式的主动学习。问题 3 为学生提供了探究"对顶角相等"这一性质的现实模型，让学生亲身体验了对顶角性质，使之自然稳固地内化到认知结构中。问题 4 让学生回到现实中，应用对顶角的概念去寻找生活中对顶角的例子，既能使学生体验到数学的应用价值，又能加深学生对知识的理解，关注了学生的生活经验，让学生动手"做"数学，真正实现知识的自主建构。

2. 突出教学内容的整体性

教学内容要体现整体性，强调教学内容的整体性和连续性，是数学学科的特点和要求。数学学科的严谨性和系统性要求数学教学必须从整体上把握教学内容，只有从整体上把握了教学内容，才能对每一章、每一节、每一课内容的地位和作用有深入的分析，对重点、难点有恰当的定位，才能有效地突出重点、突破难点，合理地分配时间。

强调整体性和连续性，是数学学习的需要，是学生认知的需要。学生有意义地学习，不是一个被动接受知识、强化储存的过程，而是用原有的知识处理各项新的学习任务，通过同化和顺应的心理活动变化，不断地构建和完善认知结构，把客观的数学知识内化为自己认知结构中的成分。而强调整体性和连续性，正是顺应了学生这一认知需求，帮助学生将零散的知识形成有内在联系的知识网络。

（1）注重知识点之间的联系

一些知识之间存在逻辑顺序，教学内容处理上要有利于学生理解这种逻辑顺序，这一点教师要充分理解教材的编写意图，用知识网络结构呈现教学内容，有利于学生的理解和感悟。学生要利用知识网络结构对一章或一个领域的内容有一个整体认识。

例如，《数与代数》领域网络结构：

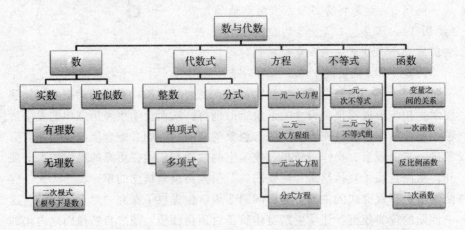

例如，《整式及其加减》一章知识网络结构：

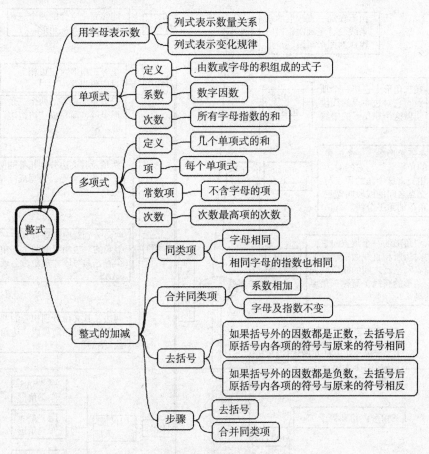

《整式的乘除》一章的知识网络结构：

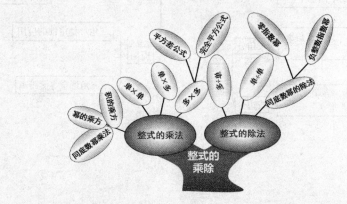

《三角形》一章知识网络结构：

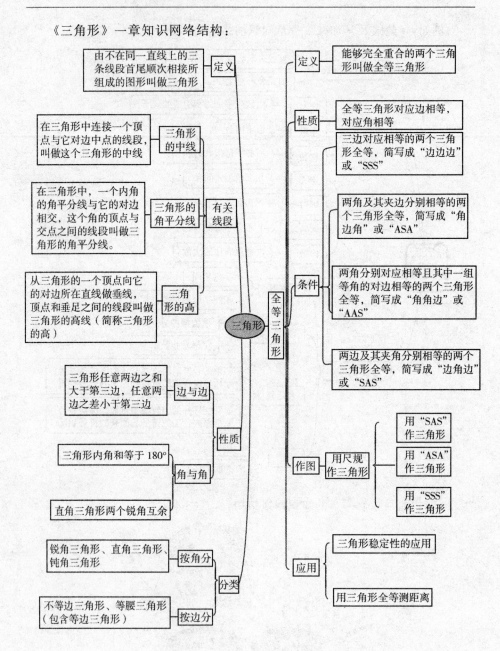

《直角三角形边角关系》一章知识网络结构：

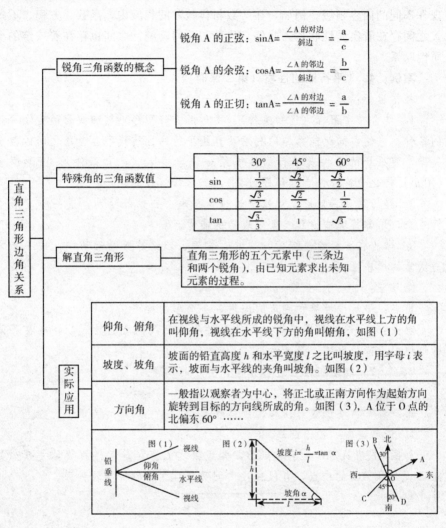

	30°	45°	60°
sin	$\frac{1}{2}$	$\frac{\sqrt{2}}{2}$	$\frac{\sqrt{3}}{2}$
cos	$\frac{\sqrt{3}}{2}$	$\frac{\sqrt{2}}{2}$	$\frac{1}{2}$
tan	$\frac{\sqrt{3}}{3}$	1	$\sqrt{3}$

一些知识之间存在实质性联系，这种联系体现在相同的内容领域，也体现在不同的内容领域。例如，在"数与代数"的领域内，函数、方程、不等式之间存在着实质性联系。此外，代数与几何、统计之间也存在着一定的实质性联系。

案例：《2.3 平行线的性质（第 2 课时）》

教学目标：

1. 结合文字语言（已知条件）、图形语言（图形）熟练找到两直线平行的条件、方法，同时能熟练的利用两直线平行的性质找到各类角之间的数量关系，将平行的条件及平行的性质结合文字语言（已知条件）、图形语言（图形）转化为符号语言（解题过程），练习如何推理。

2. 经历联系、对比、观察、讨论、推理、归纳等活动，进一步发展空间观念，培养推理能力和有条理表达的能力。

3. 学生在积极参与探索、交流、推理、归纳等数学活动中，进一步体会数学的严密性。

重难点：

重点：平行线性质和判定的应用，会简单的推理。

难点：1. 继续辨别直线平行的条件和平行线性质的异同，并能在不同的情境中正确、熟练、灵活运用。

2. 能组织语言进行合理、有序的说理。

教学过程片段：

第一环节：增加复习回顾，加强联系

1. 教师画图，提出问题。

如图 1，直线 AC 上有一点 B，各线段之间存在着怎样的数量关系？如果 B 是线段 AC 的中点，各段线段之间又出现了怎样的数量关系？

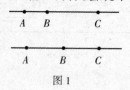

图 1

如图 2，$\angle AOB$ 内部有一条射线 OC，那么图形中各角之间存在着怎样的数量关系？如果射线 OC 是 $\angle AOB$ 的角平分线，各角之间又出现了怎样的数量关系？

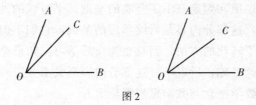

图 2

2. (1) 平面上两直线有几种位置关系?

(2) 如图 3,当∠AOC＝90°时,AB 与 CD 之间有怎样的位置关系?

(3) 你能总结出图 4 中"角的数量关系"与"直线的位置关系"之间存在着什么样的联系吗?

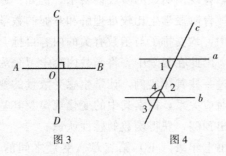

图 3   图 4

简析:《2.3 平行线的性质(第 2 课时)》(图形与几何领域七年级下)在第一课时理解平行线性质的基础上,本课时的主要教学任务是熟练应用平行线的性质和判别直线平行的条件。因为学生在应用时非常容易把两者混淆,所以本节课的目的之一就是让学生继续辨别两者的异同,并能在不同的情境中正确运用。另外,在第一课时中,对于两者只要求学生能正确应用即可,说理要求不高。在本节课中就要有目的的引导学生推理,既要结合图形发现规律,又要采用推理的形式加以说明。

因此,在教学中增加了复习七年级上学期第四章基本平面图(图形与几何领域)这一环节,复习的目的是让学生感受在以前研究的同一领域的线段与线段、角与角之间的关系的基础上,研究线与角相结合,从而引出平行的性质及条件。在新知识的学习中,通过复习线、角的内容,特别是问题 2 的复习,使学生在理解"两条线的位置关系与角的数量关系"的基础上,进一步体会"三线八角"图形中"线的位置关系与角的数量关系",从而体会知识之间的联系。同时借助已有的知识和方法突出了本节课的重点、突破了本节课的难点,学生对平行线的性质和判定有了更深刻的理解,不易混淆。为今后学习图形的性质和判定打下了坚实的基础。平行线的性质是空间与图形领域的基础知识,这部分内容是后续学习的基础,它们不但为三角形内角和定理的证明提供了转化的方法,而且也为今后学习三角形全等、三角形相似等内容奠定了理论基础,所以学好这部分内容至关重要。

(2) 重要的数学概念与数学思想螺旋上升

数学中一些重要的内容、思想、方法需要学生经历较长的认知过程去逐步理解和掌握。如,函数、概率、数形结合、逻辑推理、模型思想等。因此,在教学内容的选择上,要根据学生的实际情况,在遵循科学性的前提下,采用逐级递进螺旋上升的原则。螺旋上升是指在深度、广度等方面,都要有实质性的变化,体现出明显的阶段性要求。例如:函数是数与代数的重要内容,也是义务教育阶段学生比较难理解和掌握的数学概念之一,数学课程标准在三个阶段中,均安排了与函数有关的内容目标,希望学生能够逐渐加深对函数的理解。因此在教学中,将函数内容学习分为三个主要阶段:

第一阶段:通过一些具体实例,让学生感受数量的变化过程,以及变化过程中变量之间的对应关系,探索其中的变化规律及其基本性质,尝试根据变量的对应关系做出预测,获得函数的感性认识。

北师大版教科书七年级(下)第三章《变量之间的关系》第一节的内容。教科书基于七年级学生对本章知识的认识,提出了具体学习任务:了解表示变量之间的方法,学会用表示变量之间关系的各种形式分析变量之间的关系,能用适当的方式表示实际情境中变量之间的关系,并进行简单的预测。从常量的世界走入变量的世界,开始接触一种新的思维方式——用运动变化的观点去认识数学对象,发展符号感和抽象思维。发展有条理的思考和进行表达的能力。能从运动变化的角度解释生活中的数学现象,体验成就感,获得学习的快乐,发展对数学更高层次的认识。能读懂表格、关系式、图象所表示的信息,还能用表格、关系式、图象刻画一些具体情境中变量之间的关系。

案例:

一名同学在用弹簧做实验,在弹簧上挂不同质量的物体后,弹簧的长度就会发生变化,实验数据如下表:

所挂物体的质量/kg	0	1	2	3	4	5
弹簧的长度/cm	12	12.5	13	13.5	14	14.5

(1) 上表反映了哪两个变量之间的关系?哪个是自变量?哪个是因变量?

（2）弹簧不挂物体时的长度是多少？如果用 x 表示弹性限度内物体的质量，用 y 表示弹簧的长度，那么随着 x 的变化，y 的变化趋势如何？

（3）如果此时弹簧最大挂重为 15kg，你能预测当挂重为 10kg 时，弹簧的长度是多少？

简析：用表格来表示变量之间关系，其优点是对于表中的自变量的每一个值，可以不通过计算，直接把因变量的值找到（如本题 0 千克与 12cm 这组对应值）；其不足之处是表格只能列出部分自变量与因变量对应的值（如本例 10kg 与 17cm 这组对应值，表格中没有反映出来），难以反映变量之间变化的全貌。

案例：

如图，将边长为 20cm 的正方形纸片的四个角截去相同的小正方形，然后将截好的材料围成一个无盖的长方体。

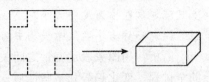

（1）这个情境反映了哪两个变量之间的关系？其中自变量是什么？因变量是什么？

（2）在以上问题中，若设截去的小正方形的边长是 $x$cm，围成的无盖长方体的体积是 $y$cm³，则 y 与 x 之间的关系式是_____。

（3）若小正方形的边长是 5cm，那么长方体的体积是多少立方米？当 x ＝2.5cm，体积是多少？

（4）根据以上关系式填下表：

x/cm	1	2	3	4	5	6	7	8	9
y/cm³									

（5）当 x 在什么范围变化时，y 随 x 的增大而增大，当 x 在什么范围变化时，y 随 x 的增大而减小？你又是根据哪种表示法得到的？

（6）请你估计 x 取何值时，制成的无盖长方体的体积最大？

简析：用关系式表示变量之间的关系，其优点是比较准确，有了关系式，可以由自变量的一个值，求出相应的因变量的值，反过来知道因变量的一个值，也可以求出相应的自变量的值（如本题 5cm 与 500cm³ 这组对应值）。其不足之处是关系式反应的两个变量之间的关系比较抽象，只有借助列出部分自变量与因变量对应值表才能看出变化的特点。

案例：

小红与小兰从学校出发到距学校5km的书店买书，如图反映了他们两人离开学校的路程与时间的关系。根据图形尝试解决下面提出的问题。

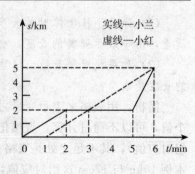

(1) 小红与小兰谁先出发？谁先到达？

(2) 描述小兰离开学校的路程与时间的变化关系。

(3) 小兰前20min的速度和最后10min的速度各是多少？怎样从图象上直观地反映出速度的大小？

(4) 小红与小兰从学校到书店的平均速度各是多少？

简析：用图象表示变量之间关系，其优点是能形象直观地反映事物变化的全过程、变化趋势和某些性质；其不足之处是表示出来的图象是近似的、局部的，观察由图象确定的因变量的值，往往不够准确。

案例：

分析下面反映变量之间关系的图象，想象一个适合它的实际情境

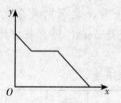

(1) 可以把 x 和 y 分别代表时间和距离，那么这个图可以描述为：小华骑车从学校回家，一段时间后，停下来修车，然后又开始往家走，直到回家；

(2) 可以把 x 和 y 分别代表时间和速度，那么这个图可以描述为一辆汽车，减速行驶一段时间后，又匀速行驶了一段时间，然后逐渐减速，到了目的地停下来。

(3) 可以把 x 和 y 分别代表时间和蓄水量，那么这个图可以描述为：一个水池先放水，一段时间后停止，随后，又接着放水直到放完。

(4) 可以把 x 和 y 分别代表时间和高度，那么这个图就可以描述为：一架飞机从一定的飞行高度慢慢下降到一个高度，然后在这一高度飞行了一段时间，快到机场时又开始降落，最后降落在机场。

简析：通过本题培养学生思维的灵活性和合理的想象能力、语言的表达

能力，进一步体会用图象来反映两个变量之间的关系。

第二阶段在感性认识的基础上，归纳概括出函数的定义，并根据具体的函数及其性质，了解研究函数的基本方法，借助函数的知识和方法解决问题，使学生能够在操作层面上认识和理解函数。

北师大版教科书八年级（上）第四章《一次函数》第一节的内容。教材中的函数是从具体实际问题的数量关系和变化规律中抽象出来的，主要是通过学生探索实际问题中存在的大量的变量之间的关系，进而抽象出函数的概念。与原传统教材相比，更注重感性材料，让学生分析了大量的问题，感受到在实际问题中存在两个变量，而且这两个变量之间存在一定的关系，它们的表示方式是多样的，可以通过列表的方法表示，可以通过画图象的方法表示，还可以通过列解析式的方法表示。但都有一个共性，即其中一个变量依赖于另一个变量。

在七年级学习的基础上，继续通过对变量间关系的考察，让学生初步体会函数的概念，让学生感受到变量之间的关系是通过多种形式表现出来的，感受研究函数的必要性，为后续学习打下基础。同时，函数的学习可以使学生体会到数形结合的思想方法，感受事物之间的相互联系及其变化规律。

案例：《函数》北师大版实验教科书八年级（上）第四章《一次函数》第一节的内容呈现

问题1. 你去过游乐园吗？你坐过摩天轮吗？你能描述一下坐摩天轮的感觉吗？

当人坐在摩天轮上时，人的高度随时间在变化，那么变化有规律吗？

摩天轮上一点的高度 h 与旋转时间 t 之间有一定的关系，下图就反映了时间 t（min）与摩天轮上一点的高度 h（m）之间的关系。你能从下图观察出，有几个变化的量吗？当 t 分别取 3，6，10 时，相应的 h 是多少？给定一个 t 值，你都能找到相应的 h 值吗？

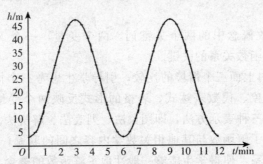

问题 2. 瓶子或罐头盒等圆柱形的物体，常常如下图这样堆放。随着层数的增加，物体的总数是如何变化的？

填写下表：

层数 n	1	2	3	4	5	...
物体总数 y						

问题 3. 一定质量的气体在体积不变时，假若温度降低到 $-273℃$，则气体的压强为零。因此，物理学把 $-273℃$ 作为热力学温度的零度。热力学温度 T（K）与摄氏温度 t（℃）之间有如下数量关系：$T = t + 273$，$T \geqslant 0$。

（1）当 t 分别等于 -43，-27，0，18 时，相应的热力学温度 T 是多少？

（2）给定一个大于 $-273℃$ 的 t 值，你能求出相应的 T 值吗？

简析：通过上面三个问题的展示，使学生们初步感受到现实生活中存在大量的变量间的关系，并且一个变量是随着另一个变量的变化而变化的；变量之间的关系表示方式是多样的（图象、列表和解析式等）。进而进行概念的抽象。

1. 思考以上三个问题的共同点，进而揭示出函数的概念。在上面的问题中，都有两个变量，给定其中一个变量（自变量）的值，相应地确定了另一个变量（因变量）的值。

一般地说，在某个变化过程中，有两个变量 x 和 y，如果给定一个值，相应地就确定了另一个值，那么我们称 y 是 x 的函数，其中 x 是自变量，y 是因变量。

2. 点明函数概念中的两个关键词。两个变量，一个 x 值确定一个 y 值，它们是判断函数关系的关键。

3. 再通过对上面三个情境的比较，引导学生思考三个情境呈现形式的不同（依次以图象、代数表达式、表格的形式反映两个变量之间的关系），得出函数常用的三种表示方法，即图象法、列表法、解析法。

第三阶段，了解函数与其他相关数学内容之间的联系，如与方程之间、不等式之间的联系，使得学生能够一般性地了解函数的概念。

案例：方程组的解与图象之间的关系

1. 解方程组 $\begin{cases} x+y=5, \\ 2x-y=1. \end{cases}$

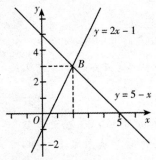

2. 上述方程移项变形转化为两个一次函数 $y=-x+5$ 和 $y=2x-1$，在同一直角坐标系内分别做出这两个函数的图象。

3. 方程组的解和这两个函数的图象的交点坐标有什么关系？

由此得到第 2 个知识点：二元一次方程的解和相应的两条直线的关系为：

（1）求二元一次方程组的解可以转化为求两条直线的交点的横纵坐标。

（2）求两条直线的交点坐标可以转化为求这两条直线对应的函数表达式联立的二元一次方程组的解。

（3）解二元一次方程组的方法有：代入消元法、加减消元法和图象法三种。

总结：一般地，从图形的角度看，解一个二元一次方程组就相当于确定相应两条直线交点的坐标。利用一次函数图象可以粗略估计两直线交点的坐标也可以找到二元一次方程组的近似解。要得到准确解，一般还是用代入消元法和加减消元法解方程组。

简析：建立了数形结合的意识，学生初步感受到了"数"的问题可以转化为"形"来处理，反之"形"的问题也可以转化为"数"来处理，培养了学生的思维能力。

使学生初步体会"数"（二元一次方程）与"形"（两条直线）之间的对应关系，为求两条直线的交点坐标打下基础。即，方程组和对应的两条直线的关系：

方程组的解是对应的两条直线的交点坐标；两条直线的交点坐标是对应的方程组的解。

案例：一元一次不等式与一次函数

画出函数 $y＝2x－5$ 的图象，观察图象回答下列问题。

解：画出函数 $y＝2x－5$ 的图象。

x	0	2.5
y	-5	0

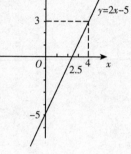

(1) 由图象可知，当 $y＝0$ 时，$2x－5＝0$。

∴当 $x＝\dfrac{5}{2}$ 时，$2x－5＝0$。

(2) 要找 $2x－5＞0$ 的 x 的值，也就是函数值 y 大于 0 时所对应的 x 的值。从图象上可知，$y＞0$ 时，图象在 x 轴上方，图象上任一点所对应的 x 值都满足条件，当 $y＝0$ 时，则有 $2x－5＝0$，解得 $x＝\dfrac{5}{2}$。当 $x＞\dfrac{5}{2}$ 时，由 $y＝2x－5$ 可知 $y＞0$。

因此当 $x＞\dfrac{5}{2}$ 时，$2x－5＞0$；

(3) 同理可知，当 $x＜\dfrac{5}{2}$ 时，有 $2x－5＜0$；

(4) 要使 $2x－5＞3$，也就是 $y＝2x－5$ 中的 y 大于 3，那么过纵坐标为 3 的点做一条直线平行于 x 轴，这条直线与 $y＝2x－5$ 相交于一点 B（4，3），则当 $x＞4$ 时，有 $2x－5＞3$。

可以发现，一次函数与一元一次方程、一元一次不等式之间有密切关系，当函数值等于 0 时即为方程，当函数值大于或小于某个实数时即为不等式。即培养了学生的数形结合意识，又使学生掌握了用图象法解一元一次不等式和构造不等式解决函数问题的能力。

简析：通过作函数图象、观察函数图象，进一步理解一次函数的有关知识，让学生从整体上感受利用一次函数图象可以帮助解决一元一次方程、一元一次不等式的问题。

总之，帮助学生理解这些实质性联系，是数学教学的重要任务。为此，在教学内容的处理上，要体现这些实质性联系，展示数学知识的整体性和数学方法的一般性。

3. 突出教学内容的典型性

(1) 概念教学选择例子，要突出本质属性

概念是客观事物的本质属性在人们头脑中的反映，数学概念的教学既是

数学教学的重要内容，又是数学学习的核心，是学生思考问题、推理证明的依据。学习一个新概念时，先呈现几个典型的例题，然后经过科学的抽象、概括建立概念。

案例：《19.1.变量与函数（2）》教学片段

引例（1）

汽车以 60km/h 的速度匀速行驶，行驶的路程为 s km，行驶的时间为 t h，填写下表：

t/h	1	2	3	4	5
s/km					

教材：s 的值随 t 的值的变化而变化吗？

改编：问题中有几个变量？可以用哪个式子表示这两个变量之间的关系？并说明它们是如何变化的，现在如果给定一个时间 t 值，能相应地求出几个路程 s 值？

引例（2）

教材：电影票的售价为 10 元/张，第一场售出 150 张票，第二场售出 205 张票，第三场售出 310 张票，三场电影的票房收入各多少元？设第一场电影售出 x 张票，票房收入为 y 元，y 的值随 x 的值的变化而变化吗？

改编：每张电影票的售价为 10 元，设某场电影售出 x 张票，票房收入为 y 元，问题中有几个变量？可以用哪个式子表示这两个变量之间的关系？并说明它们是如何变化的。现在如果给定一个票数值，能相应地求出几个票房收入值？

引例（3）

教材：你见过水中涟漪吗？圆形水波慢慢地扩大，这一过程中，当圆的半径 r 分别为 10cm，20cm，30cm 时，圆的面积 S 分别为多少？S 的值随 r 的值的变化而变化吗？

改编：圆形水波慢慢地扩大，在这一过程中，圆的半径为 r，面积为 S，问题中有几个变量？可以用哪个式子表示这两个变量之间的关系？并说明它们是如何变化的。当给定一个半径 r 的值后，能求出几个面积 S 的值与之对应？

引例（4）

教材：用 10cm 长的绳子围一个矩形，当矩形的一边长 x 分别为 3m，3.5m，4m，4.5m，时，它的邻边长 y 分别为多少？y 的值随 x 的值的变化而变化吗?

改编:用 10m 长的绳子围一个矩形,当矩形的一边长为 x,它的邻边长为 y,问题中有几个变量? 可以用哪个式子表示这两个变量之间的关系? 并说明它们是如何变化的。当给定矩形的一边长 x 的值后,能相应地求出几个 y 值与之对应?

设计意图:

从实际问题出发,包括行程问题、销售问题、几何问题等,并用问题串的形式引导学生归纳出变量间的单值对应关系。实现函数概念的第一次概括,提供归纳的样例,对解析式表示函数进行初步概括。

增加引例(5)

下面是中国代表团在第 23 届至 30 届夏季奥运会上获得的金牌数统计表,届数和金牌数可以分别记作 x 和 y,对于表中每一个确定的届数 x,都对应着一个确定的金牌数 y 吗?

届数 x/届	23	24	25	26	27	28	29	30
金牌数 y/枚	15	5	16	16	28	32	51	38

追问:是用什么方法呈现的哪两个变量之间的关系? 与前边的例子所呈现的方式相同吗? 两个变量是如何变化的?

设计意图:

让学生感受到当一个变量取定一个值时,可以通过查表确定出另一个唯一变量的值,突出函数的本质属性。也为后续的列表法表示函数奠定基础。

增加引例 6

如图是北京某天的气温变化图,你能根据图象说出某一时刻的气温吗?

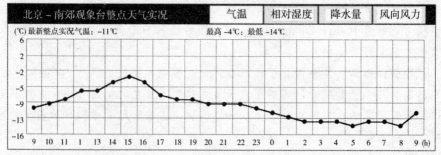

引导学生阅读气温变化图,体会气温变化图可以根据时间确定气温数值,体会这也是变量之间的单值对应关系。并提问:一天中,当时间确定

时，气温的数值是否也是唯一确定的？

设计意图：

让学生体会到，当一个变量取定一个值时，通过图象也可以确定另一个唯一变量的值，突出函数的本质属性。同时也为用图象法表示函数奠定基础。

形成概念：

上述实际问题中两个变量之间的关系：当一个变量取定一个值时，既有通过关系式确定一个变量唯一的值，又有通过对应表格确定另一变量唯一的值，还有通过图象确定另一个变量唯一的值，综合这些现象，师生归纳上边实例中变量之间的关系的共同特点，引出函数的概念。

一般地，在一个变化过程中，如果有两个变量 x 和 y，并且对于 x 的每一个确定的值，y 都有唯一的值与之对应，那么我们就说 x 是自变量，y 是 x 的函数。

如果当 $x=a$ 时，对应的 $y=b$，那么 b 叫做当自变量的值为 a 时的函数值。

增加练习：

练习1：下列问题中，一个变量是否是另一个变量的函数？请说明理由。

（1）向一水池每分钟注水 0.1m^3，注水量 y（单位：m^3）随注水时间 x（单位：min）的变化而变化；

（2）改变正方形的边长 x，正方形的面积 S 随之变化；

（3）秀水村的耕地面积是 10^6m^2，这个村人均占有耕地面积 y（单位：m^2）随这个村人数 n 的变化而变化；

（4）P 是数轴上的一个动点，它到原点的距离记为 x，它的坐标记为 y，y 随 x 的变化而变化。

练习2：下面的我国人口数统计表中，人口数 y 是年份 x 的函数吗？为什么？

年份 x	人口数 y/亿
1984	10.34
1989	11.06
1994	11.76
1999	12.52
2010	13.71

练习 3：下图是一只蚂蚁在竖直的墙面上的爬行图，请问：蚂蚁离地高度 h 是离起点的水平距离 t 的函数吗？为什么？

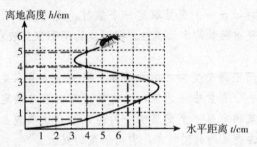

追问：蚂蚁离起点的水平距离 t 是离地高度 h 的函数吗？为什么？

设计意图：形成函数概念后，及时进行概念辨析；练习 3 通过正反两方面的例子，深化对函数概念的理解。

（2）定理、法则教学选择例子，要突出基础性、规律性

学习数学，只有在学好基础知识的前提下，才能切实地运用它来解决其他有关问题。学生对新学的知识印象不深、理解不透、运用不灵，这是普遍存在的现象，因此，教师选择一些基本例题，加强基础知识的理解和巩固。

案例：《1.5 平方差公式》

教材探究：计算下列各项式的值，你能发现什么规律？

（1）$(x+1)(x-1)=$

（2）$(m+2)(m-2)=$

（3）$(m+2n)(m+2n)=$

改编：利用多项式乘法法则计算

（1）$(x+1)(x-1)$　　（2）$(3x+2)(3x-2)$　　（3）$(x+2y)(x-2y)$

（4）$(3m+2n)(3m-2n)$　　（5）$(m+2n)(m-n)$　　（6）$(m+2n)(m+2n)$

对比上面的式子及运算结果，发现有些式子和结果与众不同，找出发现的规律，做出大胆的猜想（用字母 a，b，…表示）。

设计意图：

发现它们计算结果形式上的不同，（1）—（4）的结果为两项，且为平方差的形式，通过结果和式子的对比，发现区别，猜想规律。

教材例题：

例 1．运用平方差公式计算：

（1）$(3x+2)(3x-2)$　　　　（2）$(-x+2y)(-x-2y)$

改编例题：

例 1：(1) ① $(3x+2)(3x-2)$　② $(x+2y)(x-2y)$

(2) 题的变式，用平方差公式计算：

① $(2y+x)(-2y+x)$

② $(-x+2y)(-2y-x)$

③ $(x+2y)(2y-x)$

④ $(-2y+x)(-x-2y)$

设计意图：

例 1 (2) 的改编是呼应"问题导入"部分的 (2) 和 (3)，让学生体会平方差公式实质是特殊类型多项式乘法的一种简算，体会用公式计算的优越性，体验成功的喜悦。(2) 的变式能够激发学生兴趣，进一步理解公式的结构特征，正确运用公式。

增加练习：

下列计算能否利用平方差公式？如果能，用平方差公式请指出公式中的 a 和 b，并直接说出结果；如果不能，说明理由。

(1) $(4x+3y)(4x-3y)$　　(2) $(2p+q)(-2p-q)$

(3) $(x^2+y^3)(y^3-x^2)$　(4) $(-3m-2n)(3m+2n)$

(5) $(5m+4n)(5m+4n)$　　$(5m+4n+1)(5m+4n-1)$

设计意图：

通过练习，使学生进一步理解公式中字母的广泛含义。

增加拔高题：

在括号里填上怎样的代数式才能利用平方差公式进行计算？

$(-2a+b)$ (＿＿＿＿＿)

设计意图：

引导学生灵活运用公式，培养发散思维、思考问题的严密性和思考角度的多样性，突出重点。

(3) 综合应用选择例题，要突出综合性、开放性

重点体现在复习课中，包括章节复习和总复习。为了培养学生综合运用知识、灵活解题的能力，"综合型"例题和"开放型"例题显得尤为重要。

"综合型"例题，立足知识的内在联系。综合型题目是考查学生对所学过知识的掌握情况、熟练程度、概括能力。由于综合题往往涉及知识面广，相关联系较复杂。因此，在选择"综合型"题型，既要立足知识的内在联系，又要注重"变式"。

案例：四边形综合题

已知，如图①，在△ABC中，∠BAC＝90°，AB＝AC，点E在AC上（且不与点A，C重合），在△ABC的外部作△CED，使∠CED＝90°，DE＝CE，连接AD，分别以AB，AD为邻边作平行四边形ABFD，连接AF。

（1）请直接写出线段AF，AE的数量关系_____；

（2）将△CED绕点C逆时针旋转，当点E在线段BC上时，如图②，连接AE，请判断线段AF，AE的数量关系，并证明你的结论；

（3）在图②的基础上，将△CED绕点C继续逆时针旋转，请判断（2）问中的结论是否发生变化？若不变，结合图③写出证明过程；若变化，请说明理由。

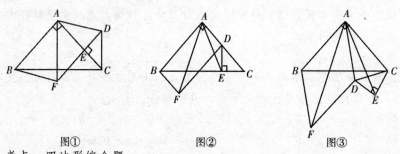

图①   图②   图③

考点：四边形综合题。

分析：

（1）如图①中，结论：$AF=\sqrt{2}AE$，只要证明△AEF是等腰直角三角形即可。

（2）如图②中，结论：$AF=\sqrt{2}AE$，连接EF，DF交BC于K，先证明△EKF≌△EDA，再证明△AEF是等腰直角三角形即可。

（3）如图③中，结论不变，$AF=\sqrt{2}AE$，连接EF，延长FD交AC于K，先证明△EDF≌△ECA，再证明△AEF是等腰直角三角形即可。

解答：略

案例：二次函数综合题

已知：如图，抛物线$y=-\frac{1}{2}x^2+bx+c$与x轴交于点A，点B，与y轴交于点C，点B坐标为（6，0），点C坐标为（0，6），点D是抛物线的顶点，过点D作x轴的垂线，垂足为E，连接BD。

（1）求抛物线的解析式及点D的坐标；

（2）点F是抛物线上的动点，当∠FBA＝∠BDE时，求点F的坐标；

（3）若点 M 是抛物线上的动点，过点 M 作 $MN /\!/ x$ 轴与抛物线交于点 N，点 P 在 x 轴上，点 Q 在平面内，以线段 MN 为对角线作正方形 MP-NQ，请直接写出点 Q 的坐标。

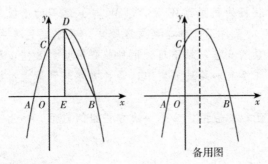

备用图

考点：二次函数综合题。

分析：

（1）由点 B，C 的坐标利用待定系数法即可求出抛物线的解析式，再利用配方法将抛物线解析式变形成顶点式，即可得出结论；

（2）设线段 BF 与 y 轴交点为点 F'，设点 F' 的坐标为 $(0，m)$，由相似三角形的判定及性质可得出点 F' 的坐标，根据点 B，F' 的坐标利用待定系数法可求出直线 BF 的解析式，联立直线 BF 和抛物线的解析式成方程组，解方程组即可求出点 F 的坐标；

（3）设对角线 MN、PQ 交于点 O'，根据抛物线的对称性结合正方形的性质可得出点 P，Q 的位置，设点 Q 的坐标为 $(2，2n)$，由正方形的性质可得出点 M 的坐标为 $(2-n，n)$。由点 M 在抛物线图象上，即可得出关于 n 的一元二次方程，解方程可求出 n 值，代入点 Q 的坐标即可得出结论。

解答：（略）

"开放型"例题，立足现实生活。如：经济类问题、投资类问题、动态类问题、方案设计类问题、说理类问题、讨论类问题等，它们大都跟我们现实生活联系在一起。这类试题的出现在客观上培养和发展学生的创新意识和创新能力，考查学生的发散思维能力和了解学生应用数学知识解决实际问题的能力，使学生真正感觉数学知识在现实生活中的重要性，也激发了学生学习数学的兴趣。

案例：经济类问题

某花店准备购进甲、乙两种花卉，若购进甲种花卉 20 盆，乙种花卉 50 盆，需要 720 元；若购进甲种花卉 40 盆，乙种花卉 30 盆，需要 880 元。

（1）求购进甲、乙两种花卉，每盆各需多少元？

（2）该花店销售甲种花卉每盆可获利 6 元，销售乙种花卉每盆可获利 1 元，现该花店准备拿出 800 元全部用来购进这两种花卉，设购进甲种花卉 x 盆，全部销售后获得的利润为 W 元，求 W 与 x 之间的函数关系式；

（3）在（2）的条件下，考虑到顾客需求，要求购进乙种花卉的数量不少于甲种花卉数量的 6 倍，且不超过甲种花卉数量的 8 倍，那么该花店共有几种购进方案？在所有的购进方案中，哪种方案获利最大？最大利润是多少元？

考点：一次函数的应用；二元一次方程组的应用；一元一次不等式组的应用。

分析：

（1）根据题意可以列出相应的二元一次方程组，从而可以求得购进甲、乙两种花卉，每盆各需多少元；

（2）根据题意可以写出 W 与 x 的函数关系式；

（3）根据题意可以列出相应的不等式组，从而可以得到有几种购进方案，哪种方案获利最大，最大利润是多少。

解答：（略）

案例：动态类问题——综合与实践

问题情境：

在综合与实践课上，老师让同学们以"菱形纸片的剪拼"为主题开展数学活动，如图 1，将一张菱形纸片 $ABCD$（$\angle BAD > 90°$）沿对角线 AC 剪开，得到 $\triangle ABC$ 和 $\triangle ACD$。

操作发现：

（1）将图 1 中的 $\triangle ACD$ 以 A 为旋转中心，逆时针方向旋转角 α，使 $\alpha = \angle BAC$，得到如图 2 所示的 $\triangle AC'D$，分别延长 BC 和 DC' 交于点 E，则四边形 $ACEC'$ 的状是_____；

（2）创新小组将图 1 中的 $\triangle ACD$ 以 A 为旋转中心，按逆时针方向旋转角 α，使 $\alpha = 2\angle BAC$，得到如图 3 所示的 $\triangle AC'D$，连接 DB，$C'C$，得到四边形 $BCC'D$，发现它是矩形。请你证明这个结论；

（3）缜密小组在创新小组发现结论的基础上，量得图 3 中 $BC = 13cm$，$AC = 10cm$，然后提出一个问题：将 $\triangle AC'D$ 沿着射线 DB 方向平移 a cm，得到 $\triangle A'C''D'$，连接 BD'，CC''，使四边形 $BCC''D'$ 恰好为正方形，求 a 的值。请你解答此问题；

(4) 请你参照以上操作，将图 1 中的 $\triangle ACD$ 在同一平面内进行一次平移，得到 $\triangle A'C'D'$，在图 4 中画出平移后构造出的新图形，标明字母，说明平移及构图方法，写出你发现的结论，不必证明。

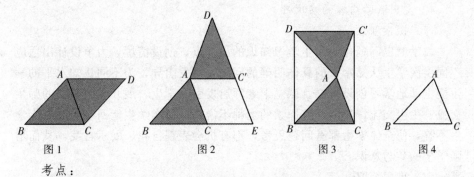

图1　　　　图2　　　　图3　　　　图4

考点：

几何综合，旋转实际应用，平移的实际应用，旋转的性质，平移的性质，菱形的判定，矩形的判定，正方形的判定。

分析：

(1) 利用旋转的性质和菱形的判定证明；

(2) 利用旋转的性质以及矩形的判定证明；

(3) 利用平移的性质和正方形的判定证明，需注意射线这个条件。需要分两种情况：当点 C'' 在边 $C'C$ 上和点 C'' 在边 $C'C$ 的延长线上时。

(4) 开放型题目，答对即可。

解答：（略）

案例：方案设计类问题：

学校准备购进一批节能灯，已知 1 只 A 型节能灯和 3 只 B 型节能灯共需 26 元；3 只 A 型节能灯和 2 只 B 型节能灯共需 29 元。

(1) 求一只 A 型节能灯和一只 B 型节能灯的售价各是多少元？

(2) 学校准备购进这两种型号的节能灯共 50 只，并且 A 型节能灯的数量不多于 B 型节能灯数量的 3 倍，请设计出最省钱的购买方案，并说明理由。

考点：二元一次方程组的应用

分析：(1) 设一只 A 型节能灯的售价是 x 元，一只 B 型节能灯的售价是 y 元，根据："1 只 A 型节能灯和 3 只 B 型节能灯共需 26 元；3 只 A 型节能灯和 2 只 B 型节能灯共需 29 元"列方程组求解即可；

(2) 首先根据"A 型节能灯的数量不多于 B 型节能灯数量的 3 倍"确

定自变量的取值范围，然后得到有关总费用和 A 型灯的只数之间的关系得到函数解析式，确定函数的最值即可。

解答：（略）

4.突出教学内容的层次性

（1）探索新知

教学时以问题作为学生学习知识的出发点，创设情境，力争设计出适应不同层次学生认知水平的具体明确的问题，诱发引导，为不同认知水平的学生能主动地学习创设机会。课堂上老师启发引导学生，展开名副其实的师生交流、生生交流，学生能够探索的老师不说，低层次学生能回答的高层次学生不答，使全体学生都有问题思考，都有机会表现自我、展示自我，从而增强学生的参与意识。

（2）巩固练习

练习题、测评题、作业题一般分为 A、B、C 三组题，A 组题以理解为主，题目较简单，知识的应用较为直接；B 组题以熟练掌握为主，题目较复杂，知识的应用较为灵活；C 组题以熟练运用为主，题目的综合性较强，能运用所学知识分析和解决较为复杂的综合问题，从而形成数学的思维能力、运算能力和解决实际问题的能力。

学习较好的学生要求做完 A、B、C 三组题，中等生要求做完 A、B 二组题，学习困难的学生要求做完 A 组题。学生在答完必答题的基础上，教师鼓励学生再做较高层次的题，为所有学生都有效地学习创造良好的条件。对没有独立完成必答题的学生，教师要个别辅导帮助他们完成，并鼓励他们迎头赶上。通过 A 组题，使学习困难的学生"吃得了"，通过 C 组题使学习较好的学生"吃得饱"。

案例：《幂的乘方》目标测评题

A 组题

1.选择题：下列各式计算正确的是（　　　）

A. $a^3 \cdot a^2 = a^6$　B. $(a^5)^2 = a^7$　C. $(-a^2)^3 = a^6$　D. $(-a^3)^2 = a^6$

2.计算下列各题：

（1）$(5^2)^3$　　　（2）$-(m^3)^4$　　　（3）$(6^3)^m$　　　（4）$a^3 \cdot a^5 + (a^2)^4$

设计意图：第 1、2 小题主要检测学生能否正确运用幂的乘方性质进行相关运算，同时检测学生能否正确区分幂的乘方、同底数幂的乘法以及合并同类项。要求全体同学都能掌握。

B 组题

3. 选择题：下列各式计算正确的是（　　）

A. $3a^2 - a^2 = 2$　　　　　　　　B. $(a^2)^3 \cdot a^5 = a^{30}$

C. $(a^2)^3 \cdot a + a^7 = 2a^7$　　　　D. $-(a^2)^3 = a^6$

4. 计算题：

(1) $(a^5)^2$　　　　(2) $(-4^n)^5$　　(3) $(a^3)^m$　　　　(4) $(a^3)^4 \cdot a^2$

5. 已知 $a^m = 2$，求 a^{3m} 的值。

设计意图：第 3、4 小题主要检测学生能否正确运用幂的乘方性质进行相关复杂一些的运算。第 5 小题主要检测学生能否对幂的乘方性质进行逆用。要求中等以上同学都能掌握。

C 组题

6. 若 $2^m = a$，$3^{2n} = b$，m、n 为正整数，求 2^{3m+10n} 的值。

设计意图：通过目标检测，了解学生对本节基础知识的掌握情况，C 组题难度较大，旨在为学有余力的学生在课下提供一个思维的空间。

二、对北师版教材内容的几点思考

对知识的处理要准确把握学科知识体系。最基本要求是把握学段知识体系，明确教学内容所处的地位与价值，新旧知识的联系，知识、技能、能力的相互联系和前后照应，知识之间本质联系。更高一点的要求是把握本学科的知识体系，如小学、初中、高中的衔接。对知识进行归纳分类、适当增减，形成主干知识和说明主干知识的辅助知识。增加学科魅力，从而激发学生的兴趣。在这里主要介绍知识点的处理时需要思考的问题。

1.《七年级上册》思考的问题

(1)"丰富的图形世界"一章为什么安排那么多实践活动，目的是什么？

在这一章里有大量的实践活动，如要求学生亲自制作相应的空间图形，对空间图形进行切截、展开与折叠等活动，对空间图形进行实际观察、操作获得三种形状图等，旨在以学生经验为基础，感知和体验空间与图形的现实意义，初步体验二维和三维空间相互转换关系，逐步发展空间观念。

从空间观念的外在表现可以发现，只有通过对大量实物的观察分析，才能够"根据物体特征抽象出几何图形，根据几何图形想象出所描述的实际物体"、"依据语言的描述画出图形"等。因此，空间观念的发展依赖于学生的实践操作活动。发展学生的空间观念是我们的目标，而操作是实现这一目标必不可少的途径。所以在教学中应设计一定的实践操作活动，在实践操作活动中发展学生的空间观念。以被动听讲和练习为主的方式，是难以形成空间观念的。如教材中对正方体的切截，仅凭教师的讲授和演示是达不到教学目的的。

（2）怎样处理动手操作和思考想象之间的关系？

空间观念是在发展过程中逐步形成的。学生在积累了一定的图形与几何方面的知识经验后，他们往往需要借助具体情境来认识和把握与空间观念有关的内容，观察、操作等活动对于他们形成空间观念具有重要意义。这时要让学生亲自动手，让视觉、听觉、触觉等多种器官协同参与活动，使学生有较多的机会通过丰富的图形符号感知及实物操作的探究活动，不断丰富归纳和类比的经验，使空间观念得以形成和巩固。随着学习的进行，学生的语言表达能力、动手操作能力和自主探索能力有所提高，可以要求学生先思考、想象，然后通过动手操作来验证学生对图形的空间想象。

所以，在学习的开始阶段，动手操作可以帮助学生认识图形、探索性质；以后，它可以用来验证学生对图形的空间想象。因此，在学习之初，应鼓励学生先动手、后思考；以后，则应鼓励学生先想象，再动手。如教材中正方体表面的展开，活动的过程可以是：操作（发现所得展开图的形状）—思考（探索展开图的形状与展开过程之间的联系）—操作（验证或启发自我对图形的想象）—表述（有条理地叙述立方体与其展开图之间的关系）。

（3）学生在小学接触过负数，在"有理数及其运算"一章负数的学习怎么体现与小学的衔接与提升呢？

小学已学习负数，了解负数的意义，会用负数表示一些日常生活中的问题。

第一，第 1 节的标题"数怎么不够用了"改为"有理数"；

第二，修改比赛得分的情境，使答对题数与得分数一致起来，学生可以直接用正负数表示；

第三，增加了基准问题的讨论，即议一议：

选定一个高度作为标准，用正负数表示本班每位学生的身高与选定的身高标准的差异。你是怎样表示的？与同伴进行交流。

意图是：通过学生的交流，更好地体会用正负数表示具有相反意义的量时需要设定标准，允许有不同标准，且标准不同则表示结果不同。

（4）教学中怎样把握好运算的"度"？

中国中小学生善于计算是我们的优势，是我们引以为豪的，但我们过去对运算的要求定位于"又快又准"，把运算能力等同于运算技能，这是片面的。同时，从国际上看，许多国家对运算的定位也发生了很大的变化，注重口算和估算，淡化固定的计算程序和方法，提倡计算方法多样化。因此数学课程《标准（2011 年版）》对运算方面的要求作了调整和改变，与过去相比，发生了很大变化。

当然，运算能力是学生一项基本的能力，所以在教学中对学生进行一定的运算技能训练还是必需的，但应采用多种方式进行训练，而不是搞"大运动量训练"。后者虽然可能在短时间内提高学生的成绩，但长期下去，会造成学生的厌烦直至丧失兴趣。如对有理数的运算，我们可以采用游戏的方式，如"24 点"，可以提高学生学习的兴趣，训练学生的思维。

在教学中我们要注意的是：

①教材对运算的处理并没有企求一次就算完结，而是将运算贯穿于相关的学习内容中。事实上，数的运算是整个数与代数的基础，式的运算基于数的运算，方程、函数、不等式等的研究也不可避免地要进行数的运算，所以学生在后续学习中运算技能及能力会不断得到培养和提高（一些实验区的反馈也证明了这一点）。另一方面，对运算能力的评价，要注意学段目标是该学段结束时学生应达到的目标，应允许一部分学生经过一段时间的努力，随着知识与技能的积累逐步达到。

②对计算器的使用，要防止学生对计算器的使用产生依赖心理，也就是进行任何运算都使用计算器，我们要培养学生能够选择使用估算、心算、笔算、计算器等多种方法计算，并且判断答案正确性和有效性的能力。

（5）什么是算理？为什么要让学生理解算理？又该如何帮助学生理解算理及考查学生对算理的理解？

数学运算包括算理和算法两个方面，所谓算理是算法赖以成立的数学原理，而算法即运算法则，是进行计算的可操作性程序。通俗地说，算理就是回答"为什么这样算"，算法就是告诉我们"怎样算"，如合并同类项运算，其算理是乘法分配律，其算法就是合并同类项的运算法则。

我们在做运算时是按照运算法则逐步进行，那是否意味着我们只要会使用算法即可，至于算理就没有什么价值了。对此我们可以从下面两个方面来认识：①强调运算的理解是国际数学教育的共同要求；②相关研究表明，理解算理是熟练计算的前提。从人的认识规律来说，"知其然，更要知其所以然"，因此计算要在领悟算理的基础上掌握算法，最终形成运算技能。

为了帮助学生理解算理，一方面对运算本身教材和教学要加强直观解释，另一方面对相关运算法则、运算规律的获得，要强调学生的自主探索。至于对算理的考查，不应一句话"你理解算理吗"，而应该采取恰当的方式考查学生的理解，如对有理数的运算，我们可以提问学生："请你用尽可能多的方法说明你计算结果的正确性，如文字解释，直观图示等。"

（6）"整式及其加减"一章最后为什么单独安排了两课时的"探索规律"？两课时层次如何划分？

探索规律是这一章学习的重点，在探索规律的活动中可以感受符号的价值，发展符号意识。如在日历问题中，学生需要经历观察（有什么数量关系）、实验与猜测（这个关系对其他方框成立吗）、验证与推理（这个关系对任何一个月的月历都成立吗，为什么）以及交流（与同伴交流各自的猜想与研究方法等），它表现出一种明显的"判断和推理"的过程。不仅如此，由于求解这个"问题串"本身对学生在思维水平、思维方式等方面表现出一种"由低到高、由具体到抽象"的递进式要求，因此，它还是一个面向全体学生的活动情境——每一个学生都能够参与到活动中去。

教材对"探索规律"一节的两课时进行重新定位区分，意图更明确。第1课时提供背景，让学生在此背景下寻找不同的规律，感受规律的多样性，进而用字母表示以及运算验证一般规律；第2课时则是给定规律或现象，让学生用字母表示及运算，解释规律或现象，从数学的角度分析规律。具体地，第1课时的主要内容是旧版教材的日历问题和习题中的日历问题，尽可能做充分，同时增加内容的开放性：你还能设计其他形状的包含数字规律的数框吗？第2课时主要是数字游戏问题，先根据游戏规则，解释其中的道理，再要求学生自行设计其他类似的游戏并解释其中的道理。让学生从不同的角度感受规律，感受符号的价值，发展符号意识。

（7）如何看待丰富的几何活动经验对几何学习的价值？

"基本平面图形"一章突出用观察、操作、想象、推理等多种方式探索图形的性质，一方面使学生体验更多的刻画现实世界和认识图形的角度和工具；另一方面为正式学习图形的性质奠定了基础，积累几何活动经验。如从一些概念的抽象（如线段、射线、直线、角）中，学生会认识到数学与生活经验的一致性。在观察、测量、操作的活动中，学生会认识到有些活动可以认识一些数学概念，如折纸得到线段的中点、折纸得出角平分线等；有些活动可以帮助发现图形或元素的某些性质，如两点确定一条直线、两点之间的所有连线中线段最短等；会认识到一些数学方法实质上是一致的，如比较线段的大小和比较角的大小。

（8）"一元一次方程"一章主要学习一元一次方程，但第1节第1课时出现了分式方程、一元二次方程，为什么？

这是教材的特意设计。方程是学生接触到的第一个正式的数学模型，教科书提供了多个实际问题，旨在通过对这些实际问题的分析，最终归结为用方程来表达其中的等量关系，突出方程是刻画现实世界的有效的数学模型。在此过程中，重要的是从实际问题到方程的建立，而不在于求解。因此出现的方程有的是一元一次方程，有的是分式方程和一元二次方程。当然可以根据实际情况，创设更为丰富、贴近学生生活的现实情境，但注意丰富方程的类型。

（9）统计图教学的重点是什么？

一个完整的统计过程应该包括收集数据、整理数据、分析数据、做出决策这样几个过程。统计图是对数据进行整理的表示方法，所以学生势必要熟悉表格、条形统计图、扇形统计图、折线统计图等各种统计图表的制作方法和各自的特点，从而在具体问题中有选择地应用。

但在教学中，我们不能将统计图的教学处理成统计图的制作，而应把它作为统计活动中的一个环节，一方面我们应从统计图中获取信息，另一方面要能够根据问题选用合适的统计图表达数据。

2.《八年级上册》思考的问题

（1）为什么感受学习无理数的必要性？

学生已经经历了数系的第一次扩张——非负有理数知识的基础上引进负数，已经有了数系扩张的学习经验，感受到数系的扩张源于实际生活的需要，因此，本章同样应引领学生经历数系扩张的过程，感受数系扩张的必要性。具体地，设计了一个拼图活动，思考这个边长满足什么条件，是整数吗？是分数吗？

一些教师认为：删去剪拼活动，直接提问"单位正方形的对角线长或面积为 2 的正方形的边长是有理数吗"或者"满足 $a^2=2$ 的数 a 是有理数吗"，可以节约更多的时间，提高效率。但通过课堂教学的比较发现，这样的"改进"弊大于利。弊端体现在下面几个方面：一是，学生解决问题的渠道明显减少。如直接思考面积为 2 的正方形的边长时，学生基本只能从对 $1^2=1$，$2^2=4$……的观察中感受到边长不是整数，它在 1 和 2 之间，而用原来的情境时，学生除了上面的方法外，还比较多的从图形的特征思考问题。如很多学生说这个正方形的边长是直角边为 1 的等腰直角三角形的斜边，它大于任意一个直角边，小于两个直角边的和，同样可以得到这个边长在 1 和 2 之间。二是，课堂气氛不如原来活跃。本节课中的问题"a 可能是整数吗？a 可能是分数吗？"一般都不是这个年龄段学生自发产生的问题，这样的问题，对于初二学生而言相对较为抽象，课堂可能偏枯燥，而一定的实践活动，可以较好地调节课堂气氛。三是，学生对于"a 不是有理数"的感受不充分。

（2）对于函数中自变量的取值范围，教科书中是如何定位的？

教科书中对于一般的一次函数没有要求取值范围，但第一节函数和后面的应用部分，好像提出了自变量的取值范围，为什么？

实际上，这符合《数学课程标准（2011 年版）》的要求"能确定简单实际问题中函数自变量的取值范围，并会求出函数值"。显然，《数学课程标准（2011 年版）》这一要求是恰当的。对于一般意义上抽象的函数表达式，不要求其具体的自变量取值范围，但具有实际背景的函数，由于实际的需要，自变量的取值有特定的范围，需要发展学生联系实际的意识，因此，要求学生列出相应的取值范围是合理的。因此，本章中仅在第 1 节和第 5 节中，对于具有背景的函数要求写出定义范围，而在其他小节不必涉及自变量的取值范围。

（3）怎样把握一次函数的本质？

一次函数的本质是两个变量之间的一种线性增长关系，即一个变量（不管其原始数值如何）改变一个固定的常数后，另一个变量的相应改变量也是固定的，这一本质属性，在代数表达式上表现为 x，y 之间的一次关系；而在图象上表现为图象的变化速度是均匀的，即函数图象是"直"的。

考虑到学生理解一次函数的这一本质属性具有一定的困难，教科书从其外在表现入手，选用了习惯的一次函数定义方式——y 与 x 之间的一次关系，力求通过代数表达式以及函数图象的学习逐步认识一次函数的本质属性。但在后面函数图象的认识阶段和具体背景中一次函数表达式的提出阶段，可以适当渗透这样的想法，只要均匀变化的事物一般符合一次函数模型（常函数除外）。例如，如果你匀速爬一个山坡，那么，在相同时间间隔内，你离开水平面（地面）的距离是相同的，商场的销售员常说："每件商品售价每降低 1 元，则平均多卖 10 件货物"，这些问题的实质是"等距离变化"一般符合一次函数模型。

教学中还可以要求学生自己寻找有关一次函数的背景，然后进行班级交流，在班级交流时，对于这些背景进行分析，分析其中为什么会是均匀变化的，从而更好地理解一次函数的本质。

（4）为什么要重视从图表中分析数据？

图表直观形象，因而成为人们交流中常用的数据呈现方式，这就要求我们能从别人呈现的图表中快速地读出数据。

教材单独设计了"从统计图分析数据的集中趋势"，在"数据的离散程度"一节中，同样设计了大量的问题，希望学生能从图表中对于数据的整体状况有所感受，有所估计，然后进一步通过计算验证自己的估计，发展自己的几何直观。

（5）如何进行统计量的考查？

对于统计量，固然需要会计算，但计算并不是最核心的目标，因为对于现实问题，数据往往十分繁杂，学生笔算是十分困难的，面对具体问题，将来也多是借助计算器或者计算机进行运算，因此，笔算技能相对而言不再是教学的核心目标，只要学生了解各个统计量的算理，会计算即可。教学的重心，应转变到对于统计量意义的理解以及对于统计量特点的感知和选择使用上。如可以布置下面一些问题，引发学生的思考、交流、研讨，在活动中促进学生的思考和概念理解。

例1　身高1.70m的小明，跳到平均水深1.50m的鱼塘里，不会游泳的他，会有危险吗？

例2　小明班级同学的平均身高是1.6m，小亮班级同学的平均身高是1.65m，你能判断小明和小亮哪个高吗？

例3　侯波同学所在班级有43个人，这次他考了77分，超过了全班同学的平均分76.5分。你能认为他的成绩在班级是中等偏上吗？

此外，可以呈现一些不同的视角得到的不同结论，在"公说公有理，婆说婆有理"的争议中加深概念的辨析与理解。

（6）为什么要设计关于平行线的证明？

教科书对于几何的证明，仍然采用了两个阶段的做法，为什么？应基于这样几点考虑：

①人类早期的几何学习过程，也经历了一个基于实际需要的测量、探索过程，然后才是对这些几何结论的梳理、重构，进而公理化地表述。因此，这样做，顺应了历史的发展顺序。

②能够降低几何学习的入门难度。过去要求学生一边探究一边严格地证明，学生容易感到枯燥，而且对于具体理由的阐述，对部分学生颇有难度，学生常常抱怨"这个问题我会，但就是说不清，说得不准"，因为表述的困难造成对几何学习兴趣的丧失。

③可以让学生更好地感受证明的必要性，感受几何结论的严谨性。探索的未必正确；任何结论的正确性都需要证明；证明要寻求共同的出发点、基本事实。经过这样的思考过程，学生对于证明必要性的认识更为全面。

正是基于这种考虑，本次修订中仍旧保留两个章节，先探究然后进行证明。

3.《八年级下册》问题的思考

（1）怎样使学生保持参与几何证明的热情？

①渗透几何证明的意义

学习几何证明的目的不是证明几个结论，参与探索几何证明的过程是重要的学习目标，因为这个过程能够帮助学生提高思维的条理性和推理的逻辑性，思维的条理性和推理的逻辑性会跟随一个人一生，影响到学生的后继发展，及在生活中与人沟通时是否注意有条理，思考问题时是否注意一些相关信息之间的因果关系等。

②给学生参与合情推理的机会，把握合情推理与论证推理的关系

几何证明离不开合情推理的帮助，"两种推理功能不同，相辅相成"，要善于引导学生参与从图形整体观察、尝试、归纳、类比、特殊化、一般化、猜想等合情推理的过程。例如：

本章第一课时在完成例1"证明：等腰三角形两底角的平分线相等。"之后，我们提出了："等腰三角形两腰上的中线相等吗？高呢？还有其他的结论吗？请你证明它们，并与同伴交流。"……

只要给学生空间思考，学生会先借助合情推理猜想出这些问题的答案，进而加以证明。

这样做，会比只是给命题直接让学生加以证明，学生参与学习的积极性高。

③提倡证明方法多样性

许多证明题的思路不是唯一的，应鼓励学生一题多证，不要急于纠正学生的书写是否规范，重点是看学生的出发点是否正确、推理过程是否正确。

④注意把握证明的难度，关注学生学习特点

学生推理能力的发展是一个长期的过程，教学中必须充分考虑不同阶段学生的身心特点和认知水平，注意教学要求的层次性和适当控制证明的难度，尽量做到由易到难，辅助线由少到多，由先给图形语言，到给符号语言，再到文字语言，注意转化与化归等，这样有利于学生拾级而上，逐步学会综合法证明。如随意拔高证明的难度，可能会导致部分学生失去学习的兴趣和信心。

（2）初中阶段"图形变化"的学习内容重心是什么？为什么要学习"图形变化"？

　　初中阶段"图形变化"的学习内容重心包括："图形的轴对称"、"图形的旋转"、"图形的平移"、"图形的相似（含锐角三角函数）"和"图形的投影（含立体图形的三视图与展开图）"五部分内容。"图形的轴对称"安排在了七年级学习，"图形的相似（含锐角三角函数）"和"图形的投影"安排在九年级学习。

　　在义务教育数学课程中，图形变化的基本形式有两类：一类是形状和大小不变，仅仅位置发生变化，即在合同变换下图形的变化，包括图形的平移、旋转和轴对称；二是形状不变而大小变化，即在相似变换下图形的变化。研究图形运动与变化的一个主要任务，就是研究一个图形在变化之后的不变性。例如，我们在平移中，关注的是对应点连线和对应线段、对应角的数量关系与位置关系；在旋转中，关注的是对应点与旋转中心连线所成的角（旋转角）；轴对称中，我们同样是关注对应点连线与对称轴的数量关系与位置关系，这些关系归纳起来都指向了变换中的不变量。

　　通过这些内容的学习，学生可以更好地认识现实世界中大量的图形运动的现象，以运动的观点认识和研究图形，欣赏与设计图案。

　　（3）"图形的平移与旋转"与轴对称有何关系？教学中把握到什么程度？

　　对于"图形的平移与旋转"《数学课程标准（2011 年版）》的要求是"了解"或"认识"。这是因为义务教育阶段不可能、也没有必要给出图形变换的严格定义，这种要求借助图形直观达到就可以了。需要指出的是，中心对称与中心对称图形和轴对称与轴对称图形类似，都是两组既有联系又易混淆的概念。

　　轴对称、旋转、平移中，轴对称是最基本的内容。平移和旋转都可以看作是由两次轴对称组合成的。平移是由对称轴平行的两次轴对称变换组合而成，旋转一般是由对称轴相交的两次轴对称变换组合而成，这里所说的组合实际上就是变换的乘法运算，即接连施行两次变换之意。

　　对于轴对称、旋转、平移的基本性质，《数学课程标准（2011 年版）》要求通过"探索"得到，即通过图形的运动变化去发现这些性质，而不是单纯地把这些性质作为现成的结论呈现给学生。进行这样的探索活动，有助于学生感受图形运动变化过程中的不变量和不变关系，从而为运用图形运动的方法研究图形性质奠定基础。

　　（4）为什么要学习因式分解？

　　因式分解是代数式恒等变形的一种运算，与整式乘法是一个互逆的变形过程。从式的一种形态变为另一种形态的恒等变形，绝非是一种字母的游戏，它是研究数学的有力杠杆之一，它不仅是学生后续学习次数较高方程的求解还是大学学习微积分的基础，更是在初中阶段培养学生符号意识和运算能力的重要载体和必由之路。

（5）如何培养学生的推理能力？

《数学课程标准（2011年版）》明确指出："推理能力的发展应贯穿在整个数学学习过程中。推理是数学的基本思维方式，也是人们学习和生活中经常使用的思维方式。推理一般包括合情推理和演绎推理。合情推理是从已有的事实出发，凭借经验和直觉，通过归纳和类比等推测某些结果。演绎推理是从已有的事实（包括定义、公理、定理等）和确定的规则（包括运算的定义、法则、顺序等）出发，按照逻辑推理的法则证明和计算。在解决问题的过程中，两种推理功能不同，相辅相成；合情推理用于探索思路，发现结论；演绎推理用于证明结论。"具体的，在发现平行四边形的性质、探索其判别条件时，都要引导学生经历观察、实验、猜想、证明的过程，提供学生充分交流的空间，在这些活动过程中培养推理能力。

（6）怎样理解平面图形的镶嵌？

当围绕任何一点拼在一起的几个多边形的内角和加在一起恰好组成一个周角时，就能拼成一个既不留下空隙，又不相互重叠的平面图形。

①用相同的正多边形镶嵌

若有 k 个正多边形镶嵌，则有 $k \cdot \dfrac{(n-2) \cdot 180°}{n} = 360°$，即 $(n-2)(k-2)=4$，由 $(n-2)$ 和 $(k-2)$ 都是正整数，得

$$\begin{cases} n-2=1, \\ k-2=4; \end{cases} 或 \begin{cases} n-2=2, \\ k-2=2; \end{cases} 或 \begin{cases} n-2=4, \\ k-2=1; \end{cases} 解得 \begin{cases} n=3, \\ k=6; \end{cases} 或 \begin{cases} n=4, \\ k=4; \end{cases} 或 \begin{cases} n=6, \\ k=3; \end{cases}$$

因此，用一种正多边形能进行平面镶嵌的有正三角形、正方形和正六边形，如图所示。

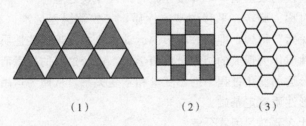

（1）　　　　　（2）　　　　　（3）

②用多种边长相等的正多边形进行镶嵌

如用边长相等的正三角形与正方形进行镶嵌，设在一个顶点周围有 m

个正三角形的角，n 个正方形的角，则有 $m \cdot 60° + n \cdot 90° = 360°$，化简得：$2m + 3n = 12$，$m$，$n$ 只能取正整数。

解得：$\begin{cases} m = 3, \\ n = 2。 \end{cases}$ 如图所示有两种拼法

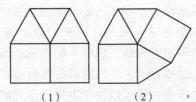

（1）　　　　　　（2）

可以仿照以上研究方法，去研究其他多边形进行镶嵌的规律。

4.《九年级上册》问题的思考

学生对"50 个同学中有 2 个同学生日相同"的概率之高难以接受，其原因是什么？怎样让学生理解这种现象？

在学生没有接触"生日相同的概率"之前，让学生做一道选择题："50 个同学有 2 个同学生日相同"的概率是（　　　　）。

A. 0　　　　B. $\dfrac{50}{365}$　　　　C. 1　　　　D. 0.9～1 不含 1

多数学生会选择 B，较少学生选择 D，很少有学生选择 A 与 C。再问一问学生，会发现多数学生认为一年有 365 天，任取 50 人会出现生日相同的可能性不大。为了让学生清楚理解"用试验估计随机事件发生的概率"是获得随机事件发生概率的一种方法。建议：

提出问题，学生猜想——在课前给出"生日相同的概率"问题，让学猜想。

调查生日，采集数据——课前，每个学生随机调查 10 个人的生日，并按照 1 月 1 日至 12 月 31 日排列。

随机验证，估计概率——课内，多次反复地随机选取 5 位学生采集的数据，估计生日相同的概率。

如果希望学生能够从"道理"上了解这个答案的合理性，以及答案 $\dfrac{50}{365}$ 的不正确性，可以尝试分析在 3 个、4 个学生组成的小组中，存在生日相同的概率，将答案与 $\dfrac{3}{365}$，$\dfrac{4}{365}$ 做比较。

5.《九年级下册》问题的思考

（1）利用二次函数的图象求一元二次方程的近似解意义何在？

解方程曾被认为是代数的主要内容。对于一个方程，人们希望能找到它的一般解，就像一元二次方程那样，有公式解。遗憾的是，五次及五次以上的方程没有公式解，而三次方程和四次方程尽管有公式解，但由于复杂人们也不常用。这样，利用图象法求方程的近似解就是一个很好的求解思路。

对于一元二次方程来说，不管是求精确解还是近似解，我们都有很好的方法。利用二次函数的图象求一元二次方程的近似解，重要的不是求解结果，而是这种求解方法和求解思路，包括解的范围、解的精确度以及如何达到所要求的精确度等，这些对于学生来说都是有价值的数学。

同时，利用图象法求解，还可以使学生进一步理解一元二次方程和二次函数之间的关系。

（2）如何用对称观点研究圆的性质？

圆，十分"圆满"，它既是轴对称图形，又是中心对称图形，它还是旋转对称图形（绕圆心旋转任意角度都可以和原图形重合）。事实上，借助变换的有关知识，可以研究初中阶段关于圆的几乎所有定理，而且借助几何变换，既降低了问题的难度，又提升了学生对圆的理解水平。在这个方面，教师们可以进行大胆的探索。作为抛砖引玉，给出借助几何变换研究圆有关性质的几个案例：

①观察图 1，由其轴对称性可以比较方便地探究垂径定理及其有关逆定理。

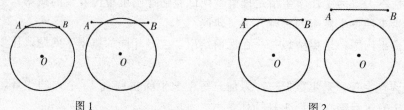

图1　　　　　　　　　　　　　　图2

②观察图 2，在直线的平移过程中，整个图形的轴对称性没有发生变化，而且对称轴也保持不变。在画出其对称轴后，可以引导学生发现切线的性质（切线与过切点的直径垂直）以及直线与圆位置关系的判别方法（比较圆心到直线的距离与半径的大小）。

③图 3，固定圆 O_1，在平移圆 O_2 的过程中，整个图形是否仍然保持轴对称，其对称轴如何？通过这个问题的思考，学生可以十分自然地得到连心线（连心线所在直线就是对称轴），从而得到两圆位置关系的判别方法。

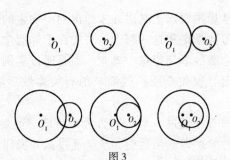

图 3

④利用圆的轴对称性，还可以帮助学生解决一些问题。

如图 4，$AB /\!/ CD$，图形是否轴对称？连接 A，B，C，D 四点，你能得到哪些结论？

如果学生得到了 $AC=BD$，还可以研究它的逆问题。

如图 5，$AC=BD$，图形是否是对称图形？连接 A，B，C，D 四点，你又能得到哪些结论？

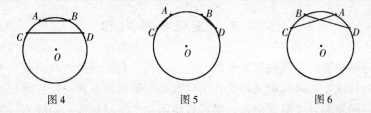

图 4　　　　　　图 5　　　　　　图 6

当然，图 5 中弦 AC、BD 不交，如果它们相交，则成为图 6 的情形。这时是否仍有相同的结论呢？

⑤借助旋转、平移可以得到等弧所对的圆心角相等；等弦对等弧、等弧对等弦。

（3）为什么教材要设计"哪种方式更合算"综合与实践问题？

我们认为，学生仅仅认识到现实生活中大量存在的随机现象以及一些简单的随机事件发生的概率是远远不够的。例如，学生可能认识到某些赌博或促销活动中获胜或获奖的可能性，但未必就具有正确的评判能力和决策能力。因此应该给予学生一定的工具，让学生评判某项活动是否"合算"，而且判断一件事情的"合算"与否在现实生活中广泛存在，它是概率的一个极为重要的应用。为此我们设计了这一活动，力图让学生在具体情境中感受"合算"，并掌握一定的判断方法，提高其决策能力。

这本质上就是数学期望。数学期望是否超出了初中学生的学力水平？我们认为，数学期望从思维要求上来讲并未超出初中学生的学力水平，很多国家的初中学生都学习数学期望这一概念，关键在于如何学习。正是考虑到这一点，教材中并未介绍数学期望这一概念，而是通过实例让学生感知到某项活动的平均收益，而且仅仅介绍一些简单的有关离散型随机变量的数学模型。

具体地，教科书首先通过一个学生熟悉的情境"商场摇奖活动"，引出学生对摇奖平均收益的思考；然后引导学生通过试验操作、具体感受和估计"摇奖平均收益"；但估计难能准确，也难能为学生所信服，这样学生自然产生了对此进行理论研究的内在需要。在此基础上，教材进行理性的分析，通过巧妙的过渡，加强其与平均数的联系，从而一方面促进了学生的理解，另一方面也渗透了概率与统计之间的联系。

总之，教学中应关注知识之间的内在联系，关注试验操作与理论计算之间的关系与过渡。

第二节　呈现教学内容

以问题的形式呈现知识的形成与应用过程，提高学生学习过程与方法预设目标的达成度。建构主义理论认为问题是思维的起点和探究的动力。将教学内容以问题的方式呈现出来，既可以暗示学生学习和探究的线索，又可以有效地激活学生的认知结构，激发学生求解问题的欲望，从而积极主动地体验知识的发生、发展与变化过程，并在解决问题的过程中激发学生的问题意识，生成更多、更深刻的问题，形成积极探究学习的能力。

1. 不断深入思考的"问题串"

"问题串"要由易到难、由浅到深、由简单到复杂、由形象到抽象。问题串的设计要根据教学目标、重点、难点，把教学内容编织成一组组、一个个彼此关联的问题，使前一个问题作为后一个问题的前提，后一个问题是前一个问题的继续或结论，这样每一个问题都成为学生思维的阶梯，许多问题形成一个具有一定梯度和逻辑结构的问题链，使学生在明确知识内在联系的基础上获得知识、提高思维能力。

案例："一元二次方程的根与系数的关系"的教学

问题 1　分别求出方程 $x^2+3x+2=0$，$x^2+8x+9=0$ 的两个根及两根之和、两根之积，观察方程的根与系数有什么关系？

问题 2　分别求出方程 $2x^2-5x-3=0$，$3x^2+20x-7=0$ 的两个根与两

根之和、两根之积，观察方程的根与系数有什么关系？

问题 3　你能猜想出方程 $ax^2+bx+c=0$（$a\neq0$）的两根之和与两根之积是多少吗？观察方程的根与系数有什么关系？

问题 4　这个规律对于任意的一元二次方程都成立吗？如方程 $x^2+x+1=0$，它的根也符合这个规律吗？

问题 5　请你用数学语言表达上述规律。

2．多角度思考的"问题串"

通过设计让学生从不同的角度思考问题，有利于学生全面认识和理解数学知识；有利于学生理解数学知识之间的联系、数学与其他学科之间的联系、数学与生活之间的联系。

案例："因式分解"的教学片段，引导学生多角度理解因式分解的意义

问题 1　99^3-99 能被 100 整除吗？你是怎样想的？

问题 2　你能尝试把 a^3-a 化成几个整式乘积的形式吗？

问题 3　观察下面拼图过程，写出相应的关系式。

(1)

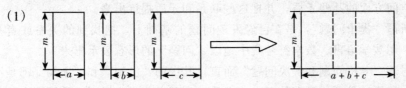

$$\underline{\hspace{5cm}}=\underline{\hspace{5cm}}。$$

(2)

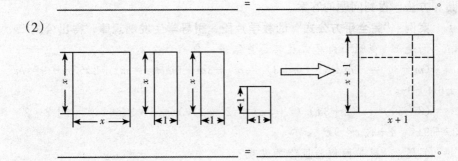

$$\underline{\hspace{5cm}}=\underline{\hspace{5cm}}。$$

问题 4　计算下列各式：

$3x(x-1)=$

$m(a+b-1)=$

$(m+4)(m-4)=$

$(y-3)^2=$

根据上面的算式进行因式分解：

$3x^2-3x=($ $)($ $)$;

$ma+mb-m=($ $)($ $)$;

$m^2-16=($ $)($ $)$;

$y^2-6y+9=($ $)($ $)$。

问题 5 因式分解与整式乘法有什么关系？请举例说明。

问题 6 求代数式 $IR_1+IR_2+IR_3$ 的值，其中 $R_1=19.2$，$R_2=32.4$，$R_3=35.4$，$I=2.5$。

3. 不断深入、多角度思考的"问题串"

学生通过不断深入、多角度思考的"问题串"，在学会知识的过程中，学会了思考，学会"运用数学的思维方式"进行思考，不但可以培养学生分析问题和解决问题的能力，还有利于培养学生发现问题和提出问题的能力。

所谓的"发现问题"，是经过多方面多角度的数学思维，从表面上看来没有关系的一些现象中，找到数量或者是空间某些方面的联系，或者找到数量和空间方面的某些矛盾，并把这些联系和矛盾提炼出来。

所谓"提出问题"，是在已经发现问题的基础上，把找到的关系或者是矛盾，用数学语言、数学符号集中地以"问题"的形态表示出来。

对于"分析问题和解决问题"而言，其中的"已知"和"未知"都是清楚的，需要的是利用已有的概念、性质、定理、公式、模型，采用恰当的思路和方法，得到问题的答案。

案例："完全平方公式"的教学片段，引导学生发现规律，得出公式

问题 1 观察下列算式及其运算结果，你有什么发现？

$(m+3)^2=(m+3)(m+3)=m^2+3m+3m+9=m^2+2\times 3m+9=m^2+6m+9$

$(2+3x)^2=(2+3x)(2+3x)=2^2+2\times 3x+2\times 3x+9x^2=4+2\times 2\times 3x+9x^2=4+12x+9x^2$

问题 2 再举两例验证你的发现？

问题 3 你能用右图解释这一公式吗？

问题 4 $(a-b)^2=$？你是怎么做的？

问题 5 你能想出几种做法呢？

问题 6 能用自己的语言叙述这一公式吗？

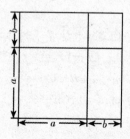

第六章　数学教学方法

教学方法是指教师在教学过程中为完成教学目的、任务而采取的活动方式的总称。它不是教师孤立的单一活动方式，它包括教师"教"的方式，还包括学生在教师指导下"学"的方式，是"教"的方法与"学"的方法的统一。

《课标》指出：学生学习应当是一个生动活泼的、主动的和富有个性的过程。认真听讲、积极思考、动手实践、自主探索、合作交流等，都是学习数学的重要方式。学生应当有足够的时间和空间经历观察、实验、猜想、计算、推理、验证等活动过程。教师教学应该以学生的认知发展水平和已有的经验为基础，面向全体学生，注重启发式和因材施教。教师要发挥主导作用，处理好讲授与学生自主学习的关系，引导学生独立思考、主动探索、合作交流，使学生理解和掌握基本的数学知识与技能，体会和运用数学思想方法，获得基本的数学活动经验。

我们知道，教学有法，但无定法，贵在得法。任何一种教学方法都有它的适用范围，在它使用范围内，选择使用此种教学方法，就会取得较好的效果。现代认知心理学根据知识的不同表征方式和作用，将知识划分为陈述性知识、程序性知识和策略性知识。陈述性知识（事实、现象、概念等），选择讲授法比较合适（较短时间，获得比较系统的知识）；程序性知识（技能），即操作性知识，可选择观察、练习、实验、多媒体教学（有利于技能技巧的掌握），理论上也是可以讲授的；而策略性知识，是如何使用陈述性知识和程序性知识解决问题，如培养学生的创新意识、思维能力，可选择发现式教学法。如果一节课完成多项任务，就需要教师综合选用多种方法，或以某一种方法为主，配合应用其他方法。

针对不同的教学内容，选择适应的教学方法，并对其进行探索和改进，从而提高课堂教学的有效性。

美国当代著名认知心理学家奥苏伯尔从两个维度对认知领域的学习进行了分类：根据学习进行的方式，将学习分为接受学习和发现学习；根据学习内容与学习者原有知识的关系，将学习分为机械学习和意义学习。接受学习和发现学习对应的教学方法是讲授式教学方法和发现式教学方法。接受学习可能是意义学习，也可能是机械学习。发现式教学方法，是教师提供某些学习材料，让学生自己去探索发现相应的结论，小组合作式、探究式、学案导学式都是有利于学生发现学习的有效方法。

第一节 优化讲授式

所谓的讲授式教学方法，是教师运用口头语言，准确而系统地向学生传授知识的方法。这也是较为传统和使用极为普遍的一种教学方法。就看教师在什么条件下讲？怎么讲？

一、讲授式应用的条件

1. 学习内容

很多的数学内容都可以运用讲授式教学，特别是陈述性的知识，如事实、现象、概念等，选择讲授式比较合适，可以用较短的时间，获得比较系统的知识。

2. 学习目标

运用讲授式教学，不仅要考虑学习内容，还要考虑学习目标，如果学习目标只定位知识，可以采用讲授式，如北师大版七年级上册，《4.1 线段、射线、直线》中，线段、射线、直线的表示方法是约定俗成的，让学生记住就可以了。

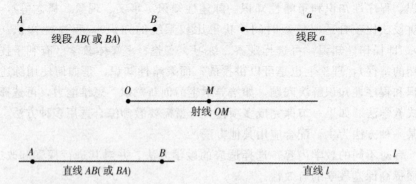

如果学习目标定位于数学思想方法、积累数学活动经验、能力的发展、解决问题策略的多样化等，就不能采用讲授式。

3. 学情

讲授式还要适合学生的学习态度、学习基础、学习习惯、学习能力、兴趣爱好、年龄特点、心理特点等。如课堂学习目标虽然定位于数学思想方法、积累数学活动经验、能力的发展、解决问题策略的多样化等，但当学生的学习基础比较薄弱、学习能力比较差，学生自主探究不能完成时，就需要教师讲授完成。

二、优化讲授式

讲授的方法不等同于"填鸭式"的教学方法，从教师教的角度来说，讲授是一种传授型的教学手段，从学生的角度来说，讲授是一种接受型的学习方式。讲授法，有利于大幅度提高课堂教学效率，有利于教师主导作用的发挥，有利于知识的系统性。如果讲授不当，容易演变成"满堂灌"，使学生被动地接受学习，因此要对讲授式教学方式进行优化。

1. 设问解疑，突出启发性

培养学生用数学的思维方式来看待问题是数学教学的核心，一个有价值的数学问题是培养学生思维的源泉。教师在讲课时，善于设问解疑，既激发了学生的求知欲望，又引发了学生思维的积极参与，使学生在教师的讲解过程中，边听讲，边思考，边探究，最终掌握了知识，培养了能力。

2. 语言生动，突出形象性

在保证科学性的前提下，借助语言将抽象的数学概念、法则、公式具体化，形象化，将枯燥的内容生动化、趣味化，这样的课堂讲授教学起到了事半功倍的效果。

3. 充满激情，突出感染性

语言表达效果是判断讲解成功与否的重要标志，教师饱含激情、深入浅出、情真意切的讲授，会给学生以智慧的启迪，心灵的震撼。所以，使用讲授式特别要求教师要加强语言修炼，做到语言精确性、逻辑性、形象性、感染性、趣味性、启发性，以此唤起学生情感，开启学生心智。

案例：北师大版八年级上册第二章　实数《2.2. 平方根（第 1 课时）》教学片段

一、教学目标

1. 了解算术平方根的概念，会用根号表示一个数的算术平方根；会用平方运算求某些非负数的算术平方根。

2. 在概念形成过程中，体会知识的来源与发展，提高从特殊到一般的归纳概括能力。

3. 通过求某些算数平方根，体会求一个正数的算术平方根与平方是互逆的运算。

重点：掌握算数平方根的概念及会求一个非负数的算数平方根。

难点：理解算数平方根的表示及负数没有算数平方根。

二、教学过程

第一环节：创设情境，引出新知

（1）正方形的面积是 $16m^2$，边长是 x，那么 $x =$ _____；

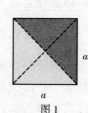

图1

（2）如图1，如果面积是 2 的正方形的边长为 a，那么 $a =$ _____；

这两个式子有什么不同？这样的数还有吗？

（3）前面我们学习了勾股定理，请同学们根据勾股定理，结合图2完成填空：

$x^2 =$ _____，$y^2 =$ _____，$z^2 =$ _____，$w^2 =$ _____。

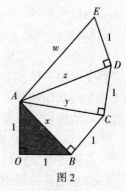

图2

x、y、z、w 哪些是有理数？哪些是无理数？你能求出哪些数？你能表示它们呢？

设计目的：通过已知正方形面积求边长和应用勾股定理已知两条直角边求斜边等问题情境，创设出和学生已有认知冲突，即学生可以估算出 x，y 是 1 到 2 之间的数，w 是 2 到 3 之间的数，但无法表示 x，y，w，从而激发学生继续往下学习的兴趣，进而引入新的概念。

第二环节：归纳共性，感知概念

观察 $x^2 = 2$，$y^2 = 3$，$z^2 = 4$，$w^2 = 5$，发现他们有什么共性？

让学生根据自己的理解用自己的语言表述，让学生充分表明自己的观点，最后教师给出定义。

一般地，如果一个正数 x 的平方等于 a，即 $x^2 = a$，那么这个正数 x 就叫做 a 的算术平方根，记为 "$\sqrt{a}$"，读作 "根号 a"。

特别地，我们规定 0 的算术平方根是 0，即 $\sqrt{0} = 0$。

设计目的：1. 启发学生思考，把学习的主动权还给学生，让学生经历概念形成过程，培养学生观察、分析、概括的能力。

2. 进一步了解算术平方根的概念，并会用根号表示。

第三环节：反思交流，明晰概念

1. 任意写出三个数，写出它们的算术平方根，并与同伴进行交流。

2. 负数可以有算数平方根吗？说说你的理由。

3. "$\sqrt{a}$"中的a是_____，"$\sqrt{a}$"是_____，因此"$\sqrt{a}$"双重_____。

设计目的：通过1、2问使学生理解算数平方根意义；通过3问让学生认识到算术平方根定义中的两层含义：$\sqrt{a}$中的a是一个非负数，a的算术平方根$\sqrt{a}$也是一个非负数，这也是算术平方根的性质——双重非负性。再一次深入地认识算术平方根的概念，明确只有非负数才有算术平方根。

第四环节：简单运用，巩固概念

例1 求下列各数的算术平方根：

(1) 900；(2) 1；(3) $\dfrac{49}{64}$；(4) 14。

设计目的：通过具体的数再次巩固算术平方根的概念，知道平方运算和求正数的算术平方根是互逆的，让学生明白有的数的算术平方根可以求出来，有的数的算术平方根只能用根号表示，如14的算术平方根是$\sqrt{14}$。并理解"$\sqrt{a}$"既表示一种运算，又表示一种结果。

例2 求下列各式的值：

(1) $\sqrt{4}$；(2) $\sqrt{\dfrac{25}{36}}$；(3) $\sqrt{0.09}$；(4) $\sqrt{3^2}$；(5) $\sqrt{(-4)^2}$；(6) $\sqrt{0}$

例3 自由下落物体的高度h（m）与下落时间t（s）的关系为$h=4.9t^2$。有一铁球从19.6m高的建筑物上自由下落，到达地面需要多长时间？

解：将$h=19.6$代入公式$h=4.9t^2$，得$t^2=4$，

所以正数$t=\sqrt{4}=2$（s）。

即铁球到达地面需要2s。

设计目的：

用算术平方根的知识解决实际问题，强调实际问题t是正数，用的是算术平方根，此题是为得出下面的结论作铺垫的。学生多能利用等式的性质将$h=4.9t^2$进行变形，再用求算术平方根的方法求得题目的解。

第五环节：变式练习，深化概念

1. 若一个数的算术平方根是$\sqrt{7}$，那么这个数是_____。

2. 81的算术平方根是_____；$\sqrt{81}$的值是_____；$\sqrt{81}$的算术平

方根是_____。

3. 若 $\sqrt{m+2}=2$，则 $(m+2)^2=$_____。

4. 若 $\sqrt{a-1}+\sqrt{1-a}$ 有意义，则 a 为_____。

5. 下列各式中，无意义的是（　　）

A. $\sqrt{\dfrac{1}{2}}$ 　　　 B. $\sqrt{(-2)^2}$ 　　　 C. $\sqrt{-2}$ 　　　 D. $\sqrt{2}$

6. 在 $\sqrt{x^2}=x$ 中，x 的取值范围是（　　）

A. $x \geqslant 0$ 　　　 B. $x \leqslant 0$ 　　　 C. $x > 0$ 　　　 D. $x < 0$

7. 已知△ABC 的三边长分别为 a，b，c，且 a，b 满足 $\sqrt{a-2}+(b-3)^2=0$，求 c 的取值范围。

8. 如图，从帐篷支撑杆 AB 的顶部 A 向地面拉一根绳子 AC 固定帐篷。若绳子的长度为 5.5m，地面固定点 C 到帐篷支撑杆底部 B 的距离是 4.5m，则帐篷支撑杆的高是多少米？

设计目的：

练习注意了问题的梯度性，由浅入深，一步步加深对算术平方根的概念以及性质的认识。对学生的回答，教师要给予评价和点评。

第二节　细化合作式

合作学习是指在教学过程中，以学习小组为教学基本组织形式，教师与学生之间、学生与学生之间，彼此通过协调活动，共同完成学习任务，并以小组总体表现为主要奖励依据的一种教学方法（教学策略）。

合作学习作为一种学习方式兴起于美国，由于合作学习的产生和发展有着坚实、科学的理论基础，很快引起世界各国的关注，被许多国家的教学实践所采用。在国际教育改革背景下，我国《课标》倡导合作交流的学习方式，合作学习能弥补个体学习的不足，促进学生学习兴趣、学习成绩、学习能力及交往能力的提高。此方式目前已被越来越多的一线教师认同，并在教学实践中探索运用。但是现实课堂教学中的小组合作学习存在着"流于形式，效率低下"等问题。具体表现在其活动时间一般是 1～2 分钟，就草草收兵。例如：在《等边三角形性质》一课的教学活动中，小组合作共四次，合计用时 6 分多钟，学生虽然七嘴八舌，但收获并不大。因此需要我们分析原因，细化合作式，用好合作式，提高合作学习的有效性。

一、选择适合合作的内容

不是所有的内容都适合合作学习，对于方法不确定、答案不唯一、具有探究性和挑战性的、个人无法完成的内容适合采用合作式学习。

1. 在教学内容的重点、难点处合作

例如《平方差公式》一节课，本节课的重点是：经历平方差公式的推导过程难点是：如何归纳出公式。

在教学中，教师先出四道小题：

$(x+1)(x-1)$ 　　 $(1+3x)(1-3x)$

$(2a+5)(2a-5)$ 　　 $(100+1)(100-1)$

并在教学时安排了下面几个步骤：自主学习，自主发现；小组合作，共同探究；交流结果，总结规律。这样很自然地就推导出平方差公式。

通过在教学内容的重点、难点处组织学生合作学习，能有效地对学生进行数学思想方法的渗透，引导学生有层次的进行分析、比较，对规律的探索做到循序渐进、水到渠成，真正让学生积极参与知识的形成过程，最大限度地调动学生学习的积极性。

2. 在问题的解答策略不唯一或答案不唯一时合作

有些问题其解题策略不唯一、答案不唯一，而一个人的思维能力毕竟有限，很难多角度地去思考，需群策群力才能展示各种策略和结论。

例如：如图所示，用火柴棍拼成一排三角形，如果图形中分别含有2，3或4个三角形，分别需要多少根火柴棍？如果图形中含有 n 个三角形，需要多少根火柴棍？

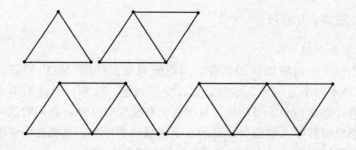

教师在学生独立思考几分钟后，安排了小组合作学习，每个小组承担了不同的任务，让学生把自己的结论及依据在小组内展示出来，然后每个小组

派代表在班级展示（学生从不同的五个角度展示了他们的想法），每个同学都从别人那里学到解决问题的不同方法，也会逐步养成学生全面考虑问题和善于从别人身上取长补短的好习惯。合作时机的恰当把握，充分调动了学生学习的积极性，发挥了主动性，活跃了思维，学生不仅加强了对知识的理解，而且掌握了学习数学的方法。

3. 在对问题进行深化、拓展时合作

数学课堂上教师能适度地拓展和延伸，是传授数学思想和方法、培养学生思维能力和创新意识的重要途径。

例如：在 $\triangle ABC$ 中，$\angle ACB = 90°$，$CA = CB$，直线 MN 经过点 C，且 $AD \perp MN$ 于 D，$BE \perp MN$ 于 E。当直线 MN 绕点 C 旋转到图 1 的位置时，$\triangle ADC \cong \triangle CEB$，且 $DE = AD + BE$，你能说出其中的道理吗？当学生解决完此问之后，教者适时提出另外两个问题："当直线 MN 绕点 C 旋转到图 2 的位置时，请你猜测 DE、AD、BE 三者之间的数量关系，并说明理由"；"当直线 MN 绕点 C 旋转到图 3 的位置时，DE、AD、BE 三者之间具有怎样的数量关系，请写出这个数量关系。"并组织学生分组合作交流。

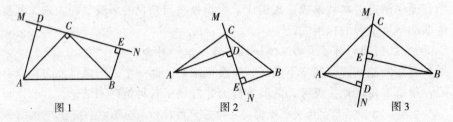

图1   图2   图3

此时进行合作，有助于拓展学生的思维，激发学生的灵感，形成独特的认识。

二、把握合作技巧

1. 合理分组

对于每个小组的成员的划分，当前研究更多认同"组内异质，组间同质"，即将不同学习能力、学习态度、学习兴趣、性别、个性的学生分配在同一组内，组成一个学习小组，目的在于形成优势互补，但同时尽可能保证不同小组之间整体水平相当，目的在于体现公平竞争。根据初中学生的实际情况，一般情况下，每个小组 5～6 个人比较合适。

2. 合作适度

一节课中合作学习的次数和时间，一定要控制好，一般情况下，每节课合作学习的次数 1～2 次为宜，每次 8 分钟左右。同时要掌握好，在合作学习之前，先是独立思考，使学生在独立思考的基础上进行合作，这样的合作才有效、有意义。

3. 教师的作用

在合作学习中，教师除了进行学习目标的制定、学习任务的设计、合作技能的指导等外，在学生活动过程中，教师要对每个小组的合作学习情况进行观察和介入，提供适时的引导和帮助，教师要对学生的学习活动有充分的预见，如学生会遇到怎样的困难？会得到哪些结果？该如何应对？当学生无所适从时，能给其提供怎样的活动任务？当学生的活动内容偏离问题的实质时，如何指明研究的方向或进行恰当的干预？

4. 评价方式

合作学习强调团体的成就，每个学生对小组的成就都负有重要责任，但不能简单地认为小组成绩等于个人成绩，这样容易造成部分学生的学习积极性受挫和部分学生抱着坐享其成的态度，评价方式的计分方式，应当既可以表现出每一个学生的学习情况，又能体现小组的集体意识。

如：首先给每一个成员的课堂表现记分，课后将小组所有成员的分数和作为本小组的分数。这种记分方式的好处是每一位成员的记分都表现出他的进步，是以一种发展的眼光看待每一个学生的学习行为，而且每一个成员的分数也都与小组的成绩相关，使他感受到团队的意识。一节课结束，根据个人得分，小组得分，评出先进个人和先进学习小组。

总之，合作学习的水平高低与合作内容、技巧紧密相关。合作时机把握不好，学生的合作交流便是低效率的，就如同："你有一个苹果，我有一个苹果，相互交流，仍然是每人一个苹果，也就是 1＋1＝1"；如合作时机把握恰当，就能实现："你有一种想法，我有一种想法，交流之后，每人都有了两种想法，达到 1＋1＞2 的目的"。

第三节　深挖探究式

所谓发现式教学方法，是教师提供某些学习材料，让学生自己去发现结论或规律。而探究式教学方法是发现式教学方法的一种重要形式之一。

一、适合探究性学习的内容

在教学实践中，总结出这样的一个结论：并不是所有的教学内容都可以开展探究性学习，有的内容适合部分探究，有的内容适合完全探究（课题学习）。同时，总结北师版数学教材中法则、性质、定理、公式、规律、课题学习中适合探究的内容，开展探究性学习，并对探究性问题进行分类。

条件性探究：此类题型给出问题的结论，探究使结论成立的条件，其探究策略常采用分析方法（执果索因）。

结论性探究：此类题型给出问题的条件，探究问题的结论，其探究策略常采用分析方法（执因索果）。

结论存在性探究：此类题型是探究符合条件的结论是否存在，常采用假设存在－推理－得出结论合理或矛盾。

规律性问题的探究：此类题型由特殊推广到一般，探求规律，其探究方法常采用归纳法，将一般化归到特殊，寻求途径找到规律。

二、创设探究的情境

通过创设情境，把知识赋予学生喜闻乐见的情境中，让学生在情境中进行自主探究性的学习活动。

1. 在情境中引入新课

在故事情境中引入新课。在讲北师版数学《一元一次方程》时，运用多媒体创设情境：英国伦敦博物馆保存着一部分极其珍贵的文物——纸莎草文书，这是古代埃及人用象形文字写在一种特殊的草上的著作。它于公元前1700 年左右写成，至今 3700 多年的历史了。这部书记载了许多关于数学的问题。如：一个数，它的三分之二，它的一半，它的七分之一，它的全部，加起来共 33，这个数是多少？你知道古人是怎样计算的吗？通过课堂观察，我们发现，面对这样富有新意与智趣的情境引入，比较枯燥的计算题教学富有了乐趣，学生能在最短的时间里主动进入学习状态，愿意去学。

在问题情境中引入新课，创造性地把书上的"句号"转变成"问号"，把"问号"融入情景情境中，让学生在情境中遇到问题，促使学生努力去思考问题、探究问题。例如，学习北师版数学《有理数的乘方》时是这样引入的：公元三百多年，雅典有位富翁酷爱数学，是做难题的高手。有一天，他去拜访柏拉图，柏拉图潜心读书，不愿与他纠缠，便想出一个摆脱他的办法，他说：一个数由 3 个 9 组成的，如 99/9，结果是 11，但要拼成一个最大的数，实在太难了，你回家想想吧！9 年过去了，富人变得十分衰老，问题没有解决。正巧九月九日九点，富人从家出来，一脚踏空，从 9 级台阶摔下来，磕掉 9 颗牙齿，9 分钟后死去了。柏拉图的问题看来不简单，你愿意试一试吗？这样，学习有理数的乘方，就成了学生的愿望了。

在悬念情境中引入新课。例如学习《有理数的乘方》时这样引入：世界最高峰在哪个国家？名字是什么？高度是多少？你能借助一张足够大的纸和数学知识登上它的顶峰吗？这样引入促使学生自觉的学习，使情知交融达到最佳状态，学生有了疑问才会去进一步思考问题。

2. 在情境中探究

学生在操作情境中探究新知。例如学习《等式性质》时，借助天平，学生亲自动手操作，通过在天平两端同时增加或减少相同质量的砝码，观察天平是否平衡，从而归纳出等式的性质，学生感受数学就在身边，易于接受。

学生在交流情境中完善自主探究学习。例如学习北师版数学中《有趣的七巧板》时，学生先读、看、找、做、再交流。在小组内交流各自制作七巧板的方法，然后几个学生上讲台代表本组发表自己的见解，以及制作的原理。以此来增强合作的精神，同时在交流中学会欣赏别人，倾听他人的见解，并从中吸取自己需要的东西，使知识得到发展。

3. 在情境中运用

学生在游戏情境中运用知识。例如学习北师版数学《日历中的方程》时，利用投影出示某月的日历，学生说出某一竖列三个日期之和，老师很快说出这三天的日期分别是多少。同学们觉得很神奇，老师到底掌握了什么诀窍呢？这样培养了学生学习的兴趣，同时促使他们自觉运用所学知识。

学生在实践情境中运用知识。例如在学习打折销售后，学生设计物品购买方案，计算怎样购物花钱较少等，学生既能灵活地运用知识解决实际问题，又能感到数学知识就在身边，有利于培养学生用数学眼光去观察认识周围事物。同时通过实际运算，弄清打折销售中的欺诈行为，使学生认识到"诚实为人，立信为本"，达到"求真""求是"的目的。

4. 在探究中交流

巧设"陷阱"，引发"冲突"。学生的生活经历、经验积累、认知水平、知识背景、思维方式等往往不尽相同，由此而产生的生生间的争辩常常可以激起学生更多的思维火花，引起更深入的思考和更广泛的讨论，从而促进更高质量的理解。在教学过程中，善于抓住学生的思维特点，针对具体内容充分估计学生的思维可能性，巧妙地设置善意"陷阱"，自然引发学生间的争辩。结果，可能因学生的一个问题而改变了原先设计的教案，使学生学有所得，探有收获，体会更深了。

适度引进教具，激发学生展开个性思维，探索交流。例如在学《圆》

时，教师出示了一道具有挑战性的数学问题：在一昼夜中，时钟的时针与分针一共有多少次成直角？有的同学慢慢地计算；有的同学在纸上画草图；有的同学直接拿出手表，用手拨动指针，很快得出答案……虽然每个人都得出了答案，但大家都有自己的收获，他们经历了探究的过程（探究的过程也是促进人的全面发展的过程），获得了独特的体验。

5. 在时空中互动

由于受时空等的限制，在传统课堂里往往发生"说不清""想不明"的现象，使交流互动"受阻"。随着信息技术逐渐被用于教育、教学，教师不但可以充分利用先进的网络技术来创设逼真的情景，形象展现思维的过程，还可以将无限的时空引入课堂，使互动更广泛，更深刻，在互动中实现资源共享。例如教学"利息"时，课前教师布置学生自己获取"利息"的有关知识。课上汇报时，有的学生是通过到银行调查获得；有的是通过查阅资料获得；有的是在网上获得的……获得知识的各种不同方法，正是学生个性的体现。这样，学习时空的拓展，不仅可以开阔学生的视野，打破课堂学习的局限性，而且有利于学生个性的充分发挥。

三、探索并归纳探究性学习的方法

通过大量的课堂观察，针对探究内容整理出学生探究学习的基本方法。

1. 实验探究法

所谓实验研究法，是针对某一问题，根据一定的理论或假设进行有计划的实践，从而得出一定的科学结论的方法。

运用实验探究法进行自主探究的一般步骤：教师提出问题→学生实验操作→观察分析→猜想结论→交流校正→验证或证明。

例如，在学习"三角形的三个内角和等于 $180°$"这一内容时，有的学生经过以下操作实验获得初步经验：先自己画一个三角形，用量角器量出它的三个内角求其和。再将一个三角形的三个角剪下来，拼成一个半平面，自主探索出三角形的三个内角和等于 $180°$ 这一数学结论。也有的学生用铅笔在纸上所画的一个 $\triangle ABC$ 上做实验：

第 1 次将笔尖指向 A 点（铅笔与 AC 边平行）；

第 2 次旋转 $\angle A$ 后，笔尖指向 A 点；

第 3 次旋转 $\angle B$ 后，笔尖指向 C 点，但铅笔与 BC 边平行；

第 4 次旋转 $\angle C$ 后，笔尖指向 A 点。

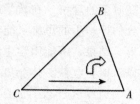

经过 4 次旋转后，笔尖正好掉转一个方向，这说明∠A＋∠B＋∠C＝180°。

2. 归纳探究法

归纳探究法就是利用数学归纳法进行问题探究。

运用这种方法进行自主探究的一般步骤是提出问题－积累数据－观察分析和归纳－猜想结论－交流校正－验证或证明。

例如，在学习"直角三角形斜边的中线等于斜边的一半"时，学生经历了这样的探究过程：提出问题（这节课要研究直角三角形斜边的中线与斜边的关系）；积累数据（每个学生任意画几个直角三角形，并做出斜边上的中线，然后测量直角三角形斜边的中线与斜边的长度，形成一组数据）；观察分析和归纳（观察一组数据的比值，并分析比值的特点）；猜想结论（学生猜想直角三角形斜边的中线与斜边的关系）；交流校正（学生互相讨论、交流，达成一致的意见）；学生画图并证明。

3. 类比探究法

类比探究法就是经历提出问题－找出类比对象－猜想结论－交流校正－验证或证明的过程得出结论。

例如，在学习"分式的基本性质"时，学生是这样探究的：从分式与分数的定义可以知道，分式和分数有很多类似之处；学生运用类比方法猜想结论：分式的分子与分母都乘以（或除以）同一个不等于零的数，分式的值不变；学生得出的结论有可能是错误的，有的学生会得出分式的分子与分母都乘以（或除以）同一个数，分式的值不变。这时学生之间进行交流纠错便可解决。

第四节 导学案

"导学案"顾名思义就是引导学生学习的方案，着眼点和侧重点在于引导学生自主学习，引导学生获取知识、获得能力，实质是教师用来培养学生自主学习和建构知识能力的一种重要媒介。

"导学案"即以学案为载体，以导学为方法，教师的指导为主导，学生的自主学习为主体，师生共同完成教学任务的一种教学方法（或教学模式）。

导学案是教学的路线图、指南针。它的构成应包含三部分：学习目标，学习重点、难点、关键，学习内容与过程。

1. 学习目标

从"教案"到"学案"的转变，教师必须把自己的教学目标转化为学生学习的目标，把学习目标设计成学习方案交给学生。依标靠本，学习目标的设定应概括准确、简洁易懂、操作性强。可在目标中将学生自学中会涉及的重、难点以及易错、易混、易漏等内容做出标注，以便引起学生重视。

2. 学习重点、难点、关键

教学的重点、难点是学生学习的困难点，它又是启发学生思维、引导学生探究的最佳切入点。如果在导学案中不加明确，直接让学生去自学教材，势必会导致学生费劲、卡壳。所以不但要把重点、难点在导学案中说明清楚，还要进行分割，将难点分解为一个一个的小问题，将困难的问题简单化，使学生能比较轻松地掌握重点和难点，然后再进行整合，可达到事半功倍的效果。

3. 学习内容与过程

学习内容是导学案的核心，要体现导学、导思、导练的功能。"导学案"设计的重点在"问题导学"上。问题设计要遵循以三线一面贯穿整个过程的原则：一是知识线，根据学生的认知规律，将知识点进行拆分、组合，设计成不同层次的问题，给学生一个自学、探究的思想引导；二是学法线，指导学生读、思、操作，同时做出培养学生能力的具体设计；三是能力线，通过让学生思考问题、解决问题，培养学生的归纳、总结、理解问题的能力，培养学生的动手和动脑的能力，培养学生在新情境里解决新问题的能力。三条线通过一连串相互衔接的问题体系形成一个立体的知识、感悟、能力体系，从而建立全面的知识体系、知识网络。具体的设计分七个环节：知识链接、问题设置、双基训练、拓展延伸、归纳小结、达标测评、教学反思。

（1）知识链接

或通过复习旧知识、承上启下进入新知结构；或利用有意义的问题导出新课；或采用类比、推广等手段自然进入新知结构。总之要调动起学生的学习积极性和兴趣，如果涉及的是相关概念、一般式、定理等内容，可设计成填空题或举例说明或设计成几道小题来体现，但其内容一定要有针对性。

（2）问题设置

问题设置的设计是一篇导学案中最核心的部分，是达成目标的关键，是导学案的最重要的设计内容。要实现导学功能，学生首先要知道怎样学和学什么的问题；其次，学生要知道具体可执行程序和研究的问题。也就是说要告诉"学习方式"和"学习内容"。把学习方式及程序概括为"学线"，学习内容及问题概括为"问题线",那么问题设置的过程就是围绕"学线"和"问题线"来设计的。设计时要做到"知识问题化,问题层次化",把知识点转变为探索性的问题点、能力点,通过对知识点的设疑、质疑、解释,激发学生主动思考,逐步培养学生的探究精神以及对教材的分析、归纳、演绎的能力。问题设置要有梯度,能引导学生由浅入深、层层深入地认识教材,在此环节设计时将难易不一的学习内容处理成有序的、阶梯式的、符合各层次学生认知规律的学习方案。能引领学生的思维活动不断深入,还应满足不同层次学生的需求,要使优秀学生从导学案的设计中感到挑战,一般学生受到激励,学习困难的学生也能得到成功。问题的设置尽可能考虑到学生的认知水平和理解能力,由浅入深,小台阶、低梯度,让大多数学生"跳一跳"能够摘到"桃子",要让每个学生都学有所得,体验到成功的喜悦,从而调动学生进一步探索的积极性,增强学生学习的自信心。

设计问题要遵循以下几点:

①问题要能启发学生思维。

②问题不易太多,太碎。

③问题应引导学生阅读并思考。

④问题或者说知识点的呈现要尽量少用一个一个填空的方式,避免学生照课本填空,对号入座,抑制了学生的积极思维。

⑤问题的叙述语应引发学生积极思考和积极参与。如:你认为是怎样的?你判断的依据?你的理由?你发现了……多用"想一想"、"议一议"、"试一试"、"练一练"等问题情境去设计学习过程,让学生在学案的主线下进行自学,让学案成为学生自主学习的指导老师。

⑥要注重规律、方法、技巧等的总结。这一点也正是我们数学教学中缺少的,更急需弥补,要在导学案中留出适当的位置让学生归纳后写出来。

例如,后面所附的导学案"与三角形有关的线段(第一节)"

通过此环节精心设计问题,使学生意识到:要解决教师设计的问题不看书不行,看书不详细看也不行,只看书不思考不行,思考不深不透也不行。让学生能真正从教师设计的问题中找到解决问题的方法,学会看书,学会自学。

(3)双基训练

针对本节课的学习目标任务、知识内容、能力要求,设计一定数量的达标练习,目的是落实好知识点,进一步促使学生形成熟练的技能。设计题目的基本思路是注重基础、分出层次、扣准目标,围绕重点和难点,不偏、不怪,有代表性,有典型性,做到选题类型全、有梯度,可以与知识点对应,边学边练。

（4）拓展延伸

此环节含两部分内容，一是规律、方法等归纳，二是变式训练。所以可设计适量典型例题让学生进行分析、讲解与点评，可以在双基训练题的基础上进行变式训练。例如：如图①，分别以直角三角形 ABC 三边为直径向外作三个半圆，其面积分别用 S_1、S_2、S_3 表示，则不难证明 $S_1 = S_2 + S_3$。

变式训练（1）：如图②，分别以直角三角形 ABC 三边为边向外作三个正方形，其面积分别用 S_1、S_2、S_3 表示，那么 S_1、S_2、S_3 之间有什么关系？（不必证明）

变式训练（2）：如图③，分别以直角三角形 ABC 三边为边向外作三个正三角形，其面积分别用 S_1、S_2、S_3 表示，请你确定 S_1、S_2、S_3 之间的关系并加以证明。

变式训练（3）：分别以直角三角形 ABC 三边为边向外作三个等腰直角三角形，其面积分别用 S_1、S_2、S_3 表示，请你确定 S_1、S_2、S_3 之间的关系（不必证明）。

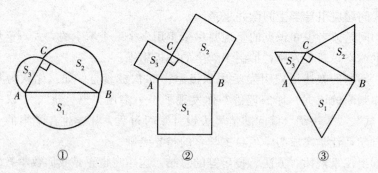

①　　　　　②　　　　　③

学完三角形相似的知识后还可变式。

变式训练（4）：若分别以直角三角形 ABC 三边为边向外作三个一般三角形，其面积分别用 S_1、S_2、S_3 表示，为使 S_1、S_2、S_3 之间仍具有与（2）相同的关系，所作三角形应满足什么条件？证明你的结论。

类比（1）、（2）、（3）、（4）的结论，你能总结出一个更具有一般意义的结论吗？

（5）归纳小结

学习小结与反思，即知识结构整理归纳。按知识点之间的内在联系归纳出知识线索，具体的知识点要尽可能留出空由学生来填。在归纳出本节知识结构的基础上要体现与其他章节等知识的联系，同时还要引导学生对学习方法进行归纳。

可设计成：

①本节课你学到了哪些知识？

②通过这节课的学习你能解决哪些问题？

③每个知识点在运用上要注意什么？

④你还有那些困惑？

（6）达标测评

达标检测题的编写及使用的具体要求：

①题型要多样，量要适中，不能太多，以 5 分钟左右的题量为宜。

②紧扣考点，具有针对性和典型性。

③难度适中，即面向全体，又关注差异。建议可设置选做题部分，促进优秀学生成长。

④规定完成时间，要求独立完成，培养学生独立思考的能力。

⑤注重及时反馈矫正。

（7）课后反思

教师课后反思是课后对整个课堂教学行为进行思考性回忆。反思可以从以下几个方面入手：

反思学案的设计是否符合学情；

反思教师在预习课上的指导是否到位；

反思教师在展示课上的点评、追问是否及时、恰当；

反思学生在课堂上对知识点的理解、掌握在哪一点上存在障碍，原因是什么？对于新知识的理解与运用是否形成方法、规律、技能。

案例：《与三角形有关的线段（第一节）》导学案

一、学习目标

1. 通过阅读教材理解三角形的概念及基本要素，并会表示，能在简单的环境中查出三角形的个数。

2. 会把三角形按边分类。

3. 记住"三角形的两边之和大于第三边"，并会运用它解决相关问题。

4. 积极参加合作探究，体会学习的快乐。

二、重点、难点

三角形的两边之和大于第三边。

三、学习内容与过程

1. 知识链接

(1) 你能举出生活中物体的形状为三角形的例子吗？在练习本上画出它的形状；

(2) 观察你画的三角形由几条线段构成？它们在同一直线上吗？

(3) 你知道三角形按角分类有哪几种吗？在练习本上把它们写出来。

2. 问题设置

(1) 填一填（阅读教材 63 页内容）

①由_____三条线段首尾顺次相接所组成的图形叫做三角形。

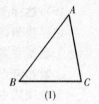
(1)

②图（1）中三角形用符号表示为_____。

三个顶点分别是_____、_____、_____。

三条边分别是_____、_____、_____。

三个内角分别为_____、_____、_____。

一般的用 a、b、c 表示三角形的三边是怎样对应的？

(2) 仔细找一找

观察图（2）中有几个三角形？用符号表示出来。

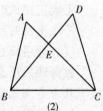
(2)

(3) 认真想一想

①你知道三角形的三边的长度大小有几种情况吗？

类比三角形按角分类，把三角形按边分类，快来试一试吧！

阅读教材 64 页内容，看看你做对了吗？

②说一说（阅读教材 63 页内容）

已知如图（3）三角形 ABC 中，$AB=AC$，请指出它的腰和底边、顶角和底角，并指出依据。

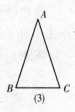
(3)

(4) 学一学　阅读教材 64 页探究

你理解"三角形的两边之和大于第三边"吗？用符号和语言描述出来，知道它成立的依据吗？把它识记下来。

(5) 练一练　阅读教材 64 页例题

问题一中你能说出腰和底与周长之间的关系式吗？

问题二中有一边长为 4cm 怎样理解？你能独立完成吗？相信自己，做一做吧。

通过这道题，你能总结出以后再遇到这类问题要注意什么吗？

3. 双基训练

（1）下列长度的三条线段能组成三角形的是（　　）

A. 3、4、8　　　　　　B. 5、6、11

C. 5、6、10　　　　　　D. 2、5、7

（2）已知三角形的两边长分别为 4cm 和 9cm，则下列长度的四条线段中能作为第三边的是（　　）

A. 13cm　　B. 6cm　　C. 5cm　　D. 4cm

（3）图（4）中有几个三角形？线段 BD 是哪些三角形的边？∠A 是哪些三角形的角？

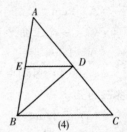
(4)

4. 拓展延伸

（1）等腰三角形的周长为 16，且边长为整数，则腰与底边分别为（　　）

A. 5，6　　　　　　B. 6，4

C. 7，2　　　　　　D. 以上三种情况都有可能

（2）下图①中有几个三角形？用符号表示出这些三角形。

图②中有几个三角形？

图③中有几个三角形？

由图形和结论的变化你发现了什么规律？

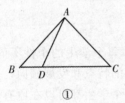
①
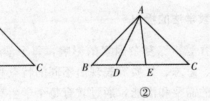
②
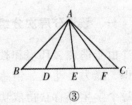
③

5. 归纳小结

（1）本节课你学到了哪些知识？

（2）通过这节课的学习你能解决哪些问题？

（3）每个知识点在运用上要注意什么？

（4）你还有哪些困惑？

6. 达标测评

（1）下列说法：

①等边三角形是等腰三角形；

②三角形按边分类可分为等腰三角形、等边三角形和不等边三角形；

③三角形的两边之和大于第三边；

④三角形按角分类应分为锐角三角形、直角三角形和钝角三角形。

其中正确的有(　　)

A. 1个　　　　　　B. 2个　　　　　　C. 3个　　　　　　D. 4个

(2) 等腰三角形两边长分别是 2cm 和 5cm，则这个三角形的周长为(　　)

A. 9cm　　　　　B. 12cm　　　　　C. 9cm 或 12cm　　D. 14cm

(3) 一个三角形两边分别为 3 和 7，第三边为偶数，第三边长为(　　)

A. 4，6　　　　B. 4，6，8　　　　C. 6，8　　　　D. 6，8，10

(4) 图④中有几个三角形? 用符号表示这些三角形。

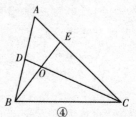
④

(5) 已知 a、b、c 为 $\triangle ABC$ 的三边长，b、c 满足 $(b-2)^2 + |c-3| = 0$，且 a 为方程 $|x-4| = 2$ 的解，求 $\triangle ABC$ 的周长，判断 $\triangle ABC$ 的形状。

7. 课后反思

第五节　数学分层次分组教学法

一、数学分层次分组教学法的提出

由于遗传、环境和教育等错综复杂因素的影响，每个学生的个性不同，知识、能力、动机、情感、意志、气质等表现出不同的特点和发展倾向，但是每个学生都有获得成功的需要和潜能，通过教育每个学生都可以在原有的基础上获得发展。《数学课程标准》基本理念第一条明确提出"使数学面向全体学生，适应学生个性发展的需要，使得人人都能获得良好的数学教育，不同的人在数学上得到不同的发展。"而在现实教学中教师向每一个班集体进行统一的教学，而全班同学则以不同的方式来接受，于是在学习新知识的过程中出现了信息输入和思维加工不同步的现象，导致部分学生在参与课堂教学中遇到困难。为此教师要以不同层次学生的认知水平为起点，从调动不同层次学生学习积极性、全面启动不同层次学生的思维入手，以使学生积极参与教学活动、促进其全面发展，即数学分层次分组教学法。

二、数学"分层次分组"的方法

"数学分层次分组教学法"中的分层次是把全班同学按数学学科的成绩，以及非智力因素的差异，分上、中、下三个层次，教师按照教材内容和《课标》的要求，再把每一个课时的内容划定为基本内容、提高内容、拓展内容三个层次，不同层次的学生选择学习不同层次的内容。分组是把不同层次的学生分在一组。教学中通过调控使不同层次的学生互相帮助，互相促进，经过一个单元或几个单元的学习后，再重新分层次分组。

三、数学分层次分组教学法的基本做法

数学分层次分组教学法，要求教师在教学过程中根据教材和《课标》的要求及学生认知水平的差异，科学地设计好适合不同层次学生学习的每个教学环节，使不同层次的学生都处于学习的最近发展区，创造出一个弹性的学习环境，使各个层次的学生都学有所得，提高学生们的创新意识、探索精神和实践能力，培养学生终身学习的愿望和能力。

（一）教学目标层次化，为每个学生创造成功的目标

在数学分层次分组教学过程中，根据教学内容和《课标》及学生个体实际差异，将每节课的教学总目标分解成基础目标、提高目标、拓展目标，不同层次的学生根据自己的需要、能力，自主地选择几个目标或所有目标，通过教学活动中教师的引导和学生的探索，逐步达到各自的目标。教师的引导与学生的探索均能达到总目标，是教学的最佳状态，但客观实际是学生个体存在差异，不可能同时达到总目标。根据不同层次学生的需要，将总目标分解成三个目标，能够诱发不同层次学生的学习积极性。不同的诱因，诱发了不同层次学生的动机，再由动机到主动探索再到讨论合作最终达成目标，使教学目标在教学过程中真正起到了激励作用和导向作用。

（二）教学内容层次化，为每个学生创造成功的条件

教学目标的层次化是通过教学内容层次化来实现的，教学内容层次的划分主要是根据教学的目标及学生认知水平的差异，对教学内容的处理坚持由易到难、由浅到深、由简单到复杂、由形象到抽象的原则。在教学过程中，教师要鼓励学生发表不同见解，引导学生大胆思考推测，鼓励学生小组内讨论、组际间讨论，帮助每个学生树立自信心，使课堂充满宽松愉快的气氛。在学生的探索之路上，教师适时地进行"铺路"、及时"搭桥"，使学生在"山重水复"之时，能够出现"柳暗花明"。

1. 创设情境，提出问题层次化，探索新知

教学时以问题作为学生学习的出发点，创设情境，力争设计出适应不同层次学生认知水平的具体明确的问题串，诱发引导，由相应认知水平的学生根据先前认知结构、经验及活动主动地、有选择地、有意义地知觉外在信息、建构知识体系。课堂上老师启发引导学生，展开名副其实的师生交流、生生交流，通过各种活动，进行各种观点之间真诚的交流。学生能探索到的老师不说，低层次学生能解答的高层次学生不答，使全体学生都有问题思考，都有机会表现自我、发展自我，从而感觉到学习数学是很重要的活动，增强学生的参与意识，并初步形成"我能够而且应当学会数学的思考"。

2. 课堂练习、测评层次化，应用创新

针对不同层次的学生，设置基础、提高、拓展三个层次的教学目标，教师要选配不同层次练习题、测评题。练习题、测评题一般分为 A、B、C 三组题，A 组题以理解为主，题目较简单，知识的应用较为直接；B 组题以熟练掌握为主，题目较复杂，知识的应用较为灵活；C 组题以熟练运用为主，题目的综合性较强，能运用所学知识分析和解决较为复杂的综合问题，从而形成数学的思维能力、运算能力和解决实际问题的能力。

学习较轻松的学生要求做完 A、B、C 三组题，中等生要求做完 A、B 二组题，学习困难的学生要求做完 A 组题。学生在答完必答题的基础上，教师鼓励学生再做较高层次的题，为所有学生都有效的学习创造良好的条件。对没独立完成必答题的学生，教师要个别辅导帮助他们完成任务，并鼓励他们迎头赶上。通过 A 组题，使学习困难的学生"吃得了"，通过 C 组题使学习较轻松的学生"吃得饱"。

3. 作业层次化，巩固拓展

各层次学生的作业内容、数量、要求不尽相同，作业题也分为 A、B、C 三组，三组题分别相当于或略高于基础、提高、拓展三个层次。不同层次的学生完成不同层次的作业题，强化了学生对知识的理解和掌握，同时培养学生对数学的兴趣、发展了学生的数学特长。

（三）教学评价层次化，增强每个学生成功的信心

不同层次的学生，在课堂上的心态不同：成绩好的同学，是在积极的情绪状态下学习，表现出朝气蓬勃、思维活跃、想象丰富、乐于表达，易于探索、发现新知识；学习困难的学生，是在消极的情绪状态下学习，表现出消沉、思路阻塞、思维迟缓，大脑皮层处于抑制状态，从而难以积极思考，更难以探索创新，以致影响对知识的理解和掌握、影响对学习的兴趣和热情。

因此，课堂教学必须采用多种激励手段，把不同层次学生的智力与非智力因素全部激发起来，使学生独立思考、探索创新。

1. 制定评价模式

A：横向评价$\begin{cases}组长之间\\相同学号组员之间\\各小组之间\end{cases}$

B：纵向评价$\begin{cases}组内各组员之间\\全班同学之间\end{cases}$

2. 创设平等的评价环境和多元的评价内容

根据初中生的年龄特点和心理特征，让评价贯穿教学的各个环节，进而优化教学过程。评价的内容应包括学习成绩的评价及学习能力、学习态度、学习方法、实践能力等的评价。教学中在同一层次学生之间、各组之间开展竞赛，学生能够得到心理平衡，在评价中充满信心，这就自然地创设出一个平等的评价环境，调节和控制了不同层次学生课堂上的学习情绪。例如，实验班有 48 名学生，通过数学学科的成绩检测和智力检测及非智力因素差异把全班学生分成 6 个级别，每级别 8 人，然后龙摆尾式的分别取各级别中的 1 人组成 1 组，共组成 8 个组，每组 6 人。每组中第一级别中的学生担任组长，5 名组员按成绩高低编成 1—5 号。每组的组长为第一层次，1—3 号为第二层次，4—5 号为第三层次。这样各组中的组长是同一级别，相同学号的组员是同一级别，各组之间水平相当。例如某组中 5 号同学，总认为自己基础差，与好生相比相差甚远，因此情绪低落，沉默寡言。通过各组 5 号同学之间开展竞赛进行评价，在评价中他始终名列前茅，尝到了成功的喜悦，情绪高涨，后来由 5 号升为 2 号。

3. 在评价中加强量化管理

①制定小组和个人记分表。

②定期评比。一般情况下，学习一章评比一次。

4. 在评价中开发和发展学生的潜能

通过教学评价层次化，使不同层次学生的自尊心、自信心、好胜心、责任感、荣誉感得到充分体现。例如在一节课的课堂练习中，由各组中的 5 号组员来做，参加竞赛，结果其他组的 5 号同学在规定的时间里都做对了，他们组内的同学为其热烈鼓掌，只有一个组的 5 号同学做错了，影响了全组的成绩，教师没有批评他，对他勇于参与的精神做了充分肯定，并鼓励他在下次竞赛中取得好成绩，这名同学是位上进心不强学习不努力的学生，可今天听到老师鼓励的话语，看到组内同学焦急的目光，他坐不住了，当时就说"老师，咱们明天见"。这样有效地调动了学习基础较差、学习不努力的同学的学习积极性，挖掘出他们潜在的积极因素。再比如某组的 1 号同学，经过一章的学习之后，下降成为某组的 4 号组员，可喜的是又经过一章的学习后他又夺得了该组组长的宝座，全班同学都为之振奋。通过在各组之间开展竞赛进行评价，变原来每个学生的学为小组集体的学，利用学习困难学生的进取心和组长的责任心，使全体学生之间相互帮助相互促进。

四、数学分层次分组教学法的实践效果

1. 提高了学生的学习成绩

数学分层次分组教学法调动了不同层次学生的学习积极性，使全体学生获得了成功，大面积提高了教学质量。

2. 统一要求与因材施教相结合

通过分层次分组教学，使教师从多种多样的个性中概括和把握学生共性，把教学措施主要建立在学生共性的基础上，提出统一要求，针对不同层次学生的认知水平，选择相适应的学习内容，照顾了学生的学习水平和能力的差异，实现了因材施教。

3. 情感和认知相结合

数学分层次分组教学法适应上、中、下不同层次学生的情感需要，使其在教学中形成一种很强的心理优势，成为智力活动的正确导向。学生在教师的点拨、引导和激励下努力学习，使情感和认识相结合、相适应，充分发挥了学生在教学中的主体作用，促进了学生个性的健康发展。

4. 有效地培养和利用了学生的优良意志品质

数学分层次分组教学法，科学地设计了符合不同层次学生认知水平的各个教学环节，不同层次的学生都受一定目标的支配，并经过一定的努力就能获得成功，增强了学生认识过程中克服各种困难的自信心，有效地培养了学生学习数学的自觉性、坚持性等意志品质。

5. 发展了不同层次学生的思维

数学分层次分组教学法，将教材的教学目标划成不同层次，启发引导学生思考、探索、创新，在教学的全过程中，均按照数学特有的思维顺序展开，不断进行深层次挖掘，无疑是对不同层次学生进行了潜移默化的示范与诱导，启动了不同层次学生的思维，使其得到充分发展。

6. 建立了民主、信任、和谐的师生关系

在数学分层次分组教学法中，教师尊重不同层次学生的特点和心理需要，精心地设计问题，组织课堂竞赛，让不同层次的学生都有较多表现机会。教师则淡化自己的权威，突出学生主体，鼓励学生自主学习、探索创新，对学生每个微小的进步，教师都满腔热情地鼓励，不放弃任何一个学生，让不同层次的学生均能尝到成功的喜悦。学生对教师的信赖感、亲切感增强，从而形成课堂教学的合力，提高课堂教学效率。

实践使我们深深体会到：分层次分组教学法，能创设一个弹性的学习环境，同时创造了一个动态的教学环境，从而利用这个外在的条件去调动、激励学生的学习积极性，增强学生学习数学的自信心，使学生对数学的学习具有持久的推动力。

第七章 数学教学评价

　　评价是数学课程实施的重要环节，评价是对学习结果的检验，也是对学习过程的考查。《课标》强调："评价的主要目的是全面了解学生数学学习的过程和结果，激励学生学习和改进教师教学。评价应以课程目标和课程内容为依据，体现数学课程的基本理念，全面评价学生在知识技能、数学思考、问题解决和情感态度等方面的表现。"设计和实施有效的数学学习评价，恰当运用评价的内容与结果，对于激发学生的学习兴趣，提高学生学习的信心，促进学生的发展起着重要的作用，同时，评价也是教师了解学生学习状况，诊断学习的效果，改进教学的重要途径，在课程实施的过程中，必须有效的设计、组织和实施评价。

第一节　恰当评价学生的知识与技能

　　基础知识和基本技能是中小学数学学习的重要组成部分，对这部分内容的评价是数学学习评价改革的重要环节。《课标》提出："对于基础知识和基本技能的评价，应以各学段具体目标和要求为标准，考查学生对基础知识和基本技能的理解和掌握程度，以及在学习基础知识与基本技能过程中的表现"。在教学活动中，应按《课标》的要求，恰当准确地评价学生的基础知识和技能。

一、把握各学段的基本要求

　　对基础知识和基本技能评价，首先要把握《课标》的要求。《课标》在各个学段课程内容中，对每一个内容都提出了具体的要求，这些要求都有相应的行为动词进行描述，与知识技能直接相关的行为动词有：了解、理解、掌握和应用，《课标》明确规定了这些行为动词的含义。

　　了解：从具体实例中知道或举例说明对象的有关特征，根据对象的特征，从具体情境中辨认或者举例说明对象。

理解：描述对象的特征和由来，阐述此对象与相关对象之间的区别和联系。

掌握：在理解的基础上，把对象用于新的情境。

应用：综合应用已掌握的对象，选择或创造适当的方法解决问题。

在对每一个具体知识技能内容进行评价时，应了解这些内容属于哪一个层次的要求，例如，第二学段"数的认识"中下面的几个内容要求是：

在具体情境中，认识百万以上的数，了解十进制计数法，会用万、亿为单位表示大数。

知道 2，3，5 倍数的特征，了解公倍数和最小公倍数；在 1 到 100 的自然数中，能找出 10 以内整数的所有倍数，能找出 10 以内两个自然数的公倍数和最小公倍数。

了解自然数、整数、奇数、偶数、质数和合数。

结合具体情境，理解小数和分数的意义，理解百分数的意义；会进行小数、分数和百分数的转化（不包括将循环小数化为分数）。

在这里知道、认识和会、能，分别属于了解、理解、掌握的层次。认识万以上的数属于理解层次，十进制计数法就属于了解层次。同样，自然数、整数、奇数、偶数、质数和合数，属于了解层次；小数和分数的意义，属于理解层次。

评价时应把握不同的要求，用恰当的方式评价学生的学习表现，下面两种问题可用于评价学生知识技能不同层次的要求。

第一组题目

1. 北京奥运会特许商品中最贵的是"北京奥运金"，价钱为 135000 元，这个数的最高位是（　　），万位是（　　），5 在（　　）位上，表示五个（　　），这个数读作（　　）。

2. 教室占地面积约为（　　）平方米，学校占地面积约为（　　）公顷。

3. 在钝角三角形中，有（　　）个角是钝角，有（　　）个角是锐角。

4. 398 的 21 倍大约是（　　）

A. 2100　　　　　　B. 8400　　　　　　C. 800

5. 直接写出下列计算的得数

5050÷5＝　　　　　0÷76×5＝　　　　　12×8＋2＝

198－98×2＝　　　　101×4＝　　　　　(98－980)÷30＝

6. 在 15°，91°，120°，179°，59°，89°中，（　　）是锐角，（　　）是钝

角。

7. 教室里，小明坐在第二组第 4 排，他的位置表示为（2，4），小君坐在第五组第 3 排，她的位置可以表示为(____，____)。

第二组题目

1. $23×20=460$，如果第一个因数 $23×2$，第二个因数不变，那么积是（　　）。

A. 460　　　　　　　B. 230　　　　　　　C. 920

2. 小兰要买一种饮料和一种点心，可他只带了五元钱，他可以有哪两种选择？

买(　　)和(　　)或者买(　　)和(　　)。

牛奶每盒 1.7 元，果汁每杯 1.6 元，饼干每包 2.9 元，蛋糕每盒 3.5 元。

3. 一位教师调查了 60 名学生，知道了他们最爱吃的食物，下面是结果：

最爱吃的食物	学生数
汉堡	20
比萨饼	15
鸡肉	3
烤肉串	12
馅饼	10

（1）最喜爱比萨饼的学生占全体学生的百分数是多少？

（2）最喜爱鸡肉的学生占全体学生的几分之几？

（3）运用上面的数据编制一个问题，使答案是 1/6，

（4）运用上面的数据编制一个问题，使答案是 50%。

（5）运用上面的数据编制一个问题，使答案是 0.75。

第一组题目是属于了解或理解层面的题目，而第二组题目属于理解或应用层面的要求。在评价学生具体问题的表现时，应选择恰当的题目形式，上面第一组题目多是简单的知识再现和记忆，而第二组需要学生运用知识解决问题，或综合有关的内容解决问题，他们对学生的要求有明显的不同。

二、运用适当的评价方法

运用纸笔测验的方式，评价学生知识与技能的掌握水平，关键在于设计

恰当的测验题目传统的测验往往过多测验学生对知识的记忆，对具体的知识点的掌握情况，忽视对知识的真正理解和在解决问题的情境中的运用。对于技能的测验，更多的重视某一个单一技能的熟练程度，忽视在具体情境中技能的选择和运用。

下面的题目就是这一类常见的题目：

$1-0.04=$　　　　　$6\times29+6=$　　　　　$321-199=$

$8+0.4=$　　　　　$46-49+51=$　　　　　$574-162-138=$

4.2783 保留两位小数约是（　　　），精确到个位约是（　　　）；

16 米 2 分米＝（　　　）厘米，2 公顷＝（　　　）平方米。

这样的题目只是考查学生对某一知识或某一技能的理解和掌握情况，并不能了解学生对于这个知识和技能的真正理解，特别是不知道学生是否能运用相关的知识技能解决问题。下面的题目更有助于了解学生是否能灵活运用所学的知识技能解决问题，了解学生是否真正理解和掌握了相关的知识技能。

题目 1：找出两个比 20 大的整数，并且两者的积是 726，解释你是怎样想的。

这个题目没有直接问学生数位、数位上的值、乘法计算的法则等，但在解决这个问题的时候，学生要用到相关的知识与技能。学生要知道比 20 大的整数一定是十位上的数不小于 2，并且知道两个数相乘的时候，乘积各个数位上的数与两个因数的关系，同时在解这个题目的时候，在尝试的过程中需要用到一些计算，也训练了学生的运算技能。

题目 2：你们正在学习除法，你的同桌不明白 $45\div5$ 是什么意思，你将如何向他解释？你可以使用图片或图形讲解。

这个题目，没有直接问学生除法的意义是什么，而是通过一个具体问题的解释，了解学生对除法意义的认识。

除了运用纸笔测验的方法，对学生知识技能进行评价外，还应运用课堂观察，数学日记，成长记录等方式进行评价。

三、关注学生的个别差异

义务教育阶段的学生存在着明显的个体差异，评价时应考虑学生发展的水平和数学学习上的差异，为学生设计不同层次的题目，对不同水平的学生提出有差异的要求，以达到促进学生发展、激发学生学习动机的目的。在保证基本内容理解掌握的基础上，可以设计分层次的课堂练习题目，引导学生有选择地完成不同层次的问题。下面是一组小学几何内容，整理复习的单元练习，设计者试图体现不同层次的要求，也为学生留有一定的选择空间。

单元复习任务卡 A

一、选一选

1. 测量人的身高时，选用的刻度尺，最小刻度为（   ）比较合适。

A. 1 米　　　　　　B. 1 厘米　　　　　C. 1 分米

2. 一支完整的粉笔的长度最接近于（   ）。

A. 7 毫米　　　　　B. 0.27 分米　　　　C. 0.7 米

3. 我们教室的门高约为 2（   ）。

A. 厘米　　　　　　B. 分米　　　　　　C. 米

二、填一填

1. 一本共有 100 页的稿纸本的厚度为 0.5 厘米，则这本稿纸每页纸的厚度是（   ）。

A. 0.5 毫米　　　　B. 0.05 毫米　　　　C. 0.005 毫米

2. 一大瓶可乐的净含量为 1.25 升，也就是（   ）。

A. 12.5 毫升　　　　B. 125 毫升　　　　C. 1250 毫升

3. 在正常情况下，一个人体内的血液总量大约为体重的 8%，体重 50 千克的成年人，全身大约有四千毫升血液，也就是（   ）。

A. 4 立方米　　　　B. 4 立方分米　　　C. 4 立方厘米

三、如图在一块平行四边形的草地中间，有一条长 8 米，宽 1 米的小路，求草地的面积？

|← ——— 20 米 ——— →|

单元复习任务卡 B

一、选一选

1. 我们教室的门宽约为（   ）。

A. 1 米　　　　　　B. 2 米　　　　　　C. 5 米

2. 我们手掌的面积大约有（   ）。

A. 1 平方分米　　　B. 10 平方分米　　　C. 100 平方分米

3. 一块橡皮的体积大约为（   ）。

A. 6 立方厘米　　　B. 600 立方厘米　　　C. 6 立方米

二、填一填

1. 某同学的身高为 1.63 米，也就是（   ）。

A. 1.63 厘米　　　　B. 16.3 厘米　　　　C. 163 厘米

2. 学校操场面积大约为1公顷，也就是（   ）。

A. 100 米² B. 1000 米² C. 10000 米²

三、解决问题

依据下列图形信息，求各图形的面积。

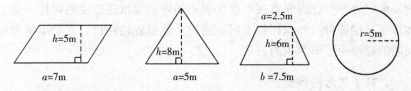

四、下图为厨房平面图，求面积。

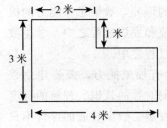

五、自行车车轮直径为 40 厘米，通过 31.4 米的小桥，车轮要转动几周？

上面一组练习分为 A、B 两个层次，包括有关几何的测量单位和求值的内容，两个层次的题目难度有所不同，学生可以根据自己的情况选择，教师也可以有针对性地对学生进行指导。《课标》还特别提到在对学生学习成绩评价时，可以利用延迟评价的方式，以保护学生学习的积极性。延迟评价是指在平时对学生学习成绩做评价时，对尚未达到目标要求的学生，可暂时不给予明确的评价结果，给学生更多的机会，当取得较好的成绩时再予以评价，以保护学生学习的积极性。评价的功能，除了对学生学习结果作出判断外，还包括诊断学生的学习状况，激励学生的学习热情，学生一时的学习成绩不理想可以再给学生机会，针对评价中表现出的问题学习和改正，当他们理解了相关的内容，再次评价就会有比较好的成绩。在平时的过程性评价中，评价的结果并不是最重要的，使学生和教师了解存在的问题，有针对性地采取措施解决问题，进而提高学生的学习水平是评价的真正目的，特别是在平时对学生学习成绩评价时，延迟评价的方式是值得提倡的。

第二节　重视数学能力与情感态度的评价

在数学教学过程中，应重视培养学生多方面的能力，注重学生的情感态度的发展，评价中也同样重视对学生能力的评价和情感态度的评价。能力评价和情感态度评价与知识评价不同，更应注重过程性评价，在学生学习和解决问题的过程中了解学生的表现。

一、数学思考的评价

数学思考是学生数学素养发展的重要标志，学会数学思考包括学生数感、符号意识、空间观念、几何直观等数学能力的培养，数学思考能力的提高也体现在学生抽象推理和建模等数学思想的形成和发展过程之中，学生数学思考的评价，应体现在学习过程和解决问题的过程之中。

如数的概念的形成和发展过程中，需要学生有抽象能力，需要建立数感、符号感，对学生数的概念的评价，不只看他们对数的认识、理解的程度和掌握的水平，还应当了解学生数学思维能力的发展。数学技能的评价不只是对技能的熟练程度的评价，还要将数学思考能力融合在一起，下面的题目就体现了在一定的情境中，数学知识技能与数学思考的评价的整合。

题目1：将1，2，3，4，5分别填在下面乘法竖式的每一个方框里，想一想，如何填才能使所得的结果最大？

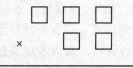

题目2：你有10元零花钱，"六一"儿童节时想给自己购买一些礼物，下面这张表给出了不同三个商店的不同价格：

价格/元	商店1	商店2	商店3
礼物1	3.50	3.00	4.00
礼物2	4.25	4.00	4.50
礼物3	2.75	2.25	2.50

选择一个可能的组合，计算花了多少钱？你还剩多少钱？

不超过10元钱，购买的三样东西有多少种不同的组合？把每一种组合表示出来。

上面的问题特点是：（1）运用相关的数学知识，（2）考查学生知道什么时候需要估算以及如何估算，（3）考查学生知道为什么要这样算的道理，（4）可以从不同的角度思考问题。

这样的问题有助于我们更好地考查学生是否真正理解和掌握了各种数学技能，同时考查学生的数学思考能力。

数学思考的评价，重在问题情境的设计，在学生解决问题的过程中，对学生进行整体的评价。《课标》中建议，教师可以设计下面的活动评价学生数学思考和解决问题的能力：

用长为 50 厘米的细绳围成一个边长为整数厘米的长方形，怎样才能使面积达到最大？

在对学生进行评价时，教师可以关注以下几个不同的层次：

第一，学生是否理解题目的意思，能否提出解决问题的策略，如通过画图进行尝试。

第二，学生能否列举若干满足条件的长方形，通过列表等形式，将其进行有序排列。

第三，在观察比较的基础上，学生能否发现长和宽变化时，面积的变化规律？并猜测问题的结果。

第四，对猜测的结果给予验证。

第五，鼓励学生发现和提出一般性问题，如猜想当长和宽的变化不限于整数厘米时，面积何时最大。

为此，教师可以根据实际情况，设计有层次的问题，评价学生的不同水平，例如设计下面的问题：

（1）找出三个满足条件的长方形，记录长方形的长、宽和面积，并依据长和宽的长短有序地排列出来。

观察排列的结果，探索长方形的长和宽发生变化时，面积相应的变化规律，猜测当长和宽各为多少厘米时，长方形的面积最大。

（3）列举满足条件的长和宽的所有可能结果，验证猜测。

（4）猜想。如果不限制长方形的长和宽为整厘米数，怎样才能使得它的面积最大？

可以预设目标，对于第二学段的学生，能够完成问题（1）（2）就达到基本要求，对于能完成问题（3）（4）的学生，则给予进一步的肯定。

问题情境的设计,有助于考查学生的思考过程,这样的问题可能标准不唯一,评价时比较灵活,但对于考查学生数学思考的层次性和创造性十分重要。

二、问题解决的评价

问题解决是数学学习的核心,评价学生问题解决的能力,是数学评价不可缺少的重要内容。问题解决的能力包括发现问题、提出问题、分析问题和解决问题。每一个学习领域都有相应的问题,可以用来评价学生问题解决的能力,不同的问题功能不同,侧重于问题解决能力评价的问题,更具有情境性和富于思考。下面是国际数学和科学评价中采用的八年级数学题目,做了部分改造。

例1:王琳知道一支钢笔比一支铅笔贵1元,他的朋友买了2支钢笔和3支铅笔,花了17元,如果王林要买1支钢笔和2支铅笔,要花多少元钱?

下面是一个学生的回答过程:

铅笔:x 元

钢笔:$y=(x+1)$ 元

$2y+3x=17$

$2(x+1)+3x=17$

$2x+2+3x=17$

$5x=15$

$x=3$

1支铅笔3元,

$y=x+1=3+1=4$,

1支钢笔4元,

$x+2y=4+2\times3=10$,

1支钢笔和2支铅笔共10元。

这个问题不只要求学生得出结果,还要求学生写出过程,在学生解决问题的过程中,可以了解到学生是怎样思考的,他的思维是否有根据,从而考查学生的思考能力和问题解决能力。

例2:下图中 $CD=CE$,那么 x 的值是多少呢?

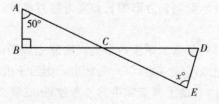

A. 40　　　　B. 50　　　　C. 60　　　　D. 70

解决这样的问题，需要学生综合运用有关的知识，选择恰当的方法有顺序的思考。

教学过程和练习测验中的题目，一般是指能考查问题解决能力的一两个方面，表现性评价中的基于任务的评价方式，可以较为全面地考查学生的问题解决能力。这种评价方法，更加关注学生的数学发展和数学学习过程中特殊的表现。学生可以在完成一项具体的任务中表现出对数学的兴趣，表现出数学知识技能、思维能力、创造能力的水平。丰富的评价任务与教学内容有密切联系，一项任务可产生多种结果，运用多种方法和策略，提供可选择或开放式的测量方法等。这些任务的运用，不仅使学生学到有关的内容和方法，而且可使教师从多方面了解学生数学学习的表现，包括学生的思维活动，对有关内容的理解和掌握，数学的创造能力，数学学习活动的参与，以及对数学的情感和态度。以下是这样的评价任务的例子。

问题：帮助朋友计算除法。

你的好朋友让你帮助他计算除法，他给你看他所做的下面几道除法题

$$4\overline{)628}^{157} \qquad 5\overline{)7235}^{1447} \qquad 6\overline{)1248}^{28} \qquad 3\overline{)4815}^{1650}$$

先检查一下他的答案，如果正确打√，如果不对，在下面写出正确答案；

给出一个你认为他能够解答的很难的问题，并说明他可以怎样求出答案；

写出两道你认为他可能做错的问题，写出它可能求出的答案，然后说明正确的答案；

当他做除法题时，你应当向他展示或告诉他什么？

上面几个问题的解答中，有几个的答案太小了，用其中的一个答案向他解释这一点。

这样的问题除了让学生理解除法运算中容易出错的地方，更重要的是使学生在这个过程中能发现问题、提出问题，找出解决问题的方法。从学生回答这些问题的过程中，可以清楚地了解学生问题解决能力的水平，培养学生问题解决的意识和能力。

三、情感态度的评价

《课标》中有关情感态度的目标是：

（1）积极参与数学活动，对数学有好奇心和求知欲；

（2）在数学学习过程中体验获得成功的乐趣，锻炼克服困难的意志，建立自信心；

（3）体会数学的特点，了解数学的价值；

（4）养成认真勤奋、独立思考、合作交流、反思质疑等数学学习习惯；

（5）形成坚持真理、修正错误、严谨求实的科学态度。

这些目标的评价很难在一般的测验中完成，更多体现在学生学习过程中，体现了学生参与学习活动和解决问题过程中的表现，因此情感态度的评价需要在平时的教学中了解，表现为过程性评价。

对于情感态度的评价，目的在于激励学生学习的兴趣，增进学生学好数学的兴趣，提高克服困难的勇气。

在平时教学活动中，可以采取即时性评价的方式，教学过程中给学生鼓励，也可以采取小组互评的方式，在小组合作学习的过程中给学生机会，评价同学的参与状况及学习中的表现。

除此之外，也可以在平时教学中注意记录学生学习数学中的一些典型的表现，考查和记录学生在不同阶段情感态度的状况和发生的变化。例如可以设计下面的评价表，记录整理和分析学生参与数学活动的情况，这样的评价表，每个学期至少记录一次，教师可以根据实际需要自行设计或调整评价的具体内容。

参与数学活动情况的评价

学生姓名：＿＿＿＿＿　　时间：＿＿＿＿＿　活动内容：＿＿＿＿＿

评价内容	主要表现
积极参与学习活动	
对数学有兴趣	
有学好数学的信心	
克服困难，独立思考	
能与他人合作	
善于表达与交流	

教师可以根据实际情况设计类似的评价表，也可以根据需要设计学生情感态度的综合评价表。

第三节　注重学生学习过程的评价

一、过程性评价的功能和目的

《课标》对学生学习过程的评价十分重视，在实施建议的评价建议中，专门设立一个条目，强调注重学生学习过程的评价，评价的目的是要全面了解学生数学学习的过程和结果，激励学生学习和改进教师教学。

1．对于学生来说，评价要促进学生的学习和发展，主要发挥反馈作用、促进反思，实现自我管理和激励的功能。对学生的学习过程进行持续全面的评价，评价的内容要使学生了解哪些知识、哪些技能、哪些能力是重要的。向学生反馈信息，可以使之了解自己现阶段的学习情况，促使学生反思自己的学习决策。比如哪一部分知识还应该努力学习，深入思考自己的学习方式是否需要改进等等。系统的对学习过程进行评价，将影响学生日常生活和学习的各个方面，促使学生自我调节。例如激励学生有意识地强化自身的优势，有意识地纠正学习中的错误，帮助学生明确学习目标，承担学习责任，更自觉地学习，学会学习的自我管理。

2．对教师来说，学习评价是进行教学决策的重要参考，它帮助教师充分了解学生，提高教学的有效性，改进教学方式。教学评估要尽可能加强教师和学生、学生和学生、家长和学生、教师和家长的沟通与交流，这些评估信息，将为教师进行恰当的教学决策提供帮助。通过日常的学习过程评价，将有助于教师了解学生以及整个班级在学习方面的状况、变化，了解核心知识掌握与否，学习中存在什么问题，有助于教师不断调整自己的教学方向，改进自己的教学，正确合理的决策，教什么？怎样教？导什么？什么时间导等等。

二、过程性评价要关注不同内容学习过程的评价

对于过程性评价的实施，课标中强调：学生在数学学习过程中，知识技能、数学思考、问题解决和情感态度等方面的表现不是孤立的，这些方面的发展，综合体现在数学学习过程之中，在评价学生的每一个方面的表现的同时，要注重对学生学习过程的整体评价，分析学生在不同阶段的表现特征和发展变化。评价时应采取不同的方式记录，保留和分析学生在以下方面的表现，例如主动参与学习活动，发现提出问题和分析解决问题，独立思考问题

与他人合作交流，尝试从不同角度思考问题，有条理地表述自己的思考过程，倾听和理解别人的思路，反思自己思考过程的意识等等。

1. 关注学生日常学习全过程，注重对学生学习方式的评价

通过评价完成一个从学会数学从结果上看，到会学数学从过程上看的过程，学生日常学习的全部过程，包括课堂学习、作业、复习、改错等环节，各个环节评价的内容不一样，发挥的功能也不一样，整个评价体系相互作用，构成一个有机的整体。

课堂是学生学习的主要阵地，对课堂学习的观察和评价是很重要的，它可以帮助教师了解学生课堂学习的情况，包括学习态度，知识能力，思维水平等等。教师通过指导学生的学习方式，观察学生的学习过程，可以了解学生的学习方式。通过引导使学生采用更有效的学习方式，更努力地学习，培养良好的数学学习习惯，帮助学生学会学习。通过提问的方式或者课堂练习的方式来评价学生的课堂学习，提高学生数学语言的表达能力，根据学生回答问题分析学生的思维过程和方式，提升学生对知识、思想的领悟，帮助他们进步。

作业是学生学习数学一个重要的环节，学生通过作业可以完成一些课堂上没有完成的学习任务，比如对新知识的进一步认识与技能的巩固训练及知识的拓展等等。课后作业是教师了解学生日常学习的重要途径，教师将借此了解学生对新知识的掌握情况，以及能否进行恰当的书面表达，日常学习态度如何等等问题。这些有助于教师更有针对性地进行教学的设计和实施。

复习是一个总结归纳提升的过程，会复习是一种重要的学习能力。通过对这个环节的学习评价，能够了解学生是否擅长思考，是否会对学习的内容进行反思。在复习中，改错也是学生学习的一个重要环节，通过对错误的反思促进学生对学习中产生的问题进行思考，从错误中进行学习。

在整个学习过程中，教师要注意对学生的其他学习方式进行指导和评价，比如学生如何记笔记？怎样听课？怎样阅读？在学生日常学习中养成良好的学习习惯和恰当的学习方式。

2. 关注问题意识的培养，逼学生迈出创新的步子

善于发现和提出问题，是学生自主学习和主动探索的开始，也是探求新知识的动力。实践证明在质疑状态下的学生，求知欲和好奇心最强，他们会主动积极地参与到学习中去，学习兴趣越高效率越高。提出问题是解决问题的开始，很多时候，他们都能对问题提出自己的不同见解，孔子说过："不愤不启，不悱不发。"只有学生求知欲强的时候思维才会积极，思维积极学

习才会事半功倍。但是，在这方面教师做得很不够，包办得多了些，留给学生的空间小了些。

《课标》指出，要培养学生发现问题、提出问题、分析问题、解决问题的能力。培养学生的问题意识和创新意识，不是一朝一夕可以完成的事情，要在学习过程中指导学生学会提问，通过评价促进学生的问题意识。例如，激励学生与众不同，帮助学生跳出书本，思考数学价值等等。

学生提出精彩有价值的问题，教师要在全班给予充分的肯定，让学生获得成就感，并在班级形成思考提问的风气，要允许和鼓励学生有不同于教师的、甚至是一反常态的想法和做法，让学生敢想敢说。当然这里是有一个科学性的度，对于学生创造中科学性的不足可以首先肯定，然后引导，有时候学生提出的问题并不是教师想要的，或者在教师看来是没有价值的提问，只要学生经过认真思考，我们就不能轻易地否定。

教师可以给学生留一些创意性的作业，如知识拓展性的问题，也可以给学生留一些探究性的小课题，需要的时间可能会长一点，但是学生在解决整个问题的过程中，自主学习的能力、创新意识等一定能不断得到锻炼，对这些创意作业和探究成果可以通过集中展示并给予积极评价，鼓励更多的学生自主学习和创新。

3．关注学生的情感态度价值观

学生在学习中体现出来的情感态度价值观，可以反映学生学习的内驱力的问题，通过评价的作用，使学生形成良好的情感态度价值观。

（1）多角度多指标的评价，提高学生学习的自信心。不同的学生在知觉和思维方面是有差异的，能力结构也是不同的，比如有的人是急中生智的，有的人是慢工出细活的，只强调一种内容和形式的评价方式，不能反映学生在实际学习中的真实情况，也会使很多学生失去展示才能的机会。评价指标要全面细致，为不同能力结构的学生分别提供展示才能的机会。比如，不要光表扬做得快、分数高的学生，还要表扬想得巧的、作业写得清楚的、图画得好的、用计算机最好的、会做模型的、提问题最多的、提问题最深刻的、最会阅读数学书的、知晓背景知识的、能建立不同内容联系的学生。

（2）鼓励学生进行合作学习，以培养学生的组织能力和合作意识。同学之间的相互交流，不仅可以有更多的机会对自己想法进行表述和反省，取长补短，提高学生的社交能力，而且也可以使学生学会如何去聆听别人的意见，恰当做出评价，发现别人的优点，改善人际关系，形成良好的学习品质和团队意识。

（3）关注学生学习过程中表现的科学态度。比如教师可以评价学生改错的态度，刚开始可以让学生按要求改错，慢慢地要求学生自觉改错，进而评价改错的态度是否认真，以及改错是否有效果。另外，引导学生在使用别人已有的成果时，要加以说明，引导学生学会评价别人的成果，引导学生会与他人分享成果等，这些都有助于学生形成良好的科学态度。

4．关注学生学数学的能力和素养的形成

学生有没有会学数学的能力和素养，直接影响学生学习数学的成效，在义务教育阶段，从哪些方面来评价学生学数学的水平呢？

（1）能从各种具体的数学事实中抽象出数学概念、结果、方法、思想。另一方面，对抽象的数学概念、结果、方法、思想能给出具体简洁生动的实例，包括生活中的或数学中的，还能总结出知识的内在联系、脉络结构，形成整体理解，同时能理解哪些地方是关键，正如著名数学家华罗庚所说，"能把书从薄变厚，又能把书从厚变薄"。

（2）有条理地表述问题，凡事要有凭有据，养成讲道理的习惯，逐步学会数学推理，形式不是主要的，重要的是讲道理。

（3）讨论问题时，能主动自然地运用数学的三种语言（数学的符号语言、图形语言、自然语言）针对不同的问题选择适合的语言描述问题。

三、过程性评价的实施建议

在中小学数学教学的实践中，我们应该设计一套过程性多主体评价体系，将评价贯穿于教与学的整个过程，可以教师评价学生、学生之间互评、学生自我评价，力图使评价对学生产生良好的情感价值导向，彰显个性，鼓励扬长，而不是一味改短，以激励学生进一步的学习实践证明，在人性化的评价体系下，学生能更加轻松、智性地进行学习。教师是评价改革的创新者、实践者和参与者，同时教师也是被评价者，被事实评价、被学生评价；学生同样既是评价者，又是被评价者，要特别发挥学生在评价中的作用，学生参与的评价过程对评与被评者都有价值，使用得当会有很高的评价效益，不少从未被老师表扬过的学困生，他们实际上也有特长，如善于使用计算机，善于网上查资料，老师应当抓住这些闪亮点，多鼓励他们。

在设计评价内容时，不仅要关注结果，更要关注过程，关注学生的差异，关注学生个性的彰显，关注学生在学习完任务前后发生的变化，可以从以下几个角度入手，观察评价。

（1）学生提出问题是否有新意，操作求解是否有创意，合作学习是否有效率，结果呈现是否有特色，反思拓展是否有眼光，自我感受是否有收获，兴趣动力是否有增加，数学素养是否有提高。

（2）评价形式可以是持续、动态、经常、非正式的"即时评价"，如及时的口头表扬或批评，现场的作业展示，对学生回答问题的反馈，对学生承诺欣赏式的解读，学生之间的鼓掌支持，学生在集体面前的展示报告等等。评价一定要及时，以鼓励的方式帮助学生认识自己学习中的成绩或问题，把它变成进步的动力，这种评价是教师日常工作的一部分，教师也要有意识地反思自己及时评价的效果，多交流、多总结，从而更有效地应用及时评价的手段。

（3）还可以按预设方案做存档评价，如考试成绩、完成作业的记录，学生完成的解题报告，章节小结和相应的评语，学科教师做的学科评语等。这类评价客观正式，相对比较稳定，对学生的影响也会比较大，因此要认真细致，并把评价的标准事先告诉学生，以便帮助学生明确努力方向。同时要辅以现代技术手段，对过程性的评价加以积累，分析反馈，提高评价的科学性和可操作性，发挥评价对教师和学生双方的价值和作用。

第四节　体现评价主体的多元化和评价方式的多样化

一、多元化评价的背景

在评价中，评价多样化的观点由来已久，早在 20 世纪 70 年代初，由 14 位学者所倡导的第四代评价，提出了坚持价值多元性信念，把评价视为评价者和被评价者协商进行的共同心理建构过程，事实上，现代心理学理论也已经证明个体的心理潜能优势领域是各异的。美国著名心理学家加德纳在多元智能理论中提出，人类至少存在 7 种以上的智力，这些智力以不同的方式组合，每种智力都有不同的表现方式，因此我们很难找到一种适合于所有人的统一的评价标准。正因为如此，多样化已成为国际数学学习评价的发展和改革的趋势之一，近年来美国政府相关机构出版了一系列指导性政策文件来加强并规范多元化的评价并且在中小学推行。

由此可见，在多元主义价值观的支配下，在具体的评价对象、评价主体、评价方式上，评价势必体现出多样化的特点，数学评价多样化趋势，就是认识学生个体发展的差异性和独特性，关注学生的个体差异。

二、评价内容的多维度

新课改提出学生学习目标的多元化，教师需要对学生在知识与技能、过程与方法、情感态度价值观的三维目标进行评价。在实际教学中，人们更关心认知目标或学业成就，在教学设计中，在字面上教师对能力、兴趣、习惯都很重视。例如思维能力、解决问题能力，创新精神和实践能力，学习数学的兴趣与习惯，但是实际教学和测试评价时，往往仅关注知识技能，在一定程度上导致数学能力、数学态度等培养目标难以落到实处。

印度人力资源发展部部长认为，当教育赋予学生应对现实生活中多种挑战的力量时，才可以被称为有质量的。因此，对学生数学学习质量的评价，不能仅仅局限于学生对知识技能的掌握情况，应该拓展到学生面对实际生活挑战的能力，在数学评价体系中，学生解决数学问题的能力以及情感态度价值观，都是不可或缺的维度。

三、评价主体的多元化

《课标》指出，评价主体的多元化是指教师、家长、同学及学生本人都可以作为评价者，可以综合运用教师评价，学生自我评价，学生互相评价，家长评价等方式，对学生的学习情况和教师的教学情况进行全面的考查。《课标》尤其强调，学生自我评价和学生之间的评价。每一个学习单元结束时，教师可以根据要求，要求学生自我设计一个学习小结，用合适的形式，例如表图、卡片、电子文本等，归纳学到的知识和方法，学习中的收获、遇到的问题等等。教师可以通过学习小结，对学生的学习情况进行评价，也可以组织学生将自己的学习小结在班级展示交流，通过这种形式总结自己的进步，反思自己的不足，以及需要改进的地方，吸取他人值得借鉴的经验，条件允许时，可以请家长参与评价。下面重点论述自我评价和学生之间的评价，对学生发展的作用及其操作。

现代心理学研究证明，内因性动机的内驱力较大，维持时间也较长。此外，1951年罗斯罗杰斯提出自我概念的理论，他认为自我概念对一个人的个性与行为具有重要意义，它是学生表现出不同程度的自信，对自己满怀信心的学生通过迎接挑战而保持自尊，相反，感到无力取胜的学生容易放弃，出现逃避的动机。从这个意义上来说，在学生学习过程中，通过自我评价和学生之间的评价，引导他们形成积极的自我概念，这一点有着非常重要的意义。因此，在教学中教师要给学生提供表现自己所知所能的各种机会，通过评价形成学生自我认识和自我教育、自我进步的能力，使评价成为有力手段，帮助我们创造适合儿童的教育。此外，同学之间的感受是最直接最真实的，让学习伙伴一起来互评，有利于准确找出学习中存在的问题，提高学习效率。

学生的自评与同伴的互评，可以渗透到教学过程的各个环节。比如课堂教学中，教师可以进行有意识地引导，如你同意他的观点吗？你怎么看待你刚才的错误？你来当裁判说说他们的做法怎么样等等。又如在小组共同完成一份调研报告或数学实验报告后，就可以定制一些评价表格，引导学生对合作学习中参与的态度、知识的学习、习得的能力等方面进行自评和互评。再如，在每个单元的学习之后，引导学生用多种方式，如知识树、思维导图、框图等对单元知识的学习方法进行梳理。

由于家长与孩子之间的特殊关系，家长的评价对孩子的作用也不可低估。可以利用评价手册、家校联系卡、课外作业及实践活动，对学生进行评价，以发挥家长在学生成长中的作用。

除了以上的评价主体外，参与评价活动的还可以包括专职的评价机构、教育决策机构、学校管理人员、活动中涉及的其他有关人员，如调查活动的调研对象等。

教师对学生的评价、学生的自我评价、同伴之间的评价、家长及社会的评价等，构成评价主体的多元化。为了很好地发挥评价的作用，教师作为这个多元化评价主体中的核心，发挥着协调连接等重要作用，教师要协调好学生同伴、家长之间的关系，做好综合评价工作，以发挥多元评价的合力作用。

四、评价方式多样化

评价最重要的意图不是为了证明，而是为了改进。而改进的前提，是对评价对象进行全面深入、真实的观察，从而需要通过多渠道采用多种评价方式来获取评价对象的全面的信息。为此《课标》强调，评价方式多样化，体现了多种评价方法的运用，包括书面检测、口头检测、开放式问题、活动报告、课堂观察、课后访谈、课内作业、成长记录等，在条件允许的地方，也可以采用网上交流的方式进行评价。下面就选择几种典型的评价方式进行阐述。

书面测验是教学中常用的评价方式，在教学中发挥着重要的作用。如通过检查学生的知识水平、学习技能、发现学习困难，进而调整教学目标和教学进度。关于书面测验，前面已有一些阐述，这里仅就口头测验、课堂观察、成长记录等开放的质性评价手段和方法进行阐述。在关注学生个性化发展的需要，在具体描述学生发展的独特性和差异性，在凸显学生的学习和发展过程等方面，这些质性评价方式有着特别的优势。

1. 口头测验

口头测验的形式是一种质性评价方式，通过师生面对面的问答，考查学生对知识的掌握情况以及思考方式和表达能力，口头测验也可以给学生提供展示个人思维过程的机会和自我表现的空间。通过学生对问题的思考、分析、解答、操作，不仅可以考查学生对知识技能的掌握运用情况，而且可以使教师全面了解学生的思维过程、解决问题的方法、动手操作的能力、表达与交流的能力和个性创造力，为多角度评价学生提供真实有效的素材。

例1　你需要在电话里告诉你的同学如下的图形，你如何表述？

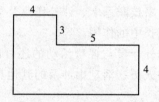

例2　指出下面两个图形的共同点和不同点。

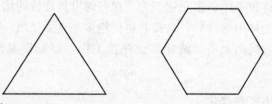

2. 课堂观察

课堂观察适用于学生数学学习的一切领域，包括了解数学知识与技能、数学思考、解决问题以及情感态度与价值观。不过由于课堂观察的主观性较强，记录的水平与观察者个人的经验描述能力和理论水平都有很大关系，因此不同观察者对同一学习现象的观察结果，很难达到较高的一致性，观察的效度也难以检验。但它有利于教师获取书面检测中无法获得的东西，如学生独立思考的习惯，合作交流的意识，倾听和表达的能力等。教师可以设计如下探究活动，在独立思考阶段和小组合作阶段观察并记录学生的表现。

例3　由两个边长为1的小正方形剪一剪拼一拼，设法得到一个大的正方形。

教师可以从如下维度设计评价标准，采用等级制分项评价。

提出问题方面：

——提出问题的意识：面对一些熟知或陌生的现象或情境，是否具有从中提出问题的习惯；

——提出问题的新颖性：提出的问题是否具有一定的独创性；

——提出问题的深刻性：提出的问题是否能够触及事物的本质。

解决问题方面：

——运用数学的知识是否恰当正确；

——解决问题的策略是否合理、多样、有新意。

倾听和表达方面：

——获取信息：能否准确快速地获取图形的信息以及他人的主要观点；

——倾听意见：是否能够耐心倾听别人的意见，并批判的接受；

——表达观点：是否能够有条理、清晰地表述自己的观点。

参与态度方面：

——参与程度：是否积极主动，充满信心和兴趣；

——对自我的认识：对自己在活动中的角色和作用是否有正确的评价。

3．成长记录袋

学生成长记录袋，是另一种典型的质性评价方式，通过系统收集学生日常学习作品，展示学生在知识能力及情感态度等方面的发展过程、水平和潜力，从成长记录中了解学生的发展变化。使用成长记录评价学生的数学学习，教师需要注意有计划地收集反映学生成长的内容，制定比较明晰的可操作的评分标准，以及定期对成长记录袋进行必要的讨论和反思，这样才能在最大程度上发挥成长记录的优势。教师可以以学习的顺序为线索来设计成长记录，学生可以提供丰富多彩的作品，调查报告、手抄报、人口统计图、知识树设计方案、数学小论文等。这些内容，都可以按照学习的顺序放入成长记录袋，记录一个学生的成长轨迹。

例4 以七年级上册的学习为例，教师可以与学生共同设计以下的成长记录袋

目的：

（1）考查学生归纳总结的能力，自我反思的能力，以及对重要知识技能及思想方法的习得和灵活应用情况。

（2）展示学生在本学期的学习成果。

内容：

——每章固定的内容，每章都包含的内容

每章小结：以自己喜爱的形式来完成你对本章的主要知识内容、思想方法的总结。

自我反思：针对自己对本章的学习情况做出客观全面的评价和自我反思。

问题集锦：列出自己在本章的学习过程中提出的有价值的问题，已经解决了的问题。

——每章特定内容

第一章：写一篇数学日记，要求能够体现出自己对生活中几何图形的认识，对数学的认识。

第二章：一份手抄报或自编试卷。

第三章：数学小论文，根据本章所学的内容，选择一个主题，查阅相关资料，写一篇数学小论文，要求说明资料的来源。

第四章：自己设计的最满意的图案。运用画图工具设计图形，并对图形的制作过程以及图形中基本图形之间的关系做出说明。

第五章：自编的一元一次方程应用题及解答。

第六章：自己设计最喜欢的一个统计图。

第七章：本章自己最满意的一件作业或你回答的最精彩的一个问题，在作品后要附加说明感到满意和精彩的原因。

每章评价标准，采用等级制。

正确性：使用数学知识和方法的准确恰当。

多样性：运用数学知识的深度和广度，解决问题方法策略的多样性。

独创性：有自己独特的观点和想法。

客观性：对自己的学习情况以及作品的评价符合实际。

学生的数学日记也可以放入成长记录袋内。我们关注的是作品里所体现的学生思维方式，个性特征方面的水平和特点，对作品的具体形式没有特定的要求，数学日记的形式可以是报告，也可以是书信式或提问式、自述式等。

教师也可以设计一些调查和实验任务，要求学生形成活动报告，并把报告放入成长记录袋。比如调查你家到学校的交通状况，给自己设计一个出行方案；或者，为你的家庭设计营养均衡的食谱，估算你所提供的一周营养食谱的费用。这样的活动为考查学生的提出假设分析、综合数据和推断能力提供了依据，同时完成这些任务还有助于发挥学生的主动性、创造性，以及在一个长期任务中坚持不懈的精神，从而也为评价学生这些方面的发展提供了依据。

教师还可以设计动态的成长记录袋，把评价的焦点放在学生的发展变化方面，衡量学生发展的速度与潜力，从衡量学习者进步程度的角度入手，建立评价标准，例如：

发展状况	不令人满意的进步	杰出的进步
从开始到最后在问题提出方面的进步		
解决问题策略合理性的提高		
计算错误的减少		
运用图表技能的提高		
同他人交流数学能力的增强		
估计并检验推理能力的提高		

对成长记录袋的设计、使用和实施过程要充满个性化，教师可以本着一切为了学生发展的原则，根据学生背景、所学内容以及学校的条件，因地制宜、因时制宜，灵活地创造出形形色色的成长记录袋，在这个创造的过程中，不仅能够研究出全面客观评价学生的有效途径，同时也能促进教师的专业成长。

需要说明的是，每种评价方式都有各自的优势和不足。例如：书面检测，可以客观快捷地了解学生知识技能的掌握情况，成长记录袋能够让教师获得关于学生发展的轨迹的全面信息，我们应该根据学生的特点、个性差异和学习的内容，灵活地选择评价的方式。

第五节　恰当呈现和利用评价结果

评价的主要目的是全面了解学生数学学习的过程和结果，激励学生学习，改进教师教学。通过评价得到的信息，可以了解学生数学学习达到的水平和存在的问题，帮助学生进行总结与反思，调整和改进教学内容及教学过程。对学生学习的评价结果的呈现和利用，教师应有积极的态度，根据学生的变化和个性特点，根据学习内容等，恰当呈现和利用评价结果。

一、评价结果的呈现方式多样化

数学课程标准强调评价结果的呈现，仍采用定性与定量相结合的方式。

第一学段的评价应当以描述性评价为主，第二学段采用描述性评价和等级评价相结合的方式，第三学段可以采用描述性评价和等级或百分制评价相结合的方式。

不同内容的评价表现出不同的特征，采用的评价方法也有所不同，评价结果的呈现方式也会有所不同。评价中应当结合具体内容，选择恰当的呈现方式。对学生知识技能掌握情况的评价，可采取定量评价和定性评价相结合的方式，对情感态度价值观等方面的评价，应以描述性评价方式呈现。不同的评价方法，也会影响评价结果的呈现方式，如封闭式的问题、纸笔式的测试，可以简洁地给定等级或分数。而开放式问题、探究性学习等评价结果的呈现，则应体现学生的思考过程和学习过程。

描述性评价可以是教师给出，也可以是学生自我评价、学生之间的评价。

例1　下面是对某同学第二学段关于统计与概率的学习的书面评语。

王小明同学，本学期我们学习了收集整理和表达数据，你通过自己的努力能收集记录数据，知道如何求平均数，了解统计图的特点，制作的统计图很出色，在这方面很突出。但你在使用语言解释统计结果方面，还存在一定差距，请继续努力。评定等级B。

这个以定性为主的评语，实际上也是教师与学生的一次情感交流，学生阅读这一评语能够获得成功的体验，树立学好数学的自信心，也知道了自己的不足和努力方向。

例2　下面是一种试卷讲评课中的自我评价量表。

试卷讲评课自我评价量表

评价维度：思、问、听、讲

评价问题：试卷讲评课中学生参与的深度与广度

评价项目　姓名	独立思考			主动质疑			专注听讲			讲解题目			自我评价
	A	B	C	A	B	C	A	B	C	A	B	C	

注1（评价标准）

	A	B	C
独立思考	独立思考，能解决自己试卷中1/3左右的问题	独立思考，能解决自己试卷中1/2左右的问题	独立思考，能解决自己试卷中所有的问题
主动质疑	能提出1～2个问题，引发小组讨论	能提出3～4个问题，引发小组讨论	能提出四个以上问题，引发小组讨论
专注听讲	能主动倾听组员讲解，并解决了1～2个问题	能主动倾听组员讲解，并解决了3～4个问题	能主动倾听组员讲解并解决了四个以上问题
讲解题目	能正确叙述自己的解题思路，为组员讲解1～2个问题	能正确叙述自己的解题思路，为组员讲解3～4个问题	能正确叙述自己的解题思路，为组员讲解四个以上问题

注2（赋分标准）：A项赋分1分，B项赋分2分，C项赋分3分。

注3（自我评价参照标准）

分数	等级
5分以下	不合格
5～6分	合格
7～8分	良好
9分以上	优秀

例3　下面是一位学生在数学课堂小组讨论后的个人总结。

"在数学课上讨论的时候，我可以反驳我认为不对的说法，并清楚地表达我的意见。有一些自己怎么想也做不出来的题，也会在经过小组内激烈的讨论之后，迎刃而解。在讨论中可以增强语言表达能力，在讲题时更容易让别人听懂。让别人质疑自己的意见，可以加深自己的思考。一开始是组长鼓励我发言，现在是我主动发言，自信心真的是提高了很多，小组合作学习，对我帮助最大。"

学生们的数学研究性学习报告、个人学习总结等，从某种角度来说，可以看作是学生自我评价的一种呈现方式。

成长记录袋也是一种比较重要的评价方式，把将能代表学生持续进步的信息和资料汇集在一起，用以记录学生学习数学知识的活动历程，展示学生的学习成就，反映学生数学学习情况的质性评价。成长记录袋可以说是记录了学生在某一时期一系列成长故事，通过建立自己的成长记录袋，反思自己的数学学习情况，明确自己的优势与不足。

二、评价结果呈现时间的灵活性

任何一次评价活动，都是在一定的时空范围内进行的，所以根据评价方式的不同，评价结果的呈现时间也会有所不同。如在数学教学活动开始前，为使教学活动更有效地实施而进行的预测性评价，是对学生的基础条件存在的问题以及影响学习的因素做出的测定。评价后应及时向学生呈现，学生能及时了解自己以往的学习状况，并针对问题及时有效的改进。

而对学生学习过程的评价，主要是针对学生数学学习过程中发现问题和提出问题、分析问题和解决问题能力的评价，是对学生数学学习过程中情感态度、合作交流的能力的评价。在实施评价中，常常要与日常观察结合起来，并根据评价的反馈信息和观察的反馈信息，对评价结果进行调整，这种评价结果的呈现应每一段时间后呈现一次。

一个教学阶段结束时，要对学生学习结果做出评价，这类评价的主要目的是评定学生的学业成绩，确定学生达到教育目标的程度，证明学生掌握知识技能的程度和能力水平，所以一般在学期中或学期末呈现评价结果。

需要注意的是评价要以人为本，要尊重个体差异，在《课标》范围内，将日常评价、阶段性评价和学期评价有机结合起来，对不同的学生可以采用不同的评价标准和评价方法，对于暂时达不到目标的学生推迟评价，可以给予多次评价的机会，目的在于促进学生的转变与发展。

例 4　下表是对学生在数学学习过程中小组合作学习过程的评价，是为了激发学生参与小组讨论的积极性和保证小组合作学习效率，采取了学习过程评价与学习结果评价相结合的办法，且侧重于过程评价的方式，对小组集体的评价与对小组成员的评价相结合，侧重于对小组集体的评价，评价结果每周反馈一次。

初一_____班　第_____组课堂小组讨论评价量表(试行)　组长:_____					
姓名					
1.不讲与学习无关的话(20分)					
2.善于倾听,不随便打断别人(20分)					
3.积极参与小组讨论(20分)					
4.具有一定的表达能力(20分)					
5.具有一定的质疑能力(20分)					
6.本组做得较好的地方是什么? 还有特别改进的地方吗?					

初一＿＿＿班　第＿＿＿组课堂小组讨论评价量表（试行）　组长：＿＿＿				
姓名	王冠年	王　诣	王艺境	王段亮
1. 不讲与学习无关的话（20分）	20	20	20	20
2. 善于倾听，不随便打断别人讲话（20分）	20	20	20	20
3. 积极参与小组讨论（20分）	20	20	20	20
4. 具有一定的口头表达能力（20分）	20	20	20	20
5. 具有一定的质疑能力（20分）	20	20	20	20
6. 我们小组现在与刚成立时相比进步的地方有： 1. 讨论效率　　　　　　4. 每名组员认真参与讨论并积极发言 2. 纪律　　　　　　　　5. 每位组员认真倾听他人发言 3. 具有较强的质疑能力　6. 表达能力得到增强 还有待提高的是： 讨论后剩余时间未能充分利用				

三、评价结果的反馈形式多样化

评价结果可以反馈给班级整体，也可以反馈给学生个体。

例如，某次考试后，可以通过对全班数学成绩的量化指标的分析，如平均分、方差、及格率、优秀率，各分数段学生人数等，对全班学生在这一阶段的数学学习情况，做出综合性的判断。

如果将评价结果反馈给学生个人，则应采用定量与定性相结合的办法。以定性为主，即对学生数学学习过程中所表现出来的各种现象和因素进行分析和研究。

例5　下面是对初一某学生计算能力的评价结果的反馈。

计算能力是数学各项能力的基础，评价计算能力主要是指学生数学基本运算中的计算正确率，计算速度和计算方法的合理性，我们每学期都会对每个学生进行计算能力的诊断。诊断结果分为五个等级。

5分，计算能力优秀

4分，计算能力较好

3分，计算能力中等

2分，计算能力较弱

1分，计算能力很弱

你的等级为3分，存在的主要问题有运算顺序不清，运算律不熟。从运算习惯上建议你在运算时要养成"在运算前先看是什么运算,再看什么数参与运算"的习惯。

　　教师要注意分析全班学生评价结果随时间的变化,从而了解自己教学的成绩和问题,分析、反思教学过程中影响学生能力发展和素质提高的原因,寻求改善教学的对策,同时以适当的方式将学生一些积极的变化及时反馈给学生。

第八章　数学教学设计

第一节　教学设计

一、教学设计的内涵

教学设计的内涵是教师为达到教学目标对自己的教学行为所进行的系统规划。主要解决"教什么"和"怎么教"两个问题。

教学设计的内涵是由学校教育的性质决定的。教师不仅是数学活动的组织者、引导者、合作者，更重要的是教学活动的设计者。

教学设计是实现教学过程科学化的需要。其深层次的目的就是提高教学效率——使学生以尽量少的投入（时间、精力等），获得尽量多的收获。教学过程科学化体现了对教师的专业化要求，对教学设计的专门要求是教师专业化的重要体现。

二、数学新课程对教学设计的新要求

《标准》中提出的新的课程功能、课程理念、课程内容、课程结构、课程实施与课程评价等，与原来的大纲相比有显著的变化，这些变化必然对教师的教学活动产生重大的影响。其中，在教学设计的指导思想、教学目标的设计以及数学目标的陈述方式等方面，《标准》所提出的一些新的要求对我们的教学设计则有直接的指导意义。

（一）对教学设计指导思想的新要求

1. 充分体现数学新课程的基本理念

基础教育课程改革把"以学生发展为本"作为基本的课程理念，"学生的发展"指全体学生的发展，也指全面和谐的发展、终身持续的发展、活泼主动的发展和个性特长的发展。新课程的教学设计要为每位学生的发展创造

合适的"学习的条件",包括:促进全体学生的最佳发展。

《标准》提出"人人学有价值的数学;人人都能获得必需的数学;不同的人在数学上得到不同的发展"的基本理念,因此新课程的教学设计要面向每一个有差异的学生"个体"。在教学中,教师要把面向全体学生的基本教育要求与面向个体学生的特殊教育需求结合起来,既着眼全体又因材施教,在班级授课的同时实施差异化教学,以促进每个学生能得到最佳的发展。

注重学生的基本素养的全面提高。现代社会需要高素质的复合型人才,这就要求教师不仅要注重学生基本数学知识的形成,还应在日常数学教学中注重培养学生的基本素养,化知识为智慧,积文化为品性。因此,数学教学设计不仅要考虑基础数学知识和基本技能的训练,还要思考如何促进学生健康的心理、积极的态度和正确的价值观的形成,从而全面提高他们的基本素养。

引导学生生动活泼地主动地学习。数学新课程的教学设计特别注重充分发挥学习者的主体作用,要求教师在教学设计中创设合适的教学情境和条件,激发学生的学习热情和动力,引导他们主动参与、乐于探究、勤于动手,在自主的学习活动中理解、掌握并实际运用所学的知识。

2. 整体把握教学活动的结构

教学活动是一种由教师、学生、教材和环境四个因素所组成并且相互作用的动态系统,因此,数学新课程的教学设计应当以系统的眼光和动态的观念看待教学活动,处理好上述四因素之间的相互关系,把握好以下几个方面:整合教师、学生、教材、环境四个结构要素。

按《标准》的要求,数学课本只是教材的一部分,教学设计也并非仅仅"备课"而已。教师应注重教学过程本身的价值,整合教师、学生、教材、环境四因素,形成一种持续交互作用的动态教学情境。

实现学生学习方式、教材呈现方式、教师教学方式与师生互动方式的同步变革。数学课程特别要求改变学生的学习方式,确立学生在课程中的主体地位,建立自主、探索、发现、研究以及合作学习的机制。这就要求我们着力于改革教材的呈现方式、教师的教学方式和师生的互动方式,最终促进学生学习方式从"要我学"到"我要学"的根本性转变。

3. 突出创新精神与实践能力的培养

素质教育要求以培养学生创新精神和实践能力为重点,新课程教学设计必须始终贯彻这一思想。教师在具体的教学设计中,要注重培养学生获取新知识的能力、分析和解决问题的能力和团结协作的能力。创设学生自主参与、探究发现、合作交流的教学情境，让学生感受和理解知识的产生与发展的过程，最大限度地组织学生亲历数学探究的过程，在动手、动口、动脑和"做中学"、"学中用"的协作参与中，发展他们的个性和能力。

4. 根据数学学科特点和知识类型设计教学

数学新课程在学科观和知识观上的变化，要求我们更新教学观念，努力探索符合数学特点的教学设计思路和教学模式，凸现数学在目标、内容、方法上的特点，要以学生整体发展为本，树立超学科的综合性学习的理念。按照不同类型的知识"量体裁衣"，进行教学设计。

5. 适应学生的学习心理和年龄特征

"为学习而设计"，必须做到"心中有学生"。处于基础教育学习阶段的学生同时也处于青春发育期这一特殊的年龄阶段，会出现一些典型的心理特征。教师应当认真分析这些特点，并根据学生的发展水平、认知方式和其所具有的生活经验开展教学设计，使数学学习的过程成为学生全面和谐发展的过程。

（二）教学目标设计的新要求

教学目标就是教学中师生所预期达到的学习效果和标准。教学目标是教学的根本指向和核心任务，是教学设计的关键。我国当前进行的基础教育课程改革把"促进学生的终身可持续发展"规定为义务教育的首要任务，《标准》提出新的数学教育基本准则，给数学教学目标设计提出了新的要求。

1. 教学目标分类的新要求

《标准》中以课程目标的形式提出了四个方面的数学课程目标：即"知识与技能"、"数学思考"、"解决问题"、"情感与态度"。根据《基础教育课程改革纲要》对目标的三维提法："知识与技能、过程与方法、情感态度与价值观"，我们在教学中具体描述教学目标时，常常把这四个方面的教学目标按三类描述，即：知识与技能目标、过程与方法目标、情感态度与价值观目标。

例："有理数加法"的教学目标

知识与技能目标

掌握有理数加法的运算法则。

（1）准确叙述有理数加法法则，并知道哪些问题适用有理数的加法。

（2）能按法则把有理数的加法分解成两个步骤完成：①确定符号；②确定绝对值。

（3）熟练准确地利用加法法则进行计算。

过程与方法目标

理解有理数加法法则导出过程及本身所含的数学思想方法。

（1）能初步理解数形结合和分类的思想。

（2）懂得初步的算法思想。

（3）学习"观察——归纳"的思维方法。

情感态度与价值观目标

（1）初步感受从特殊到一般和从一般到特殊的思维方式；体验用矛盾转化的观点认识问题。

（2）养成严谨、认真、理论联系实际的科学态度和学风。

2．教学目标陈述的特点

教学目标是课程目标具体在"单元"或"课"中的落实，因此教学目标也应有和课程目标相同的陈述方式。

课程目标陈述的基本方式可以分为两类：

其一是采用结果性目标的方式，即明确告诉人们学习数学的结果是什么，所采用的行为动词要求明确、可测量、可评价，例如："了解、认识、理解、掌握、灵活运用"等。这种方式指向可以结果化的课程目标，主要应用于"知识与技能"领域。

例："了解无理数和实数的概念"，"理解有理数的运算律"，"了解线段垂直平分线的性质"，"认识统计在社会生活中的应用"。

其二是采用体验性或表现性目标的方式，即描述学生自己的心理感受、体验和明确安排学生表现的机会，所采取的行为动词往往是体验性的、过程性的，例如；"经历、感受、体会、探索"等。这种方式指向无须结果化的或难以结果化的课程目标，主要应用于"过程与方法"、"情感态度与价值观"领域。

例："体会方程是刻画现实世界的有效的数学模型"、"探索两个三角形相似的条件"、"通过丰富的实例，感受抽样的必要性"等。

（三）教学过程设计的几个注意点

教学过程是师生在共同实现教学任务中的活动状态变换及其时间流程，由相互依存的教和学两方面构成，因此要注意以下教与学中的相互关系。

1．重视学习过程与教学过程的匹配

教学的目的是为学习过程创设条件，教学事件应该与学习的过程相匹配，也就是说教学设计者要根据学习过程设计教学过程中相应的教学事件。

2．重视教学内容的顺序关系

在数学教学过程中，教学内容的呈现顺序称为"信息呈示策略"，这是我们在教学过程设计中应该注意的一个问题，它关系到我们的教学设计是否有一个好的教学效果。

在数学教学中，包括三个方面的顺序：①数学教学内容的呈现顺序。即数学知识和技能出现的前后次序；②教师活动顺序。即教师进行教学活动的前后次序；③学生活动顺序。即学生进行活动的前后次序。

在进行教学设计时，这三条线索要同时考虑到，因为它们之间相互联系、相互配合、同步进行，我们必须从整体出发，但要抓住主脉络——数学教学内容呈现顺序，再设计其他两条线索。

在数学教学过程中，不同的教学内容应采取不同的策略，这样才能真正处理好三种顺序关系。值得注意的是，对数学概念、数学命题、数学复习、数学活动、数学问题解决等都有相对较为稳定的顺序。例如：

数学概念的教学过程：数学概念的引入——数学概念的理解——数学概念的应用。（如：平移的特征）

数学命题的教学过程：数学命题的引入——数学命题的证明——数学命题的应用。若采用发现式，则教学顺序为：探索发现——提出命题——证明命题——得出结论——练习应用。

3. 重视教学情境的设计

建构主义理论认为，学习是学生主动的建构活动，在这个建构过程中，环境对学生的学习尤为重要，这要求我们要尽量整合教师的经验、学生的经验、教材等资源，为学生的成功学习设计良好的环境，这种人为设计的教学环境，我们称之为教学情境。设计教学情境就是充分调动学生的经验和"情商"，激发他们的学习动机和好奇心，培养他们的求知欲望，促使他们的思维进入最佳状态，并在学习数学的过程中体验教学内容中的情感，使他们的数学学习变得有趣、有效、自信、成功。

现代心理学的研究已表明，学生对学习具有如下三个显著倾向：

①对处于自己"最近发展区"的知识最感兴趣；

②对掌握主动权的学习很感兴趣；

③对能引发积极情感的学习内容很有兴趣。

我们在设计教学情境时，要关注学生的这三个倾向，要使学生在教学情境中，掌握学习的主动权，处于一种自主探索知识的状态，让他们体验到"跳一跳"就能够"摘得果子"的成功之感，产生一种满足、快乐、自豪的积极情绪体验，从而增强学习的信心，提高学习兴趣，产生自我激励、自我要求上进的心理，使其成为进一步学习的内在动力。

数学教学情境设计有如下几种常见类型

1. 数学问题情境；

2. 数学故事（或数学历史）情境；

3. 实验、任务情境；

4. 活动情境；

5. 生活情境。

教学情境的设计，是为了激活学生的学习兴趣和情感，但要注意情境事实的真实性、科学性、趣味性和数学美，切不可人为编造虚假事实。

三、教学设计的基本原则

1. 情意原则——激发学习动机，提高学习兴趣

(1) 问题性。

(2) 适度的学习困难。

数学教学是数学思维活动的教学，没有问题就没有思维。问题是数学的心脏，数学知识、思想、方法、观念都是在解决数学问题的过程中形成和发展起来的。

数学教学设计的中心任务就是要设计出一个（或一组）问题，把数学教学过程组织成为提出问题和解决问题的过程。让学生在解决问题的过程中"做数学"，学数学，增长知识，发展能力。

2. 结构化原则

(1) 每节课教学目标明确，重点突出，把主要精力放在关键性问题的解决上。

(2) 教学内容安排注重层次、结构，张弛有度，循序渐进。由浅入深，由易到难，先简后繁，先单一后综合。

例如，关于概念教学的设计要求：

(1) 采取"归纳式"进行概念抽象概括；

(2) 正确、充分地提供概念的各种变式；

(3) 适当应用反例；

(4) 在概念的系统中学习概念，建立概念的"多元联系表示"；

(5) 精心设计练习。

3. 活动化原则——按照知识的发生发展过程和学生的认知过程，精心设计教学活动

(1) 创设问题情境，引起学生对某个问题的注意与思考；

(2) 开展观察、试验、类比、猜想、归纳、概括等活动，并使之一般

化、抽象化，形成假设；

（3）利用已有的知识进行推理活动，检验假设，演绎出问题的结论，从中获得新知识，并纳入到已有认知结构中；

（4）新知识的应用，加深理解（理在用中方知妙）建立知识的联系网络，巩固新知识。

4．有效调控原则——使用"反馈调节"机制

有效监控教学，将教学活动围绕在学生思维"最近发展区"内，学生自我监控的参与，反馈要注重差异，调节要采取分化性措施。

（1）给不同的学生提供不同类别的专门帮助；

（2）布置可选择的作业，以满足不同学生的不同需求；

（3）认真考虑学生的个人爱好，机智地将其纳入课堂教学。

四、数学课堂教学设计的前期工作

数学课堂教学设计的前期工作主要包括两项：

（一）数学教材分析

1．数学教材分析的意义

只有在深刻理解数学教材的基础上，才能灵活地运用教材、组织教材和处理教材。数学教材分析能充分体现教师的教学能力和创新能力，加深对数学教育的理解。

只有深入分析教材，才能确定教学的重点、难点以及知识的衔接点，并制定出突出重点和解决难点的教学策略。只有通过教材分析，才能找出有关章节的特点，再根据这些特点，选择教学活动的组织形式与教学模式。

2．数学教材分析的基本要求

（1）熟悉和钻研《数学课程标准》，领会教材的编写意图、目的要求。

（2）通览教材，从整体上把握教材，明确各章节在教材中的地位和作用，明确它们的关系。

（3）分析教材中的重点、难点，明确学生容易产生混淆和错误的地方。

（4）了解例题和习题的编排、功能，钻研例题、习题的解法。

（5）了解有关数学知识的背景、发生和发展过程，与其他学科的联系以及与生产实际和日常生活的联系。

（二）了解和研究学生

1．了解学生的学习基础

深入了解学生，找准教学的起点。教学设计首先要关注、了解教学的对

象——学生，了解学生是否已经掌握了与要学习的新知识有关的基础知识和基本技能，学生是否已经掌握或部分掌握了教学目标中要求学会的知识和技能，有多少人掌握、掌握的程度怎样。只有准确了解学生的学习现状，才能确定哪些知识应重点进行辅导，哪些知识可以略讲或不讲，从而抓准教学的真实起点，根据学生的实际情况设计教学环节。学生的学习起点是影响学习新知识的重要因素。

2. 了解和研究学生的途径和方法

①观察法

②谈话调查法

③书面材料分析法（作业、试卷、笔记 等）

五、数学新课程的教学模式的选择

（一）"引导—发现"模式

这种模式是数学新课程教学中应用较为广泛的一种教学模式，在教学活动中，教师不是将现成的知识灌输给学生，而是通过精心设置的一个个问题链，激发学生的求知欲，使学生在老师的引导与合作下，通过自主探索、合作交流、发现问题、解决问题。

这种模式的教学目标是：学习发现问题的方法，培养、提高创造性思维能力。

"引导—发现"模式的教学结构是：创设情境—提出问题—探究猜测—推理验证—得到结论。（例：探索三角形全等的条件）

（二）"活动—参与"模式

这种模式通过教师的引导，学生自主参与数学实践活动，在活动中通过动手探索、参与实践，密切数学与生活实际的联系，掌握数学知识的发生、形成过程和数学建模方法，形成用数学的意识。

这种模式的教学目标是：积极培养学生的主动参与意识，增进师生、同伴之间的情感交流，提高实际操作能力，形成用数学的意识。

该模式一般的教学结构是：创设问题情境—实践活动—合作交流—总结。（例：用正多边形拼地板）

（三）"讨论—交流"模式

这种模式有利于学生积极思维，有助于学生合作学习，因此也是数学新课程教学中常用的一种模式。

这一模式的教学目标是：养成积极思维的习惯，培养批判性思维的能力，培养数学交流的能力和协作能力。它的特点是，对学习内容通过问题串形式开展讨论，学生积极思考，充分发表自己的意见和看法。通过讨论，交流思想，探究结论，掌握知识和技能。

"讨论—交流"模式一般的教学结构是：提出问题—课堂讨论—交流反馈—小结。（例：完全平方公式）

（四）"自学—辅导"模式

"自学—辅导"模式是学生在教师的指导和辅导下进行自学、自练和自改作业，从而获得知识，发展能力的一种模式。在这一模式中，学生通过自学，进行探索、研究，老师则通过给出自学提纲，提供一定的阅读材料和思考问题的线索，启发学生进行独立思考。它的特点是学生的自主性、独立性较强，有利于学生在自学中学会学习，掌握学习方法。

"自学—辅导"模式一般的教学结构是：提出要求—自学—提问—讨论交流—讲解—练习。

以上四个教学模式是数学新课程所提倡的主要教学模式。同时，我们认为传统的"讲解—传授"模式在数学新课程教学中也并未被抛弃，只不过是用新的教育理念来指导改革其中的一些陈旧的做法而不是对其全盘否定。

六、媒体的选择

采用什么媒体来传递教学信息和提供刺激是教学设计中必须做出的一个重要决定。

教师需要根据教学目标、学习情境、教师自身条件、学校硬件设备条件以及媒体的可利用性、可行性、费用等选择适当的媒体。

教学使用信息技术是本次课程改革对教师的一个基本要求。信息技术将成为一个非常重要的媒体在教学中得到使用。

使用信息技术的原则：必要性，实效性。

七、课堂教学设计的基本步骤

（1）背景分析。

①学习任务分析（重点：本堂课的核心概念、数学思想方法；前后相关的知识）；

②学生情况分析（重点：学生已有认知结构与新内容之间的潜在距离）。

（2）教学目标的设计（重点：通过学习，学生能做哪些过去不能做的事）。

（3）课堂结构的设计（重点：数学知识的逻辑顺序、教学活动顺序）。

（4）教学媒体的设计（重点：适应学习需要，揭示数学本质）。

（5）教学过程的设计（重点：引导学生数学思维的"问题串"；变式训练；反思活动）。

第二节　教学设计课例

（一）概念课教学设计课例

课例 1：《2.1 认识无理数（第 1 课时）》教学设计
教学分析

【教材分析】

本节课是北师大 2013 年 7 月新版教材八年级上学期第 2 章第 1 节第 1 课时的内容，无理数不仅是学习实数、二次根式和解一元二次方程的基础，更是学习函数和解析几何的必备知识，本节课作为无理数的入门课节，通过再现历史的方式，让学生体会无理数的出现是生产生活知识需求的必然结果，也是数学发展自身矛盾冲突的必然产物。通过从动手操作到理性思考到发现问题的过程，打破学生对于数的认识，体会数系的再一次扩充，体验从具体情境中抽象出数学问题的过程，发展学生独立思考，合作交流的意识和能力。

【教学目标】

1. 知识与技能

（1）通过拼图活动，感受无理数产生的实际背景和引入的必要性。

（2）将图形与勾股定理和乘方建立联系，进而找到大量的不是有理数的数。

（3）能判断几何图形中的某边长是否为无理数。

2. 数学思考

通过寻找无理数的过程，初步接触逼近法，并且开始学会从幂的结果寻找底数的数学方法。在拼图验证和网格画图的过程中，提高动手操作能力。

3. 解决问题

初步学会从数学的角度发现问题，并找到解决问题的方法，在从一个无理数到多个无理数的发现过程中，总结方法，体会从特殊到一般的数学方法和转化的数学思想。

4. 情感态度与价值观

通过动手做拼图活动，培养学生的动手能力和探索精神及合作意识。通过了解数的发展过程，培养数学情操，提高数学素养。

【教学重难点】

重点：①经历探索无理数的过程，感受生活中确实存在不是有理数的数。

②会在 $a^n = b$ 和几何图形中初步判断一个数是不是有理数。

难点：①无限循环小数和无理数的区别。

②通过拼图的方法得到面积为 2 的正方形。

③确定面积为 2 的正方形的边长数的归属类别的讨论。

【我的思考】

再现无理数的发现过程和理性探索过程，在思维的认知中产生强烈的震撼力，是本节课的主要目的。教材并没有直接提出满足 $a^2 = 2$ 的数 a 是否为有理数，或者是"单位正方形的对角线长或者面积为 2 的正方形的边长是有理数吗？"而是通过拼图的方式得到面积为 2 的正方形，进而推导出边长所在范围。所以，我对教材做了如下处理：

（1）对教学内容进行铺垫，本节课的准备知识是有理数的分类，但是学生对于无限循环小数能化为分数的认识仍然不清楚，所以在课前我设置了两道习题，帮助学生明确有理数的概念，更重要的是明确有限小数和无限循环小数都可以化成分数，反之有理数都可以化成有限小数和无限循环小数。

（2）对教材内容进行了再加工，虽然用两个面积是 1 的正方形拼成面积为 2 的正方形直入主题，但是由于问题出现的比较突然，学生还没有反应过来问题就已经出现，学生不明白要做什么。本着情境引入尽量由浅入深的原则，我将问题顺序做了调整，设置悟空救师傅这一学生感兴趣的问题情境，引导学生找到直角三角形，复习勾股定理，在利用勾股定理求边的过程中，发生矛盾，引出问题。

（3）对教材进行挖掘使用，利用面积法验证勾股定理，实际是利用勾股定理边长乘方这一特点，而本节课是需要由勾股定理或者面积法去找到无理数，实际上是开方的过程，如果不细致处理，学生往往不明白为什么要拼图验证，为此我设计了面积为 4 的正方形的分割与拼摆的五个阶梯式问题，诱发学生做乘方的反向思考，突破难点和重点。

（4）我会多给学生小结的时间，让他们能充分理性思考，进行总结，以便更清晰地看清问题的本质。

教学设计

【教学过程】

一、预习检测

利用计算器

(1) 把有理数转化成小数的形式：

$$3,\ -\frac{3}{5},\ \frac{47}{8},\ \frac{9}{11},\ \frac{11}{9},\ \frac{5}{9} \longrightarrow \longrightarrow 3,\ -0.6,\ 5.875,\ 0.\overset{..}{8}\overset{.}{1},\ 1.\overset{.}{2},\ 0.\overset{.}{5}$$

(2) 把小数写成分数的形式：

$$-0.25,\ 0.\overset{.}{6} \longrightarrow \longrightarrow -\frac{1}{4},\ \frac{2}{3}$$

通过预习，你有什么发现？

设计意图：帮助学生明确有理数的概念，更重要的是明确有限小数和无限循环小数都可以化成分数，反之有理数都可以化成有限小数和无限循环小数。即整数和分数统称为有理数。有限小数和无限不循环小数也是有理数。

二、情境引入

《西游记》的故事相信大家都有所了解，这一天，唐僧在河边 C 点喝水的时候，又被妖怪抓走了，被关在一个环形岛的中央 B 点。由于妖怪法术高超，悟空没有办法使用筋斗云直接飞到 B 点，但是妖怪的法术始终都有破解的方法，就是只要路径与 BC 组成直角三角形，那么自然就能进入 B 点。同学们想

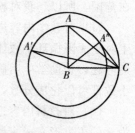

一想，悟空要是想救出师傅，应当怎样走才能安全快速地从 C 点到 B 点呢？已知 BC 的长是 4km，岛的半径是 3km。

设计意图：说到这个问题，学生们第一想法一定是采用勾股定理，考虑 $\angle B$ 是直角，其中 AC 是斜边，但要求悟空快速救出师傅，那么就要选择更近的路程，所以考虑路线采用走直角三角形的两个直角边，即 $\angle A$ 为直角。这样的话根据勾股定理，$AB^2 + AC^2 = BC^2$，即 $3^2 + AC^2 = 4^2$，到这为止，我们只需要求出 AC 的长，救出师傅就指日可待了，可是问题来了，$AC^2 = 4^2 - 3^2 = 16 - 9 = 7$，那么 $AC = ?$ 从而发现一个奇怪的数，这个数是什么呢？激发兴趣，抛出问题。

三、合作探究

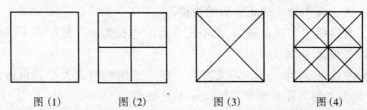

图（1）　　　　图（2）　　　　图（3）　　　　图（4）

（1）图（1）是一个面积为 4 的正方形，你能算出它的边长是多少吗？

（2）你能通过分割的方法得到面积为 1 的正方形吗？分割得到的小正方形边长是多少呢？

（3）你能通过分割的方法得到面积为 1 的三角形吗？你是如何得到的？

（4）你能通过分割的方法得到面积为 $\frac{1}{4}$ 的三角形吗？你是如何得到的？

（5）试想一下能否通过分割拼接的方式得到一个面积为 2 的正方形呢？如果能，那么应该怎么操作呢？请以小组为单位进行探究，并展示你的成果。

学生在回答（5）时可能会出现的拼法：

在图（3）的分割中取两个面积为 1 的三角形，拼接成如图①所示的正方形。

在图（4）的分割中取 8 个面积为 $\frac{1}{4}$ 的三角形，拼接成如图②所示的正方形。

在图（2）的分割中取一个面积为 1 的小正方形。在图（4）的分割中取 4 个面积为 $\frac{1}{4}$ 的小三角形，拼接成如图③所示的正方形。

在（2）的分割中取两个面积为 1 的正方形，再去掉四个小三角形如图④所示，拼接成面积为 2 的正方形。

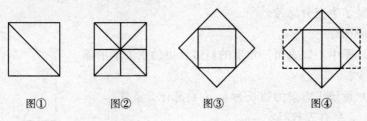

图①　　　　图②　　　　图③　　　　图④

①分割拼接成的正方形的边长是多少呢？

考虑这个问题有两种方法

第一种运用"面积法"，小正方形的面积是 2，小于面积为 4 的正方形的边长，大于面积为 1 的正方形的边长。

第二种运用"勾股定理"，设小正方形的边长为 x，则有 $x^2+x^2=2^2$ 即 $2x^2=4$，解得 $x^2=2$。

我们考虑 $x^2<2^2$，$x<2$，又因为，直角三角形斜边大于直角边，$1<x<2$，1 与 2 之间不存在整数，所以 x 不是整数。

②它的边长是分数么？

当分母是 2 时，$\frac{1}{2}\times\frac{1}{2}=\frac{1}{4}$

当分母是 3 时，$\frac{1}{3}\times\frac{1}{3}=\frac{1}{9}$，$\frac{2}{3}\times\frac{2}{3}=\frac{4}{9}$

当分母是 4 时，$\frac{1}{4}\times\frac{1}{4}=\frac{1}{16}$，$\frac{3}{4}\times\frac{3}{4}=\frac{9}{16}$

……

根据这个验证，我们得到，两个相同的分数的乘积仍为分数。所以 x 不是分数。

③你有什么发现？

面积为 2 的正方形的边长既不是整数也不是分数，它不是有理数。

设计意图：问题 1 是衔接问题情境中的问题，通过询问来诱发学生的开方思想，为接下来的问题做好准备。问题 2、3、4 是三个连续的问题，学生的分割方法可能会出现很多，这一设计的目的（1）为问题 5 搭台阶，通过这些分割和图形，学生会以多种方式分割图形，并且明白他们与大正方形的数量关系。（2）为学生发现面积为 2 的正方形的边长小于 2 大于 1 做好图形准备。（3）更加细化图形之间的数量关系，加深印象。问题 5 的"x 可能为分数吗？"学生探究起来会有困难，活跃的课堂气氛有利于他们交流，我也会多鼓励学生充分思考。

巩固训练

（1）图中，以直角三角形的斜边为边的正方形的面积是多少？

（2）设该正方形的边长为 b，b 满足什么条件？

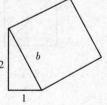

（3）b 是有理数吗？

设计意图：进一步丰富无理数的实际背景，使学生体会到无理数在现实生活中大量存在，以几何图形为背景，既可以借助面积法也可以借助勾股定理进行研究，是和勾股定理的一个衔接，同时也让学生体会还有其他的无理数存在。

四、问题解决

在以上合作探究的基础上，回头再来利用"情境引入"中抛出的问题，进行追问。

追问：利用以上的方法你能再找一些不是有理数的数吗？

设计意图：通过学习和探究，解决问题情境中的问题，实际上，学生在学习勾股定理的过程中，如果细心，会发现类似的问题，这个问题的解决，使得这些困惑有了答案。

五、探究升级

右图是由 16 个边长为 1 的小正方形拼成的，任意连接这些小正方形的若干个顶点，可得到一些线段，以小组为单位

（1）试分别找出两条长度是有理数的线段和两条长度不是有理数的线段。

（2）你能画出一个三角形，它的一条边不是有理数吗？两条边呢？三条边呢？

（3）你能找到一个直角三角形，它的三边长都不是有理数吗？

设计意图：通过网格中线段长度的认识，进一步通过勾股定理，寻找不是有理数的数，进一步冲击学生的认知，形成震撼力，原来不是有理数的数是大量存在的，而学生通过动手操作，同时也会对直角三角形有一个重新的思考。教师不断追问你发现了什么？有的可能会发现不是有理数的数存在很多，通过勾股定理是一种好的方法。也可能是等腰直角三角形一定有一条边是无理数等等。

六、回溯历史

数的发展过程：

（1）古人结绳计数→产生自然数。

（2）由于生产力的发展，在土地丈量、天文观测、水利工程等方面的需要，正分数应运而生。据史书记载，三千多年前埃及纸草卷中已有关于正分数问题的记述。引进正分数是数的概念的第一次扩展。

（3）人们开始记数时，最初没有"零"的概念，在

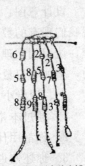

现藏美国自然史博物馆的印加记数基普

生产实践需要记数的东西越来越多，逐渐产生了位值记数法，如我国古代筹算上利用空格表示"零"。引入"0"是数的概念的第二次扩展。

（4）引入负数，是数的概念的第三次扩展。

（5）数的概念的第四次扩展是什么？

读一读下面的故事

毕达哥拉斯学派是古希腊的一个重要学派，为首的就是毕达哥拉斯。毕达哥拉斯学派主要研究"四艺"：几何学，算术，天文学和音乐。毕达哥拉斯本人非常重视数学，企图用数学来解释一切。毕达哥拉斯学派有一个基本观点，叫做"万物皆数"。毕达哥拉斯认为世界上只存在着整数和分数，不存在其他的数，尽管他没有给出严格的证明，但是出于这个学派的威望，学派中绝大多数人把它视为真理，他们认为，正整数就是组成物质的基本粒子——原子。因此，一切量都可以用整数或者整数的比来表示，他们认为一条线段就好比一串珍珠，这串珍珠就是一个一个的点的组合。按照这种说法，两条线段长度之比，就应该是它们中包含的小珍珠的个数比，当然是可以用整数之比来表示了。可是不久就出现了一个问题：若一个正方形的边长为1，那么这个正方形的对角线的长度是多少？按照毕达哥拉斯定理，它的对角线 L 的平方等于两条直角边的平方和，也就是 2，那么 L 到底是多少呢？按照上述对数的认识，L 一定是一个整数，要么是一个分数，但是毕达哥拉斯学派费了九牛二虎之力也没有找到这样的数。公元前 5 世纪，毕达哥拉斯学派的一个成员希伯索斯（Hippasus）发现边长为 1 的正方形的对角线的长不能用整数或整数之比来表示。这个发现动摇了毕达哥拉斯学派的信条，引起了信徒们的恐慌。据说，希伯索斯为此被投入了大海，他为发现真理而献出了宝贵的生命。但真理是不可战胜的，后来，古希腊人终于正视了希伯索斯的发现，并进一步给出了证明。

设计意图：学生学到这里，从拼图，从理性思考、动手操作的过程都发现我们现有的数的概念的局限，无理数呼之欲出了，那么回顾数的发展过程，认识到无理数是我们认识世界的一种方法，是数学发展出现矛盾后的产物，增加学习数学的兴趣，建立拓展数的意识，培养数学素养。

七、课堂小结

1. 通过本堂课的学习，你有什么收获？

2. 你都用什么方法找到不是有理数的数？这些方法能推广吗？

3. 你还知道用其他方法得到的无理数吗？

4. 你有什么疑惑吗？

设计意图：通过层层递进式的追问，引导学生对所学方法进行总结，我们找到无理数的方法目前有两种，（1）代数方法，$a^n = b$，$a = $？（2）几何图形法，通过面积和勾股定理去寻找。有的学生可能会说，体积为3的立方体的棱长也不是有理数等等，可事实上，这两种方法都是指开方开不尽的数，对于学生不做过高要求。问题（3）和（4）是在引导学生回忆 π 这一类超越数的存在，为下节课打下伏笔。

八、课后延伸

1. 如图，正三角形 ABC 的边长为 2，高为 h，h 可能是整数吗？可能是分数吗？

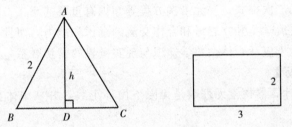

2. 长、宽分别是 3，2 的长方形，它的对角线的长可能是整数吗？可能是分数吗？

3. 你能用一个边长为 1 和 2 的两个正方形，拼成一个面积为 5 的正方形吗？（小组合作完成）

【板书设计】

2.1　认识无理数		
$AB^2 + AC^2 = BC^2$ 即 $3^2 + AC^2 = 4^2$ $AC^2 = 4^2 - 3^2 = 16 - 9 = 7$ $AC = $？	$x^2 < 2^2$，$1^2 < 1^2$ $1 < x < 2$ 所以 x 不是整数 x 也不是分数	面积为 2 的正方形的边长既不是整数也不是分数，它不是有理数

【教学反思】

兴趣是最好的老师，如何激发学生的兴趣，让学生自主学习，才能更好地组织教学。探究操作要有的放矢，让学生有疑惑、有目的，并且在可完成的状态下进行操作活动才有意义。完全没有难度的操作和不可能完成的操作都是失败的，为此设计好问题突破难点是最重要的。要保护学生的探索欲与求知欲，关注知识的本质是我们需要思索的问题。本节课的拼图验证不好把握，证明边长既不是整数也不是分数也不是学生易于得出的过程，需要耐心引导。

课例 2：《2.1 认识无理数（第 2 课时）》教学设计

教学分析

【教材分析】

《认识无理数》是北师大版数学八年级（上）第 2 章《实数》的第 1 节，本节分为 2 课时，第 1 课时是让学生产生认识冲突，通过拼图活动感受引入新数的必要性，认识到生活中大量存在这样的数。本课时为第 2 课时，内容是借助计算器感受无理数是无限不循环小数，建立无理数的基本概念，会判断一个数是无理数，并能结合实际判别有理数和无理数，无理数的学习对以后将要学习的二次根式、一元二次方程等知识有重要的意义。同时在学习活动中进一步发展学生独立思考和合作交流的意识和能力，而且在学习中领悟数学知识来源于生活，体会数学知识与现实世界的密切联系。

【教学目标】

1. 借助计算器探索无理数是无限不循环小数，并从中体会无限逼近的思想。

2. 探索无理数与有理数的区别，并能辨别出一个数是无理数还是有理数。会对所学的数进行分类。

3. 通过实际问题理解估算的意义，掌握估算的方法，发展数感和估算能力。

4. 在活动中进一步发展独立思考、合作交流的意识和能力，并能在独立思考和小组交流中获益。

【教学重难点】

重点：1. 无理数概念的探索过程。

2. 了解无理数与有理数的区别，并能正确地进行判断。

难点：1. 用计算器进行无理数的估算。

2. 会判断一个数是无理数还是有理数。

【教学准备】

计算器、ppt 课件。

【我的思考】

《认识无理数》是初中阶段第二次数系的扩充，在七年级学生经历了数系的第一次扩充——引入负数，让学生对数的了解扩充到有理数范围。而通过引入无理数，将有理数扩充到实数范围内，本节课是第二次数系扩充的关键一步——认识无理数。通过第 1 课时的学习，学生已经感受到了所学的数不够用了，有必要引入新的数，激发了学生学习的好奇心，为学习本节的内容打下了良好的心理基础。

本节是前一节知识的延续，从前一节的定性描述转化为定量研究，由创设的问题"面积为 2 的正方形的边长究竟是多少"作为引入，在学生已有的知识（这个数既不是整数也不是分数）的基础上提出的一个很自然的问题。让学生通过估计、借助计算器进行探索、讨论等途径，体会无限逼近的数学思想，得到"这个数是一个无限不循环小数"的结论；让学生熟悉求无理数近似值的估算方法，同时体会无理数的无限不循环的特点，最后理解无理数的概念和无理数的判断的方法，并为以后学习实数的概念及分类打下基础。

针对本节课的内容特点，结合《课标》对本节课的教学要求以及学生的认知水平，本课采用启发、探究、合作交流为主的教学方法，努力培养学生观察、思考、交流、合作的学习品质。

教学设计

【教学过程】

一、创设情境，引入新课

同学们，我们在上节课了解到现实生活中有理数已经不够用了，同时我们还发现了一些数，如 $a^2=2$，$b^2=5$ 中的 a，b 既不是整数，也不是分数，那么它们究竟是什么数呢？本节课我们就来揭示它们的真面目。

设计意图：通过上节课的学习，学生已经感受到了生活中确实存在着不是有理数的数，有必要学习新数，从而激发了学生的好奇心和求知欲，去揭示它的真面目。

二、活动与探究

互动探究一：探索无理数的小数表示

师生活动：

［师］请看图，大家判断一下 3 个正方形的边长之间有怎样的大小关系？说说你的理由。

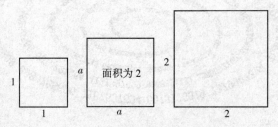

[生] 因为 3 个正方形的面积分别为 1，2，4，而面积又等于边长的平方，所以面积大的正方形边长就大。

[师] 大家能不能判断一下面积为 2 的正方形的边长 a 的大致范围呢？

[生] 因为 a^2 大于 1 且 a^2 小于 4，所以 a 大致为 1 点几。

[师] 很好。a 肯定比 1 大而比 2 小，可以表示为 $1<a<2$。那么 a 究竟是 1 点几呢？请大家用计算器进行探索，首先确定十分位，十分位究竟是几呢？如 $1.1^2=1.21$，$1.2^2=1.44$，$1.3^2=1.69$，$1.4^2=1.96$，$1.5^2=2.25$，而 $a^2=2$，故 a 应比 1.4 大且比 1.5 小，可以写成 $1.4<a<1.5$，所以 a 是 1 点 4 几，即十分位上是 4，请大家用同样的方法确定百分位、千分位上的数字。请一位同学把自己的探索过程整理一下，用表格的形式反映出来。

[生] 我的探索过程如下：

边长 a	面积 S
$1<a<2$	$1<S<4$
$1.4<a<1.5$	$1.96<S<2.25$
$1.41<a<1.42$	$1.9881<S<2.0164$
$1.414<a<1.415$	$1.999396<S<2.002225$
$1.4142<a<1.4143$	$1.99996164<S<2.00024449$

[师] 还可以继续下去吗？

[生] 可以。

[师] 请大家继续探索，并判断 a 是有限小数吗？

[生] $a=1.41421356\cdots$ 还可以再继续进行，且 a 是一个无限不循环小数。

[师] 给出计算机的计算结果（课件出示）

a= 1.4142135623 7309504880

　　[生] 对此结果大吃一惊，感到很震撼！

　　[师] 请大家用上面的方法估计面积为 5 的正方形的边长 b 的值。边长 b 会不会算到某一位时，它的平方恰好等于 5？请大家分组合作后回答。（约 4 分钟）

　　[生] $b=2.236067978\cdots$ 还可以再继续进行，b 也是一个无限不循环小数。

　　设计意图：通过借助计数器探索出 $a=1.41421356\cdots$，$b=2.236067978\cdots$ 是一个无限不循环小数，在探索的过程中让学生体会"无限"和"不循环"的过程。学生从中感受无限逼近的数学思想，为后续定义无理数打下基础。

　　互动探究二：探索有理数的小数表示，明确无理数的概念

　　[师] 请大家把下列各数表示成小数。

$$3,\ \frac{4}{5},\ \frac{5}{9},\ \frac{8}{45},\ \frac{2}{11}$$

　　[生] $3=3.0$，$\frac{4}{5}=0.8$，$\frac{5}{9}=0.\dot{5}$，$\frac{8}{45}=0.1\dot{7}$，$\frac{2}{11}=1.\dot{8}1\dot{8}$

　　[师] 请同学们再以学习小组的形式活动，一同学举出任意整数或分数，另一同学将它表示成小数，并讨论最终此小数的形式有几种情况。

　　[生] 小组合作交流，得出结论。

　　[师] 上面这些数都是有理数，所以有理数总可以用有限小数或无限循环小数表示。反过来，任何有限小数或无限循环小数都是有理数。

　　像上面研究过的 $a^2=2$，$b^2=5$ 中的 a，b 是无限不循环小数。

　　无限不循环小数叫无理数。（板书）

　　除上面的 a，b 外，圆周率 $\pi=3.14159265\cdots$ 也是一个无限不循环小数，$0.5858858885\cdots$（相邻两个 5 之间 8 的个数逐次加 1）也是一个无限不循环小数，它们都是无理数。

　　设计意图：先引导学生回顾有理数的情况，指出有理数都可化为有限小数或无限循环小数，然后与前面探索出的无限不循环小数进行对比，从而引出无理数概念。通过师生互动的教学活动，既培养学生独立思考与小组合作交流能力，又感受到无理数存在的必然性，建立了无理数的概念。

　　互动探究三：有理数与无理数的主要区别

　　[师] 有理数与无理数的主要区别是什么？

　　[生] 小组合作讨论交流，得出：

　　（1）无理数是无限不循环小数，有理数是有限小数或无限循环小数。

（2）任何一个有理数都可以化为分数的形式，而无理数则不能。

设计意图：通过讨论有理数与无理数的区别，培养学生的总结归纳能力，进一步发展学生的逻辑思维能力。

三、知识运用与巩固

例题：下列各数中，哪些是有理数？哪些是无理数？

3.14，$-\dfrac{4}{3}$，$0.\overset{..}{5}\overset{}{7}$，$0.1010010001\cdots$（相邻两个 1 之间 0 的个数逐次加 1）。

随堂练习

1. 下列各数中，哪些是有理数？哪些是无理数？

0.458，$3.\dot{7}$，$-\pi$，$-\dfrac{1}{7}$，18。

2. 判断题

（1）有理数与无理数的差都是有理数。

（2）无限小数都是无理数。

（3）无理数都是无限小数。

（4）两个无理数的和不一定是无理数。

3. 下列各数中，哪些是有理数？哪些是无理数？

0.253，$-\dfrac{2}{3}$，$4.\overset{..}{9}\overset{}{6}$，$3.1415926$，$-5.2323332\cdots$，$123456789101112$
$\cdots$（由相继的正整数组成）。

在下列每一个圈里，至少填入三个适当的数。

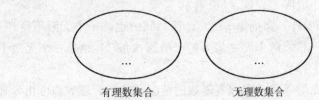

有理数集合　　　　　　无理数集合

学生：先独立思考，再小组合作交流，然后小组代表发言。

教师活动：走到学生当中，对学习有困难的学生提供适当的帮助。

设计意图：通过例题的讲解、随堂练习，让学生充分理解无理数、有理数的概念及区别，并能让教师及时对学生所学知识进行了解，让学生经历运用知识解决问题的过程，给学生获得成功体验的空间，激发学生的积极性，建立学好数学的信心。

四、归纳小结，认知升华

学生思考，谈自己的收获和体会。教师给以补充，总结以下内容：

1. 用计算器进行无理数的估算。

2. 无理数的定义。

3. 判断一个数是无理数或有理数。

设计意图：让学生学会及时对知识点、数学方法进行总结，并形成经验，养成良好的学习习惯，提高学生的归纳总结能力。

五、布置作业，分层训练

必做题：教材习题2.2　1，2题。

选做题：1. 如图，在 $\triangle ABC$ 中，$CD \perp AB$，垂足为 D，$AC=6$，$AD=5$，问：CD 可能是整数吗？可能是分数吗？可能是有理数吗？

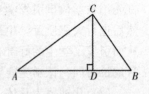

2. 体积为 3 的正方体的边长可能是整数吗？可能是分数吗？可能是有理数吗？请说明你的理由。

设计意图：考虑到学生的实际情况分层布置作业，必做题面向全体，让学生巩固知识的同时，有一定的创新空间，选做题供学有余力的同学研究、学习。

【板书设计】

2.1　认识无理数（2）		
一、导入	例题：	三、练习
二、新课		
1. 无理数的定义		
2. 无理数和有理数的区别		

【教学反思】

本节课主要是引入无理数的概念。对概念的处理，注重了概念的形成过程，让学生在具体的活动中获得认识，增强理解。引入时感知生活中确实存在不同于有理数的数，产生探求的欲望。它不是有理数，那它是什么数？再让学生进一步借助计算器充分探索，得出它是一个无限不循环小数，从而给出无理数的概念。这与历史上无理数的产生和发展过程是一致的，符合人的认识规律，同时让学生体会到抽象的数学概念在现实世界中有其实际背景。在教学时，鼓励了学生动手、动脑、动口，与同伴进行合作，并充分地开展交流。通过合作探索，经历无理数的产生过程，精心设问，适时、适度采用激励性语言,提高学生学习积极性,从而较好地完成实数概念的建构,达成教学目标。

在教学过程中,很多学生认为无限小数一定是无理数,其实这种说法是错误的。因为无限小数包括无限循环小数和无限不循环小数,其中无限循环小数是有理数,而无限不循环小数才是无理数,这一点在教学过程中要注意强调。

(1) 生活是数学的源泉,兴趣是学习的动力

大量事实都证明一点,与生活贴得越近的东西最容易引起学习者的浓厚兴趣,才能激发学习者的学习积极性,学习才可能是主动的。本节课中教师首先用数学故事引发学生学习的欲望,把课程内容通过有趣故事呈现出来,然后进行大胆质疑,生活中的数并不都是有理数,那它们究竟是什么数呢?从而引发了学生的好奇心,为获取新知创设了积极的氛围。在教学中不要盲目地抢时间,让学生能够充分的思考与操作。

(2) 化抽象为具体

常言道:"数学是锻炼思维的体操",数学教师应通过一系列数学活动开启学生的思维,因此对新数的学习不能仅仅停留于感性认识,还应要求学生充分理解,并能用恰当数学语言进行解释。正是基于这个原因,在教学过程中,刻意安排了一些环节,加深对新数的理解,充分感受新数的客观存在,让学生觉得新数并不抽象。

(3) 强化知识间联系,注意纠错

既然称之为"新数",那它当然不是有理数,亦即不是整数,也不是分数,所以"新数"不可以用分数来表示,这为进一步学习"新数",即第二课时教学埋下了伏笔,在教学中,要着重强调这一点:"新数"不能表示成分数,为无理数的教学奠定好基础。

课例 3 《2.2 算术平方根 (第 1 课时)》教学设计

教学分析

【教材分析】

本节课是义务教育课程标准实验教科书北师大版八年级(上)第 2 章《实数》的第 2 节《平方根》的第 1 课时《算术平方根》。初中阶段学生对数的认识要由有理数范围扩大到实数范围,本节内容主要是算术平方根的概念和性质的教学,是在七年级学习了乘方运算的基础上安排的,而本课是学习无理数的前提,是学习实数的衔接与过渡,并且是以后学习实数运算的基

础，对以后学习物理、化学等知识及实际问题的解决起着举足轻重的作用。

【教学目标】

知识技能：在具体的情境中，了解算术平方根的概念；会用根号表示一个数的算术平方根；利用平方求正数的算术平方根。

数学思考：经历从实际例子归纳出算术平方根概念的过程，理解概念的本质；学会独立思考，建立初步的数感和符号感，发展概括归纳能力。

问题解决：通过合作学习发展学生的合作意识；运用所学的数学知识解决简单的数学问题，提高应用意识和实践能力。

情感态度：学生通过对生活中实际问题的解决，体验数学的作用与价值；在合作学习的过程中，体验学习数学的快乐。

【教学重难点】

重点：算术平方根的概念，会用根号表示一个数的算术平方根，求某些非负数的算术平方根。

难点：算术平方根的概念和双重非负性，对符号"$\sqrt{a}$"意义的理解。

【教学准备】

ppt 课件

【我的思考】

本节课的内容首先介绍算术平方根的概念，在理解和深化算术平方根概念的前提下，逐步探索算术平方根的性质，为下节课学习平方根奠定了基础。在前面学生已经学习了平方，本节内容在学生已有的知识基础上，利用平方来求一些正数的算术平方根。

学生已具备了对无理数的认识，知道只有有理数是不够的，学生还具备了乘方运算的基础，对于本课认识算术平方根做好了铺垫。在前面的学习过程中，学生已经经历了很多合作学习的过程，具备了一定的合作学习的经验，具备了一定的合作与交流的能力。这节课的教学，力求从学生实际出发，以他们熟悉的问题情景引入学习主题，引出算术平方根的概念。算术平方根的双重非负性是本节课的难点，为了突破难点，我采用小组合作交流归纳总结性质、巩固性质，既让全体学生参与到学习中来，体现他们的主体地位、教师的主导作用，又培养了学生概括归纳能力，让学生体会分类思想。

教学设计

【教学过程】

一、创设情境，导入新课

课件出示问题情境：

王明同学准备参加学校举行的美术作品比赛。他想裁出一块面积为 $25dm^2$ 的正方形画布，画上自己的得意之作参加比赛，请你帮他计算一下这块正方形画布的边长应取多少？

教师请一名学生读题后，学生独立思考，积极回答问题。教师接着用课件出示：

王明还要准备一些面积如下的正方形画布，请你帮他把这些正方形的边长都算出来：（课件出示表格）

正方形的面积/dm²	1	9	13	16	20	36	0.04
正方形的边长/dm							

教师让学生独立思考后回答。学生不知道面积是 13、20 的正方形的边长是多少，这节课我们就来学习《算术平方根》。（板书课题 2.2.1 算术平方根）

设计意图：带着问题进入到这节课的学习，激发了学生的求知欲望。

二、初步探究，获取概念

1. 情境引出概念

教师告诉学生 1 是 1 的算术平方根，3 是 9 的算术平方根，4 是 16 的算术平方根，0.2 是 0.04 的算术平方根，然后教师给出算术平方根的概念。

一般地，如果一个正数 x 的平方等于 a，即 $x^2 = a$，那么这个正数 x 就叫做 a 的算术平方根，记为"$\sqrt{a}$"，读作"根号 a"，a 叫做被开方数。特别地，我们规定 0 的算术平方根是 0，即 $\sqrt{0} = 0$。

2. 理解概念

教师讲解概念后引导学生回答面积是 13、20 的正方形的边长是多少。

设计意图：了解算术平方根的概念，知道平方运算和求正数的算术平方根是互逆的运算。

3. 明晰概念

教师提出问题：你能举出一些算术平方根的例子吗？

学生会结合刚才学习的概念，踊跃回答老师的问题。

设计意图：通过一些具体实例，学生对算术平方根有一定的感性认识，渗透从特殊到一般的思想，也为下一环节做好铺垫。

三、巩固概念，发现性质

1. 巩固概念

例1 求下列各数的算术平方根：

（1）900；（2）1；（3）$\frac{49}{64}$；（4）14。

教师引导学生从算术平方根的概念入手，让学生回答第（1）题，教师规范书写过程。学生有了上一环节学习的基础，对算术平方根的概念有了一定的理解，回答本题是很容易的。

其余的三道小题让学生在练习本上完成，指名学生板演。

学生做完后师生共同评价。

教师应关注学生是否真正理解概念。

设计意图：体验求一个正数的算术平方根的过程，强化学生对算术平方根概念的认识。让学生明白有的正数的算术平方根是有理数，有的正数的算术平方根只能用根号表示，不是带根号的数都是无理数。

解：（1）因为 $30^2=900$，所以 900 的算术平方根是 30，即 $\sqrt{900}=30$；

（2）因为 $1^2=1$，所以 1 的算术平方根是 1，即 $\sqrt{1}=1$；

（3）因为 $\left(\frac{7}{8}\right)^2=\frac{49}{64}$，所以 $\frac{49}{64}$ 的算术平方根是 $\frac{7}{8}$，即 $\sqrt{\frac{49}{64}}=\frac{7}{8}$；

（4）14 的算术平方根是 $\sqrt{14}$。

2. 发现性质

通过例1的教学，教师提出问题：是不是所有的数都有算术平方根呢？为什么？让学生带着这些问题小组讨论，讨论后汇报结果。

学生归纳，学生可能一次总结不到位，教师加以引导、修正。重点是让学生回答出负数为什么没有算术平方根。

师生共同得出一个正数的算术平方根是正数，0 的算术平方根是 0，负数没有算术平方根，从而进一步得出：（1）被开方数 a 必须是非负数；（2）$\sqrt{a}\geqslant0$

教师应关注：（1）学生的语言表达。

（2）学生是否能认真思考并积极参与到讨论的问题中。

设计意图：通过讨论，学生深化算术平方根的概念，更进一步了解算术平方根的性质，并体会分类思想。

3. 巩固性质

刚才我们学习了算术平方根的性质，怎么应用呢？

课件出示：

(1) 下列各式是否有意义，为什么？

①$-\sqrt{3}$；②$\sqrt{-3}$；③$\sqrt{(-3)^2}$；④$\sqrt{\dfrac{1}{10^2}}$

这道题由学生独立思考后回答，教师指正。

(2) 已知 $|x-2|+\sqrt{y+4}=0$，求 y^x 的值。

学生小组讨论后再解答。

这道题应用绝对值和算术平方根的非负性，对于初学者有一定的难度，所以让学生小组讨论后再解答。教师巡视，在展台上展示学生的练习，对于出现的问题给予指正并强调书写过程。

解：因为 $|x-2|$ 和 $\sqrt{y+4}$ 都是非负数，并且 $|x-2|+\sqrt{y+4}=0$，所以 $|x-2|=0$，$\sqrt{y+4}=0$，解得 $x=2$，$y=-4$，所以 $y^x=(-4)^2=16$。

设计意图：认识到算术平方根定义中的两层含义：$\sqrt{a}$ 中的 a 是一个非负数，a 的算术平方根 $\sqrt{a}$ 也是一个非负数，负数没有算术平方根。这也是算术平方根的性质——双重非负性。

四、走进生活，深入探究

请同学们猜一猜，把一支粉笔从六楼扔下，落到地上大约需要多长时间呢？

学生对这个贴近生活的问题很感兴趣，会纷纷猜想。这时教师告诉学生做完下面的题就知道谁的猜想是正确的了。学生带着好奇心去探究例2。课件出示例2：

例2　自由下落物体的高度 h（m）与下落时间 t（s）的关系为 $h=4.9t^2$。有一铁球从 19.6m 高的建筑物上自由下落，到达地面需要多长时间？

教师引导学生小组合作完成本题，指名学生到黑板板演。学生多能利用等式的性质将 $h=4.9t^2$ 进行变形，再用求算术平方根的方法求得题目的解。

设计意图：通过解决实际问题，学生再一次深入地认识算术平方根的概念，发展应用意识，体会数学与生活是息息相关的。

解：将 $h = 19.6$ 代入公式 $h = 4.9t^2$，得 $t^2 = 4$，所以 $t = \sqrt{4} = 2$（s）。

即铁球到达地面需要 2s。

教学例 2 后验证猜想，粉笔落在地上的时间少于 2s。

五、课堂小结，总结收获

学习了本节课，对自己，你有哪些收获？

对同学，你有哪些温馨提示？

对老师，你有哪些困惑？

学生归纳出本节课的主要内容：

（1）算术平方根的概念，式子 $\sqrt{a}$ 中的双重非负性：一是 $a \geqslant 0$，二是 $\sqrt{a} \geqslant 0$。

（2）算术平方根的性质：一个正数的算术平方根是一个正数；0 的算术平方根是 0；负数没有算术平方根。

（3）一个正数的算术平方根的运算与平方运算是互逆的，利用这个互逆运算关系求非负数的算术平方根。

设计意图：其目的是让知识形成体系，理清新知识，培养学生概括提炼能力。

六、慧眼识金，巩固提高

在这个环节，采用分小组竞赛的形式完成。第 1 题的 6 个小题和 2 题的前 4 个小题由中等以下的同学完成，第 2 题的后 3 个小题由中等及偏上的同学完成，第 3 题由中等及偏上的同学完成，第 4 题作为探究题。

1. 填空题：

（1）81 的算术平方根是_____；

（2）$\sqrt{9} = $ _____；

（3）$\sqrt{9}$ 的算术平方根是_____；

（4）$(\frac{2}{3})^2$ 的算术平方根是_____；

（5）若一个数的算术平方根是 7，那么这个数是_____；

（6）算术平方根是它本身的数是_____。

学生抢答，教师给予评价。

教师应关注：

（1）计算的准确性；

（2）是否准确理解概念，对于变形题是否会做。

设计意图：考查学生对算术平方根概念的理解，以及用符号语言表示算术平方根的能力。

2．求下列各数的算术平方根：

36，$\dfrac{121}{144}$，15，0.64，$\sqrt{225}$，$\left(\dfrac{5}{6}\right)^0$，$10^{-4}$。

设计意图：检测学生对算术平方根的概念的掌握情况。

3．求下面各式的值：

① $\sqrt{0.81}$；② $-\sqrt{\dfrac{100}{169}}$；③ $\sqrt{0.09}-\sqrt{0.36}$；

教师应关注：学生是否理解用符号语言表示算术平方根。

4．求 $\sqrt{2^2}$，$\sqrt{(-3)^2}$，$\sqrt{5^2}$，$\sqrt{(-6)^2}$，$\sqrt{7^2}$，$\sqrt{0^2}$ 的值。

对于任意数 a，$\sqrt{a^2}$ 等于多少？

练习由浅入深，一步步加深对算术平方根的概念以及性质的认识。对学生的回答，教师要给予评价和点评，教师要强调解题过程。

设计意图：不同层次的习题，安排不同层次的学生完成，不同的学生得到了不同的发展。

七、课后作业，知识再现

1．必做作业

（1）求下列各数的算术平方根。

① 49；② $\dfrac{4}{25}$；③ $\dfrac{1}{10^6}$；④ 0.0016。

（2）求下列各式的值。

① $\sqrt{1}$；② $\sqrt{\dfrac{9}{25}}$；③ $\sqrt{2^2}$。

设计意图：教师得到反馈信息，及时了解学生的学习效果，并且将所学知识通过训练，内化为解题能力。

2．选做作业

（1）若 x，y 满足 $\sqrt{2x-1}+\sqrt{1-2x}+y=5$，求 xy 的值。

（2）求 $(\sqrt{4})^2$，$(\sqrt{9})^2$，$(\sqrt{25})^2$，$(\sqrt{36})^2$，$(\sqrt{49})^2$，$(\sqrt{0})^2$ 的值。

对于任意非负数 a，$(\sqrt{a})^2$ 等于多少？

设计意图：加深对算术平方根概念中两层含义的认识，会用算术平方根的概念来解决有关的问题。

【板书设计】

2.2.1算术平方根

一、概念　　　　　　　　　　　例1　　　　　　　板演

算术平方根：

二、性质

1. $a \geqslant 0$；$\sqrt{a} \geqslant 0$　　　　　　例2　　　　　　板演

2. 一个正数的算术平方根是一个正数；

0的算术平方根是0；

负数没有算术平方根。

【教学反思】

本节课《算术平方根》的内容不是很多，但是容易与平方根混淆，是学好平方根的关键。

以前在教学这节课时，主要是以老师教为主，教师教完概念后就是做题，学生对概念掌握的不是很好，没有真正地理解，学得快忘得也快。按照《课标》的要求：对于数学概念的教学，要关注概念的实际背景与形成过程。先由情境引出概念，然后让学生理解概念、明晰概念，层层深入地讲解知识，学生在脑中有深刻印象。在带领学生巩固概念后，通过学生自己合作交流又发现了算术平方根的性质，把课堂还给学生，以学生为主体，效果不错。学生在学习中变被动为主动，积极地投入到学习中去，学习热情高，课堂效果自然提高。

当然，这节课还存在很多细节问题，以后有待改正。在以后的教学过程中也要通过练习发现学生存在的问题，并对一些典型的错题进行分析讲解，通过练习规范学生的解题格式，提高学生解决实际问题的能力。

课例4　《5.1.3同位角、内错角、同旁内角》教学设计

教学分析

【教材分析】

《同位角、内错角、同旁内角》是人教版义务教育教科书初中数学七年级下册第五章《相交线与平行线》的第一节第3课时的内容。

由于角的形成与两条直线的相互位置有关，学生已有的概念是两相交直线所形成的有公共顶点的角（邻补角、对顶角等），即两线四角。在此基础上引出了这节课：两直线被第三条直线所截形成的没有公共顶点的八个角的位置关系——同位角、内错角、同旁内角。研究这些角的关系主要是为了学

习平行线做准备，同位角、内错角、同旁内角的判定恰恰是后面顺利地学习平行线的性质与判定的基础和关键。这一节内容起到了承上启下的作用。

【教学目标】

1. 知识技能：了解同位角、内错角、同旁内角的概念。

2. 数学思考：经历探究是哪两条直线被第三条直线所截而成的同位角、内错角、同旁内角。

3. 问题解决：会识别同位角、内错角、同旁内角。

4. 情感态度：在活动中培养学生乐于探索、合作学习的习惯。

【教学重难点】

重点：已知两直线和截线，会判断同位角、内错角、同旁内角。

难点：已知两个角，判别是哪两条直线被第三条直线所截而形成的什么位置关系的角。

【我的思考】

本节课用问题串来引导学生自主探索，给学生充分的合作交流、自主学习的时间和空间，让学生充分感受概念形成的过程，使他们在自主探索的过程中理解和掌握概念，并获得数学活动的经验，提高探究、发现和创新的能力。并且在教学过程中，给出了大量的变式的图形，让学生在变化中将知识分辨清楚。教学中，如果遇到复杂图形，首先根据角的边分解出基本图形，两个角的公共边所在直线为截线，一旦确定截线，可根据定义确定三类角，也可根据图形确定三类角，如 F 形的同位角，Z 形的内错角，U 形的同旁内角。另外，对于同旁内角也可根据三角形内有三对同旁内角，四边形有四对同旁内角，确定了三角形或四边形后再去找，让学生准确地找到同位角、内错角、同旁内角。

教学设计

【教学过程】

一、复习提问，引入新课

（1）如图两条直线 CD 和 AB 相交，能形成哪些具有什么关系的角？

设计意图：本节课是研究两条直线被第三条直线所截成的不共顶点的角的位置关系，它是以两条直线相交构成的四个角的知识为基础的，因此复习两线相交所成的四角的相关知识可起到承上启下的作用。

（2）如图，若再添一条直线，即两条直线 *AB*、*CD* 被第三条直线 *EF* 所截，它们之间又是什么位置关系的角呢？

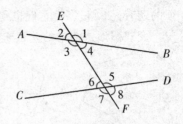

设计意图：通过在两线相交的基础上填线的方式引入了两条直线被第三条直线所截的情形，这可以让学生认识到这是相交线的

又一种情况，而我们这节课所要研究的角也是与相交线有关系的角，从而让学生认识事物间是发展变化的辩证关系。

二、观察交流，探索新知

1. 同位角、内错角，同旁内角的概念

（1）先观察右图中 ∠1 和 ∠5，这两个角分别在直线 *AB*、*CD* 的上方，并且都在直线 *EF* 的右侧，像这样位置相同的一对角叫做同位角。在图中，像这样具有类似位置关系的角还有吗？如果你仔细观察，会发现 ∠2 与 ∠6，∠3 与 ∠7，∠4 与 ∠8 也是同位角。

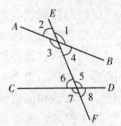

变式图形：图中的 ∠1 与 ∠2 都是同位角。

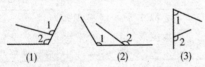

图形特征：在形如字母 "F" 的图形中有同位角。

（2）再看 ∠3 与 ∠5，这两个角都在直线 *AB*、*CD* 之间，且 ∠3 在直线 *EF* 左侧，∠5 在直线 *EF* 右侧，像这样的一对角叫做内错角。同样，∠4 与 ∠6 也具有类似位置特征，∠4 与 ∠6 也是内错角。

变式图形：图中 ∠1 与 ∠2 都是内错角。

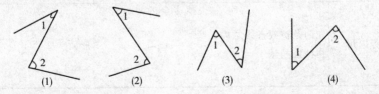

图形特征：在形如 "Z" 的图形中有内错角。

（3）在上述图中，∠3 和 ∠6 也在直线 *AB*、*CD* 之间，但它们在直线 *EF* 的同一旁，像这样的一对角，我们称它为同旁内角。具有类似的位置特征的还有∠4 与∠5，它们也是同旁内角。

变式图形：图中的∠1 与∠2 都是同旁内角。

(1)　　　　　(2)　　　　　(3)　　　　　(4)

图形特征：在形如"U"的图形中有同旁内角。

设计意图：在探索同位角、内错角、同旁内角的概念的过程中，首先以同位角的探索过程为例，向学生展示概念得出和加深理解的过程，这为下一步学生自主探究内错角、同旁内角的概念作了示范，学生互相评价可以增加讨论的深度，教师最后评价可以统一学生的观点，学生在议议评评的过程中明理、增智，培养了能力；让学生自己尝试学习，可以充分发挥学生的积极性、主动性和创造性。变式图形引导学生多层次，多角度思维能力，鼓励学生自主探索、感受成功的喜悦。

2. 归纳特征

角的名称	位置特征	基本图形	图形结构特征
同位角	在两条被截直线同旁，在截线同侧	去掉多余的线显现基本图形	形如字母"F"（或倒置）
内错角	在两条被截直线之内，在截线两侧（交错）	去掉多余的线显现基本图形	形如字母"Z"（或反置）
同旁内角	在两条被截直线之内，在截线同侧	去掉多余的线显现基本图形	形如字母"U"

设计意图：在识别同位角、内错角、同旁内角时，在截线的同旁找同位角和同旁内角，在截线的不同旁找内错角，因此在"三线八角"的图形中的主线是截线，抓住了截线，再利用图形结构特征（"F"、"Z"、"U"）判断，问题就迎刃而解。

三、例题讲解，巩固训练

例1　如右图，直线 DE 截 AB，AC，构成 8 个角，指出所有的同位角，内错角，同旁内角

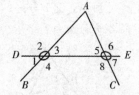

（1）分析：两条直线是 AB，AC，截线是 DE，所以 8 个角中

同位角：$\angle 2$ 与 $\angle 5$，$\angle 4$ 与 $\angle 7$，$\angle 1$ 与 $\angle 8$，$\angle 6$ 和 $\angle 3$；内错角：$\angle 4$ 与 $\angle 5$，$\angle 3$ 与 $\angle 8$；同旁内角：$\angle 3$ 与 $\angle 5$，$\angle 4$ 与 $\angle 8$。

（2）变式：$\angle A$ 与 $\angle 8$ 是哪两条直线被第 3 条直线所截的角？它们是什么关系的角？（AB 与 DE 被 AC 所截，是同位角）

$\angle A$ 与 $\angle 5$ 呢？（AB 与 DE 被 AC 所截，是同旁内角）

$\angle A$ 与 $\angle 6$ 呢？（AB 与 DE 被 AC 所截，是内错角）

（3）归纳：变式是例题的逆向思维，即已知两角，如何寻找两直线和截线，引导学生得出。

两个角有一边在同一直线上，则这条直线就是截线，其余两边所在的直线是两直线。

设计意图：变式训练培养学生广阔的思维，鼓励学生积极思考，勇于探索，学生独立完成变式或合作构建变式问题，各学习小组相互交流，老师适时指导，对不同层次的学生在变式中的困难进行针对性的指导分析，在构造角的过程，深刻理解它们的含义。

例2　如右图，直线 DE、BC 被直线 AB 所截，

（1）$\angle 1$ 与 $\angle 2$，$\angle 1$ 与 $\angle 3$，$\angle 1$ 与 $\angle 4$ 各是什么关系的角？

（2）如果 $\angle 1 = \angle 2$，那么同位角 $\angle 1$ 和 $\angle 4$ 相等，同旁内角 $\angle 1$ 和 $\angle 3$ 互补。请说明理由

分析：如果 $\angle 1 = \angle 2$，由对顶角相等，得 $\angle 2 = \angle 4$，那么 $\angle 1 = \angle 4$。因为 $\angle 2$ 与 $\angle 3$ 互补，即 $\angle 2 + \angle 3 = 180°$，又因为 $\angle 1 = \angle 2$，所以 $\angle 1 + \angle 3 = 180°$，即 $\angle 1$ 和 $\angle 3$ 互补。

设计意图：例题较简单，让学生口答，回答"为什么"只要求学生能用文字语言把主要根据说出来，讲明道理即可，不必太规范，等学习证明时再严格训练。第 2 问研究角与角的数量关系，目的是直接为后面平行线的判定、平行线的性质做准备；突出对顶角及其性质在解决同位角、内错角、同旁内角问题中的作用，呼应两线中的对顶角引入新知识，加强两者之间的联系，认识事物间发展变化的辩证关系。

四、应用拓展，熟练技能

图中，∠1与∠2，∠3与∠4各是哪一条直线截哪两条直线而成的？它们各是什么角？

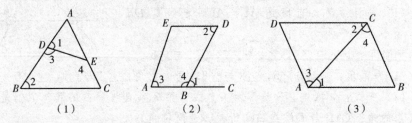

（1）　　　　　（2）　　　　　（3）

分析：两个角若有一边在同一条直线上，则这条直线即为截线，这两个角的另一边所在的两直线即为被截的两条直线。

解：图（1）中，∠1的边 *DA* 与∠2的边 *BD* 都在直线 *AB* 上，这两个角的另一边分别是 *DE*、*BC*。所以∠1和∠2是直线 *AB* 截 *DE*、*BC* 而成的一对同位。∠3的边 *DE* 和∠4的边 *ED* 都在直线 *DE* 上，这两个角的另一边分别是 *DB*、*EC*。所以∠3和∠4是直线 *DE* 截 *DB*、*EC* 所成的一对同旁内角。

图（2）中，∠1的边 *BD* 与∠2的边 *DB* 都在直线 *BD* 上，这两个角的另一边分别是 *DE*、*BC*。所以∠1和∠2是直线 *DB* 截直线 *DE*、*BC* 所成的一对内错角。∠3的边 *AB* 与∠4的边 *BA* 都在直线 *AB* 上，它们的另一边分别是 *AE*、*BD*。所以∠3和∠4是直线 *AB* 截 *AE*、*BD* 成的一对同旁内角。

图（3）中的∠1的边 *AC* 与∠2的边 *CA* 都在直线 *AC* 上，它们的另一边分别是 *AB*、*CD*。所以∠1和∠2是直线 *AC* 截 *AB*、*CD* 所成的内错角。同样∠3和∠4是直线 *AC* 截 *AD*、*CB* 所成的内错角。

设计意图：设计此环节重在考查学生对本节课的理解和运用的能力。在学习基础知识的基础上，拓展学生思维，训练学生在复杂图形中分离基本图形的能力，提高学生的学习兴趣。

五、课堂小结：说出你这节课的收获和体验？

问题1：本节课你学习了什么？

问题2：本节课你还有哪些疑问？

问题3：通过今天的学习，你想进一步探究的问题是什么？

设计意图：设计三个问题引导学生回顾自己的学习过程，将所学知识进行归纳总结，加强了知识间的联系，让学生畅所欲言，加强反思、提炼知识，将其纳入自己的知识结构。

六、布置作业

教科书习题 5.1 第 11 题，复习题 5 第 7 题

设计意图：巩固基础知识，拓展学生思维，训练学生在复杂图形中分离基本图形的能力，提高学生的学习兴趣。

【板书设计】

5.1.3 同位角、内错角、同旁内角

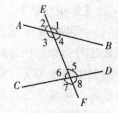

同位角："F"字形，"同旁同侧"∠1 和∠5 共 4 对

内错角："Z"字形，"之间两侧"∠3 与∠5 共 2 对

同旁内角："U"字形，"之间同侧"∠3 和∠6 共 2 对

【教学反思】

成功之处：对于同位角、内错角、同旁内角除了让学生了解定义外，还可以用图形的特点进行描述。引导学生观察、思考三种类型的角在位置上有何特征，它们是哪两条直线被哪条直线所截形成的一对角，区别两直线和第三条直线与这些角的关系，进一步紧紧扣住谁是"被截两直线"，谁是"截线"，如同位角类似于"F"形，内错角类似于"Z"形，同旁内角类似于"U"形，形象地使学生轻松突破这节课的难点。

不足之处：本节课学生对简单图形的同位角、内错角、同旁内角判定较准确，但一些略复杂的图形学生对同位角、内错角、同旁内角的多解的题目判定就不够准确、不够全面。针对课堂反馈的信息及时对学习困难的学生进行补差补缺、对角的理解的问题及时纠正，让每个学生都有收获，激发他们学习的兴趣。

（二）定理公式法则课教学设计课例

课例 1 《17.1.1 勾股定理（第 1 课时）》教学设计

教学分析

【教材分析】

这节课是人教版八年级（下）教材第十七章《勾股定理》第一节的内容。勾股定理的内容是全章内容的重点、难点，它的地位作用体现在以下三个方面：

1. 勾股定理是学习锐角三角函数与解直角三角形的基础，学生只有正确掌握了勾股定理的内容，才能熟练地运用它去解决生活中的测量问题。

2. 本章"勾股定理"的内容在本册书中占有十分重要的地位，它是学

习三角函数的基础，在知识结构上它起到了承上启下的作用，它与实数、二次根式、方程等知识有着重要的联系。将来我们学习圆、四边形、一元二次方程后，它的应用范围更大。

3. 解直角三角形内容在航空、航海等各个方面都有着广泛的应用，并与生活息息相关。

【学生分析】

八年级学生独立思考和探索的愿望有所提高，并能在探索的过程中形成自己的观点。在解题时学生急于追求结果，常常丢写或错写证明的条件，应注意让学生感受几何推理的严谨性，所以在本节课中设置了一些针对性的练习题，保证学生对基础知识和方法的掌握。

【教学目标】

知识与技能

理解勾股定理的探索过程，会用勾股定理进行计算。

过程与方法

体验勾股定理的探索过程，通过勾股定理的应用培养方程的思想、数形结合的思想以及逻辑推理能力、解决问题的能力。

情感态度价值观

1. 通过对实际问题的有目的的探索和研究，培养学生探究意识，激发学好数学的自信心。

2. 通过小组活动，培养学生的合作交流意识。

【教学重难点】

重点：用勾股定理进行简单的计算。

难点：勾股定理的验证过程及灵活应用。

【我的思考】

本课时教学强调让学生经历数学知识的形成与应用过程，以学生自主探索为主，并强调同桌之间的合作与交流，强化探究意识。

让学生通过动手、动脑、动口自主探索，感受到"无处不在的数学"与数学的美，以提高学习兴趣，进一步体会数学的地位与作用。多媒体手段辅助教学，从而提高学生学习数学的兴趣。

教学设计

【教学过程】

活动一

（一）创设问题情境

1. 你听说过"勾股定理"吗？

（1）3000 年前，我国著名的《算经十书》最早的一部《周髀算经》，书中记载有"勾广三，股修四，径隅五"。这作为勾股定理特例的出现。

（2）勾股定理是古希腊数学家毕达哥拉斯发现的，西方国家称勾股定理为"毕达哥拉斯"定理。

2. 毕达哥拉斯是古希腊著名的数学家，相传在 2500 年以前，他在朋友家做客时，发现朋友家用地砖铺成的地面反映了直角三角形的某种特性。

（1）现在请你也观察一下，你能有什么发现吗？

设计意图：学生在解决问题的过程中，初步体会利用割补、旋转、数格子的方法探究正方形面积之间的关系，主动建立由形到数，由数到形的联想，从而得出结论：等腰直角三角形的直角边的平方和等于斜边的平方。

（2）等腰直角三角形是特殊的直角三角形，一般的直角三角形是否也有这样的特点呢？

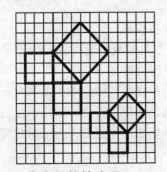 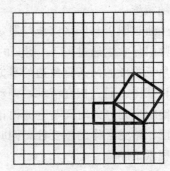

（3）你有新的结论吗？

学生自己画图，并观察图片，分组交流讨论。

设计意图：

①通过讲故事，让学生了解历史，培育学生爱国主义情操，激发学习的积极性。

②渗透从特殊到一般的数学思想，为学生提供参与数学活动的时间与空间，发挥学生的主体作用；培养学生类比迁移能力及探索问题的能力，使学

生在相互欣赏、互相帮助中得到提高。

③鼓励学生尝试从不同角度去寻求解决问题的有效方法。并通过方法的反思，获得解决问题的经验。

活动二

动手操作

（1）用 8 个全等的直角三角形，两直角边分别为 a，b，斜边为 c，拼两个正方形，你能拼出来吗？

（2）面积分别怎样来表示，它们有什么关系呢？

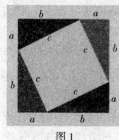

图1　　　　　图2

师生行为：

教师提出问题，学生在独立思考的基础上以小组为单位，动手拼接。

学生展示分割、拼接的过程；学生通过图形的拼接、分割，通过数学的计算发现结论。

师生通过图 1 共同来完成勾股定理的数学验证。

教师引导学生通过图 1、图 2 的拼接让学生发现结论并得出结论：

直角三角形的两条直角边的平方和等于斜边的平方

设计意图：通过探究活动，调动学生的积极性，激发学生的探求新知的欲望。给学生充分的时间与空间讨论、交流、推理、发现，鼓励学生发表自己的见解，感受合作的重要性。同时培养学生的操作能力，为以后探究图形的性质积累了经验。

在本次活动中教师应重点关注：

①学生对拼图的积极性。是否感兴趣；

②学生能否通过拼图活动获得数学结论；是否能通过合理的分割。

③学生能否通过已有的数学经验来发现结论的正确性。

④学生能否用自己的语言正确的表达自己的观点。

活动三：

例题示范：

例1 如图,将长为 5.41m 的梯子 AC 斜靠在墙上,BC 长为 2.16m,求梯子上端 A 到墙的底端 B 的距离 AB（精确到 0.01m)

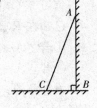

(学生口述,教师板书,纠正不恰当的数学语言。)

解:在 Rt△ABC 中,∠ABC=90°,BC=2.16,CA=5.41 根据勾股定理得:

$$AB=\sqrt{AC^2-BC^2}=\sqrt{5.41^2-2.16^2}\approx4.96 \text{(m)}$$

例2 如图,为了求出湖两岸的 A、B 两点之间的距离,一个观测者在点 C 设桩,使三角形 ABC 恰好为直角三角形。通过测量,得到 AC 长 160m,BC 长 128m。问从点 A 穿过湖到点 B 有多远?

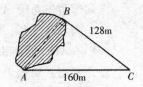

(学生口述,教师板书,纠正不恰当的数学语言。)

解:在直角三角形 ABC 中,AC=160,BC=128, 根据勾股定理可得

$$AB=\sqrt{AC^2-BC^2}$$
$$=\sqrt{160^2-128^2}$$
$$=96 \text{(m)}$$

答:从点 A 穿过湖到点 B 有 96m。

例3 在我国古代数学著作《九章算术》中记载了一道有趣的问题,这个问题的意思是:有一个水池,水面是一个边长为 10 尺的正方形,在水池的中央有一根新生的芦苇,它高出水面 1 尺,如果把这根芦苇垂直拉向岸边,它的顶端恰好到达岸边的水面,请问这个水池的深度和这根芦苇的长度各是多少?

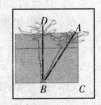

活动四:巩固练习

练习1（填空题)

已知在 Rt△ABC 中,∠C=90°。

①若 a=3,b=4,则 c=_____;

②若 a=40,b=9,则 c=_____;

③若 a=6,c=10,则 b=_____;

④若 c=25,b=15,则 a=_____。

设计意图:使学生熟识常见的勾股数。

练习 2（填空题）

已知在 Rt△ABC 中，∠C＝90°，AB＝10。

①若∠A＝30°，则 BC＝＿＿＿＿，AC＝＿＿＿＿；

②若∠A＝45°，则 BC＝＿＿＿＿，AC＝＿＿＿＿。

设计意图：体会在直角三角形中，已知特殊角和一条边，即可解直角三角形。

练习 3

已知等边三角形 ABC 的边长是 6cm。求：

（1）高 AD 的长；

（2）△ABC 的面积。

设计意图：对知识点 2 的拓展，体现知识的迁移。

师生行为：

教师提出问题。学生思考、交流，解答问题。教师正确引导学生正确运用勾股定理来解决实际问题。

在本次活动中教师应重点关注：

①学生能否通过勾股定理来解决实际问题。

②学生是否能通过图形来解决数学问题（数形结合思想）。

③学生的表达语言是否规范。

④引导有差异的学生，能让这部分的学生基本上能理解勾股定理的实质（直角三角形的两条直角边的平方和等于斜边的平方）。

活动五：

课堂小结

1. 通过本节课你学到哪些知识？有什么体会？

2. 布置作业

【鼓励评价】

我的收获是……

我感到最困惑的是……

今后我的学习打算是……

设计意图：教师不必拘泥于学生总结的全面与否、深度如何，只要他们通过学习积累了属于自己的数学活动经验就足够了。教师在学生总结的基础上，进一步总结、评价学生的学习表现。

【板书设计】

勾股定理

一、了解勾股定理的历史：　　例1：——　例2：——　例3：——

二、图形探究→猜想→证明1 ——　　——　　——

三、勾股定理内容：

【教学反思】

1. 本课强调引导学生在具体操作活动中进行独立思考，鼓励学生发表自己的见解。这种自主发现问题、探索问题、获得结论的学习方式，有利于学生在活动中思考，在思考中活动。

2. 培养学生的小组合作探究的能力。

3. 体会多媒体手段在教学中的重要应用。

本课强调引导学生在具体操作活动中进行独立思考的学习方式，有利于培养学生在活动中思考，在思考中活动。

课例2：《1.2 一定是直角三角形吗》教学设计

教学分析

【教材分析】

本节课是北师大版数学八年级（上）第一章《勾股定理》第二节。其主要任务是让学生经历勾股定理的逆定理的探索过程，进一步发展推理能力；掌握勾股定理的逆定理，并能进行简单应用；通过具体的数，增加对勾股数的直观体验。勾股定理的逆定理既是对直角三角形的再认识，也是判断一个三角形是不是直角三角形（确定直角）的一种重要方法，除此以外，它还是向学生渗透"数形结合"这一数学思想方法的很好素材。考虑到勾股定理逆定理与勾股定理的互逆关系，教材先从勾股定理的反面出发，给出四组数据，让学生通过摆、画三角形的实践，并结合观察、归纳、猜想等一系列探究性活动，得出勾股定理的逆命题。对于勾股定理的逆定理应用的教学，教材提供了一道例题，着眼于"双基"和"应用"这两个层面，来突出本节的教学重点。

【教学目标】

1. 知识技能：掌握勾股定理的逆定理，并能进行简单应用。

2. 数学思考：通过"创设情景—建立模型—实验探究—理论释意—拓展应用"的勾股定理的逆定理的探索过程，发展合情和演绎推理的能力。

3. 问题解决：通过对勾股定理的逆定理的探索过程，引导学生获得分析问题和解决问题的方法，在运用勾股定理的逆定理解决相关问题的过程中，体会数形结合法在问题解决中的作用。

4. 情感态度：在探究勾股定理的逆定理的证明及应用的活动中，通过一系列富有探究性的问题，让学生敢于发表自己的想法、感受成功的快乐，体会数学的价值，养成独立思考、合作交流的学习习惯。

【教学重难点】

重点：勾股定理的逆定理及其应用。

难点：勾股定理的逆定理的证明。

【教学准备】

学具：量角器。

【我的思考】

本节课的教学设计着重体现"探究"这一主题，从"古埃及人得到直角的方法"，到学生用棉线模仿操作，再到计算画图等一系列的活动，旨在让学生能够在自己充实操作、认知的情况下进行猜想与归纳，让学生归纳的基础更加扎实一些，也让学生的"探究"活动更具有可操作性。

本节课的教学设计中，还力争培养学生的"数学思考"能力，让学生从数学的角度思考问题，从"求异"的方向去思考问题。如：在引入环节，以展示古埃及人得到直角的方法为题的设计中，就体现了这一点。

教学设计

【教学过程】

一、创设情境，引入新课

问题 1：直角三角形中，三边长度之间满足什么样的关系？

问题 2：一个三角形，满足什么条件是一个直角三角形呢？

师生活动：学生一般能反映出"如果一个三角形有一个内角是直角，那么这个三角形是直角三角形"，或者"如果一个三角形中有两个角的和是 $90°$，那么这个三角形也是直角三角形"。教师可以注意到这些同学都是通过角的关系判定一个三角形是否是直角三角形的，教师进一步提出问题 3。

问题 3：如图是木工师傅做的一个三脚架，要求做成的三脚架中的△ABC 是直角三角形，完工后，木工师傅检验其是否符合规格时，一般采用直角尺去比划。若没有直角尺，只有一把测量长度的尺子，你能检验它是否符合规格吗？（出示幻灯片）

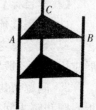

设计意图：本环节设计了三个小问题，前两个是对直角三角形的复习，最后一个问题，教师通过设置问题情境，从生活中的实际

问题作为新知识的有效切入点，既体现了数学知识来源于生活，又能激发学生的学习兴趣。

二、合作交流、探究新知

探究 1：古埃及人把一根长绳打上等距离的 13 个结，然后把第 1 个结和第 13 个结用木桩钉在一起，再分别用木桩把第 4 个结和第 8 个结钉牢（拉直绳子）。（出示幻灯片）

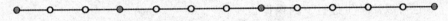

提问：(1)第 4 个结处的角是多少度？

(2)在其他结点钉木桩，还能得到类似的结果吗？

(3)这个三角形的三边长分别是多少？

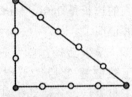

学生活动：学生以小组为单位用线模仿古埃及人的方法，在线上做出等距离的 13 个记号，并在第 1、4、8 个记号处用图钉钉牢，把第 13 个记号与第 1 个记号钉在一起，并观察思考，探究 1 中提出的问题。

设计意图：让学生如实再现情境，感觉到这种得到直角方法的巧妙。改变三角形的三边长能得到直角三角形吗？让学生通过操作进行思考边长与直角有什么关系？

教师活动：是不是只有三边长为 3、4、5 的三角形才能构成直角三角形呢？请同学们独立思考下列问题，以小组为单位进行讨论，然后展示你们小组的交流结果。（出示幻灯片）

探究 2：下面有三组数，分别是一个三角形的三边长（单位：cm）：

5，12，13；8，15，17；7，24，25。

提问：

(1) 画一画。画出边长分别是上述各组数的三角形；

(2) 量一量。用你的量角器分别测量一下小组内同学画出的三个三角形的最大角的度数，并判断上述你们所画的三角形的形状（按角分类）；

(3) 算一算。请比较上述每个三角形的两条较短边的平方和与最长边的平方之间的大小关系。你能发现什么规律？

学生活动：学生画图、度量、计算，独立思考后小组内讨论，然后在班内展示交流结果。

强调结论：如果三角形的三边长，满足 $a^2+b^2=c^2$，那么这个三角形是直角三角形。

满足 $a^2+b^2=c^2$ 的三个正整数，称为勾股数。

探究 3：有同学认为测量结果可能有误差，不同意这个发现。你认为这个发现正确吗？你能给出一个更有说服力的理由吗？

教师活动：教师引导学生回顾上一课时"议一议"活动的结论：锐角三角形和钝角三角形中，任意两边的平方和都不等于第三边平方，因此，以 3、4、5 为边的三角形不是锐角三角形和钝角三角形，一定是直角三角形。

也可以让学生进行下面操作：

画 $\triangle A'B'C'$，使 $A'C'=4cm$，$B'C'=3cm$，$\angle C'=90°$，把探究 2 中所画的边长是 3cm，4cm，5cm 的三角形记作 $\triangle ABC$，思考两个三角形的关系并证明。

学生活动：学生在教师的引导下独立思考后，小组交流、讨论、汇报展示，其他学生进行补充说明。

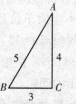
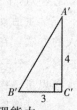

设计意图：让学生体验出数学结论的发现是要经历观察、归纳、猜想和验证的过程，体验解决问题方法的多样性，发展演绎推理能力。

三、应用新知、体验成功

教师活动：（出示幻灯片）

典型例题

1. 如图是木工师傅做的一个三脚架，要求做成的三脚架中的 $\triangle ABC$ 是直角三角形，完工后，木工师傅检验其是否符合规格时，一般采用直角尺去比划。若没有直角尺，只有一把测量长度的尺子，你能检验它是否符合规格吗？

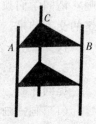

解：测量 AC、AB、BC 的长度，计算 AC^2、AB^2、BC^2，如果两条较短边的平方和等于最长边的平方，那么它是直角三角形。

2. 一个零件的形状如图所示，按规定这个零件中都应是直角。工人师傅量得这个零件各边尺寸如图所示，这个零件符合要求吗？

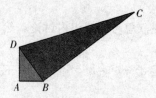
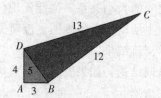

解：在 $\triangle ABD$ 中，$AB^2 + AD^2 = 9 + 16 = 25 = BD^2$，所以 $\triangle ABD$ 是直角三角形，$\angle A$ 是直角。

在 $\triangle BCD$ 中，$BD^2 + BC^2 = 25 + 144 = 169 = CD^2$，所以 $\triangle BCD$ 是直角三角形，$\angle DBC$ 是直角。

因此，这个零件符合要求。

师生活动：学生独立思考、叙述解题过程，教师板书。

设计意图：通过具体的例题让学生进一步掌握、运用勾股定理的逆定理，培养学生解决问题的能力

四、迁移应用、巩固提高

教师活动：（出示幻灯片）

1. 请完成以下未完成的勾股数：

(1) 10，26，_____；

(2) 8，15，_____；

(3) 9，40，_____。

2. 下列哪几组数据能作为直角三角形的三边长？请说明理由。

(1) 9，12，15；　　　(2) 15，36，39；

(3) 12，35，36；　　　(4) 12，18，22

3. 如图，在正方形 $ABCD$ 中，$AB = 4$，$AE = 2$，$DF = 1$，图中有几个直角三角形，你是如何判断的？与你的同伴交流。

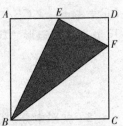

答案：1. (1) 24　　(2) 17　　(3) 41

2. (1) (4) 可以作为直角三角形的边长。

3. 图中有 4 个直角三角形，分别是：$\triangle ABE$，$\triangle DFE$，$\triangle BFC$，$\triangle BEF$。

$\triangle ABE$，$\triangle DFE$，$\triangle BFC$ 分别有一个角为正方形的内角，是直角；$\triangle BEF$ 中，可以计算出 $BE^2 = 20$，$EF^2 = 5$，$BF^2 = 25$，从而可得 $\angle BEF = 90°$，$\triangle BEF$ 也是直角三角形。

学生活动：学生独立思考，然后分小组讨论交流，汇报展示。

设计意图：通过形式不同的训练，从不同角度帮助学生进一步加深对勾股定理的逆定理的理解，培养解决问题的能力。

五、反思升华

我学会了……

我领悟到解决问题的方法是……

使我感触最深的是……

我发现生活中……

我还感到的困惑是……

学生活动：学生们畅所欲言，说出自己这节课学习的感受和收获。

设计意图：师生合作小结，培养学生归纳、概括的能力，有助于学生理清知识脉络，将新旧知识形成体系。引导学生反思学习过程，帮助学生认识自我，增强信心，巩固兴趣。

六、布置作业

必做题：

1. 教材本节习题 1.3　第 3、4 题。

2. 已知在 $\triangle ABC$ 中，$CD \perp AB$ 于 D，$AC=20$，$BC=15$，$DB=9$。

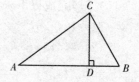

（1）求 DC 的长。

（2）求 AB 的长。

（3）求证：$\triangle ABC$ 是直角三角形。

选做题：

1. 如图，在四边形 $ABCD$ 中，$AB=3$cm，$BC=4$cm，$\angle CBA=90°$，$DC=12$cm，$AD=13$cm。求四边形 $ABCD$ 的面积。

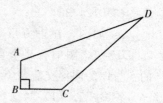

2. 如图中分别以 $\triangle ABC$ 三边为边向外作正方形、正三角形，以三边为直径作半圆，若 $S_1+S_2=S_3$ 成立，则 $\triangle ABC$ 是直角三角形吗？

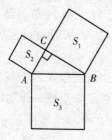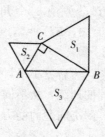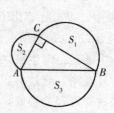

设计意图：通过作业的布置对本节的知识和技能进行检测和反馈。结合

学生实际情况, 贯彻面向全体学生, 因材施教的原则。必做题要求全体学生都能完成, 选做题部分学有余力的学生可选做。在减轻学生课业负担的同时, 以学生的能力发展为重, 同时体现不同的人在数学上得到不同的发展的课标理念。

【板书设计】

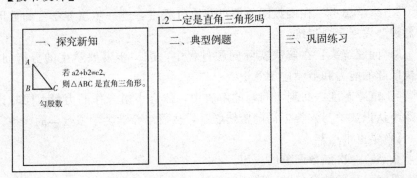

【教学反思】

波利亚认为"头脑不活动起来, 是很难学到什么东西的, 也肯定学不到更多的东西""学东西的最好途径是亲自去发现它""学生在学习中寻求快乐"。在本节课的教学设计中注意从学生的认知水平和亲身感受出发, 通过创设认知冲突的学习情境, 提高学生学习数学的积极性, 系列活动让学生经历不同的学习过程, 让学生感受到了成功的喜悦, 进而增加学生学习的信心和解决问题的决心。

(三) 习题课教学设计课例

课例1 《4.4 一次函数的应用 (3)》教学设计

教学分析

【教材分析】

本节课是北师大版数学八年级 (上) 第四章第四节一次函数的应用的第3课时。前几节课, 学生已经学习了一次函数的表达式, 一次函数的图象, 一次函数图象的特征, 并且了解到一次函数在实际生活中应用十分广泛。本节课是一次函数的应用第3课时, 第1, 2课时是根据图象会求表达式, 并从给定的图象中获取相应的信息。本节课是在一个坐标系中出现两个一次函数的图象, 这就需要学生根据每个图象的识别准确读懂信息, 是上节课的一个延续。新教材与老教材相比, 在实际问题中把一次函数中的 k, b 对应的实际意义提出来，更加深了一次函数与实际应用的结合，也能更好地让学生认识数学与人类生活的密切关系。

【教学目标】

1. 知识技能：进一步训练学生的识图能力，能通过函数图象获取信息，解决简单的实际问题。

2. 数学思考：在函数图象信息获取过程中，进一步培养学生的数形结合意识，发展形象思维。

3. 问题解决：在解决实际问题过程中，进一步发展学生的分析问题、解决问题的能力和数学应用意识。

4. 情感态度：在现实问题的解决中，体会小组合作的力量，同时让学生逐步认识数学与人类生活的密切联系，从而培养学生学习数学的兴趣。

【教学重难点】

重点：一次函数图象的应用。

难点：从函数图象中正确读取信息。

【我的思考】

本节课先采取"课前回顾与预习"来对本节课需要的知识点进行铺垫，然后课堂探究部分先让学生独立思考，再小组讨论，特别是针对一次函数中 k, b 的实际意义分析时，让学生充分的讨论，在下一道例题中检验学生是否真正掌握。本节课学生从严格画图来获得信息，感受到了图象带给大家的感性认识，同时又让学生体会到用纯数学的角度去解决实际问题，更好地让学生认识数学与人类生活的密切关系。

教学设计

【教学过程】

一、课前回顾，预习检测

1. 一根弹簧原长 10cm，在允许可挂范围内，每挂 1kg 的物体，弹簧就伸长 0.5cm，写出挂出物体后，弹簧的长度 y（cm）与所挂物体的质量 x（kg）之间的函数关系式_____。

2. 弹簧的长度 y（cm）与所挂物体的质量 x（kg）之间的关系如图所示：

（1）弹簧挂 5kg 质量的物体时，弹簧的长度为_____ cm。

（2）弹簧挂 20kg 质量的物体时，弹簧的长度

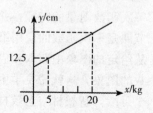

为_____ cm。

（3）一次函数的表达式为_____。

（4）一次函数中 $k=$_____，它表示的实际意义是_____。
一次函数中 $b=$_____，它表示的实际意义是_____。

设计意图：

本环节设计的两题学生比较熟悉，并且在背景上实质是完全相同的两道题，既是对前面知识的一个回顾，同时又让学生体会一次函数中 k，b 的实际意义，学生要回答的问题在第 1 个小题中就有答案，这样就能够分散学生学习的难点，为后面的新课探究中要研究的问题进行了铺垫。

设计效果：

本环节是作为前一天的家庭作业的一部分，学案先发给学生，课堂上小组内交流一下，对答案预测中学生可能在一次函数表达式求法和 k，b 的实际意义上有分歧，其他部分应该难度不大，所以可以让学生就这个问题进行简单说明，最后规范答案，所需的时间不会超过 5 分钟。

二、合作交流，探索新知

合作探究一：

如图，l_1 反映了某公司产品的销售收入与销售量的关系，l_2 反映了该公司产品的销售成本与销售量的关系，根据图象填空：

（1）当销售量为 2t，销售收入＝_____，销售成本＝_____元。

（2）当销售量为 6t，销售收入＝_____，销售成本＝_____元。

（3）当销售量等于_____时，销售收入等于销售成本。

（4）当销售量_____时，该公司赢利（收入大于成本）；当销售量_____时，该公司亏损（收入小于成本）。

（5）l_1 对应的函数表达式是_____，l_2 对应的函数表达式是_____。

（6）在 l_1 的表达式中，$k=$_____，它表示的实际意义是_____；$b=$_____，它表示的实际意义是_____。
在 l_2 的表达式中，$k=$_____，它表示的实际意义是_____；$b=$_____，它表示的实际意义是_____。

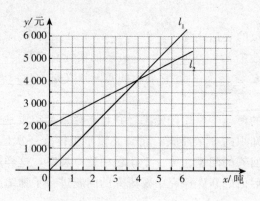

设计意图：

培养学生的识图能力和探究能力，调动学生学习的自主意识。通过问题串的精心设计，引导学生根据实际问题建立适当的函数模型，利用该函数图象的特征解决这个问题。在此过程中渗透数形结合的思想方法，发展学生的数学应用能力，同时根据教材进行适当的调整，把教材"想一想"的部分，调整为问题串的第（6）题，因为在课前回顾部分已经对 k、b 的实际意义进行了探讨，所以基于这样的考虑，进行了如此的安排。

设计说明：

在这个环节的学习过程中，首先引导学生在对应的图中标识出销售收入和销售成本，便于学生及时准确地获取信息，前 4 个问题对于普通学生来说难度不大，个人或小组内完全可以解决，对于函数表达式的求法多数同学会做，但是个别的同学可能还不熟练，可以让小组内解决，同时也会派学生代表讲一讲，毕竟是学生需要掌握的知识点，对于 k、b 的实际意义，设想让每个小组的同学都展示一下，交流想法、找寻方法，真正地理解题意。

合作探究二：

我边防局接到情报，近海处有一可疑船只 A 正向公海方向行驶。边防局迅速派出快艇 B 追赶（如图），下图中 l_1，l_2 分别表示两船相对于海岸的距离 s（n mile）与追赶时间 t（min）之间的关系。

根据图象回答下列问题：

（1）哪条线表示 B 到海岸的距离与时间之间的关系？

解：观察图象，得，当 $t=0$ 时，B 距海岸 0 n mile，即 $s=0$，故 l_1 表示 B 到海岸的距离与追赶时间之间的关系。

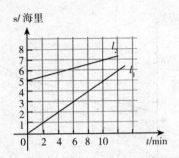

(2) A，B 哪个速度快？

解：从 0 增加到 10 时，l_2 的纵坐标增加了 2，而 l_1 的纵坐标增加了 5，即 10 min 内，A 行驶了 2 n mile，B 行驶了 5 n mile，所以 B 的速度快。

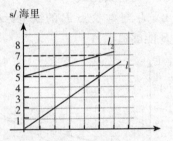

(3) 15 min 内 B 能否追上 A？

解：延长 l_1，l_2，可以看出，当 $t=15$ 时，l_1 上对应点在 l_2 上对应点的下方，这表明，15 min 时 B 尚未追上 A。

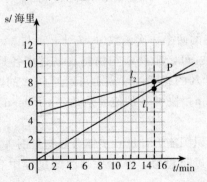

(4) 如果一直追下去，那么 B 能否追上 A？

解：如图 l_1，l_2 相交于点 P。因此，如果一直追下去，那么 B 一定能追上 A。

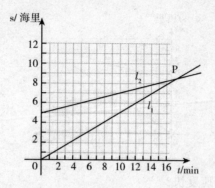

(5) 当 A 逃到离海岸 12 海里的公海时，B 将无法对其进行检查。照此速度，B 能否在 A 逃到公海前将其拦截？

解：从图中可以看出，l_1 与 l_2 交点 P 的纵坐标小于 12，这说明在 A 逃入公海前，我边防快艇 B 能够追上 A。

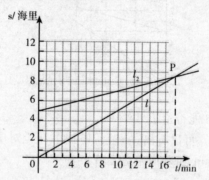

(6) l_1 与 l_2 对应的两个一次函数 $y = k_1 x + b_1$ 与 $y = k_2 x + b_2$ 中，k_1，k_2 的实际意义各是什么？可疑船只 A 与快艇 B 的速度各是多少？

解：k_1 表示快艇 B 的速度，k_2 表示可疑船只 A 的速度。可疑船只 A 的速度是 0.2 n mile/min，快艇 B 的速度是 0.5 n mile/min。

设计意图：

培养学生良好的识图能力，进一步体会数与形的关系，建立良好的知识联系，同时需要学生进行思考，在动手画图的过程中直观判断信息的准确性。

设计说明：

新教材与旧教材相比，更加强了数学单位的符号意识，老教材中用的单位是海里和分钟，而本书中更加强调了单位的符号表示，我设计时是两者兼用，让学生在熟悉中初步接受符号表示的意识，因为对于薄弱学校的学生来说确实是一个难点。本题在操作中也是让学生把快艇和可疑船只标识在具体的题中，便于同学查看和理解。此题要比上一题难度大，给学生讨论的时间要充分，最好是各抒己见，把问题弄透，教师适时点拨，提升高度。这道题解决之后，教师追加一个问题，若画图时，交点数据与所判断的数据很相近时，无法准确地给出结论，我们可以通过什么办法来解决呢？这就引导学生上升到理性思维上，先求函数的表达式，在根据实际情况代数求值来解决，是从感性到理性的一个提升。

三、课堂反馈，巩固提升

1. 如图，表示甲骑电动自行车和乙驾驶汽车匀速行驶 90km 的过程中，行驶的路程 y 与经过的时间 x 之间的函数关系，请根据图象填空：

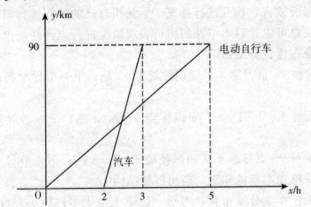

（1）_____出发的早，早了_____小时。

（2）_____先到达，先到_____小时。

（3）电动自行车的速度为_____ km/h，汽车的速度为_____ km/h。

设计意图：

本题难度不大，旨在检测学生的识图能力，可根据学生情况和上课情况适当调整，同时本题与教材习题相似，有利用帮助 C 组同学完成家庭作业。

设计说明：

本节课对于薄弱学校学生来说，课时量比较大，对于课堂反馈练习如果完成不了就留家庭作业，如果时间充裕就课堂上完成。

四、课堂小结，反思收获

内容：

本节课我们学习了一次函数图象的应用，在运用一次函数解决实际问题时，可以直接从函数图象上获取信息解决问题，当然也可以设法得出各自对应的函数关系式，然后借助关系式完全通过计算解决问题。通过列出关系式解决问题时，一般判断关系式的特征，如两个变量之间是不是一次函数关系？当确定是一次函数关系时，可求出函数解析式，并运用一次函数的图象和性质进一步求得我们所需要的结果。

意图：

引导学生自己小结运用一次函数解决实际问题的主要方法。

说明：

让学生畅所欲言，相互进行补充，尽量用自己的语言进行归纳总结。同时各个小组长也可以针对本节课的组员表现情况进行点评并提出希望。

五、作业布置，分层练习

C层：教材95页习题4.7知识技能1，2题；下一节导学案的课前回顾部分。

B层：教材95页习题4.7知识技能1，2，3题；下一节导学案的课前回顾部分。

A层：教材95页习题4.7知识技能1，2，3题；下一节导学案的课前回顾部分，并梳理本章的知识，写出框架结构。

设计意图：作业分层布置，为每一位学生提供多样性的弹性发展空间，体现不同的人在数学上得到不同的发展的课标理念。

六、教学反思

（1）设计理念

函数是研究现实世界变化规律的一个重要模型，是初中阶段数学学习的一个重要内容。在本节教学设计中，进一步体现了"问题情境——建立数学模型——应用与拓展"的模式，既考查了学生独立思考的能力，又培养了学生合作交流的意识，从而获取成功的经验。教学时遵循学生能自己解决的，教师不教，学生能讲的，教师不讲，学生疑惑的地方和需要强调的地方，教师必讲。在选题时，选取学生熟悉的背景，设置的问题循序渐进，有针对性地解决相关的问题，逐步降低学生的难点，完成教与学的任务。作业的布置也是分层次的，难易得当，让每个层次的同学有所得，对数学不至于失去兴趣。

（2）突出重点、突破难点的策略

本节课是在学生已经掌握了一次函数的图象和有关性质的基础上，对有关知识进行应用和拓展。本节课重点就是一次函数的应用、建立在学生识图，建模的过程中，然后利用一次函数的相关知识进行解决，而在解题的过程中，正确地识别图中给出的信息又是难点，所以教学中先让学生自己独立思考，然后小组内交流，把疑问先在小组内解决，对于争论比较大的地方，可以让学生各抒己见，充分展现他们的想法，在争论中寻求正确的答案。教师在选题和问题串的设计上，分散了难点，引导学生进行探究活动。在师生互动、生生互动的探究活动中，提高学生解决实际问题的能力。

【板书设计】

4.4　一次函数的应用（3）
一、预习检测　　二、合作探究一：　　　　　合作探究二
三、课堂练习
四、课时小结
五、布置作业

（四）复习课教学设计课例

课例 1　《第一章　勾股定理 回顾与思考》教学设计

教学分析

【教材分析】

本节课是北师大版数学八年级（上）第一章的章末复习课，是学生再认知的过程，是对直角三角形的性质及判定的又一次补充。因此主要任务是使学生在复习回顾的基础上，系统掌握本章的主要内容及其联系，并进一步训练学生灵活运用所学知识，提升解决问题的能力。教材通过抛出问题串的方式引导学生通过自己的思考将有关问题内容条理化。同时引导学生在复习过程中进行思考，并对直角三角形的性质与判定加以明确，对勾股定理的应用加以强化。

【教学目标】

1. 知识技能：通过回顾，使学生熟练掌握勾股定理及逆定理，会利用勾股定理及逆定理解决生活中简单的应用问题。

2. 数学思考：通过思考，使学生对直角三角形的性质和判定有更全面的认识，能应用这些知识解决一些问题。并在复习的过程中，进一步发展学生的推理能力和有条理的表达能力。

3. 问题解决：通过回顾引导学生开展自主复习，初步掌握复习方法，形成基本复习技能。

4. 情感态度：通过引导、思考、推理、交流等活动，进一步发展空间观念，发展数形结合的数学思想，积累数学活动经验。并在活动过程中，使学生养成独立思考、合作交流、反思质疑等学习习惯。

【教学重难点】

重点：运用勾股定理及其逆定理解决问题。

难点：把实际问题化归成勾股定理的几何模型，进一步提升学生解决实际问题的能力，发展学生的推理能力和有条理的表达能力。

【教学准备】

学具：课前每名学生对本章知识进行梳理，构建知识框架图，实物投影仪。

【我的思考】

针对教材内容和学生的实际情况，对本章的回顾与思考的教学，设计四个教学环节，分别是引入新课、知识梳理、好题推荐、反思升华。通过以上教学环节让学生掌握勾股定理及其逆定理的一些基本知识，理清知识与知识的内在联系。学生以前学习的直角三角形的知识都是零散的，因此想通过本课的复习，把以前所学的有关直角三角形的知识进行梳理形成知识体系。

教学设计

【教学过程】

一、引入新课

教师活动：请同学们在小组内互相交流，看看自己的知识框架图与别人的有什么不同，大家互相取长补短，达成共识，之后每组推荐一名同学展示你们小组的交流结果。

学生活动：组内学生互相交流、比较知识框架图，选出组内最完善的知识框架图。

教师活动：引出课题——这节课我们共同对第一章《勾股定理》进行回顾与思考。

设计意图：学生通过对本章知识的归纳比较，更加理解勾股定理、勾股定理的逆定理的有关内容、作用、应用。通过聆听别人提出的宝贵意见，修改自己的作品，在思维的碰撞中优化知识框架图，比老师直接给出知识框架图会有效得多。

二、知识梳理

1. 构建知识框架图

学生活动：学生通过实物投影仪展示本小组共同制作的知识框架图，并与全班同学交流。

教师活动：教师鼓励学生大胆地表达自己的见解，与学生一起达成共识，建立合情合理的知识框架图。（出示幻灯片）

第一章勾股定理知识框架图

```
┌─────────────────────┐              ┌─────────────┐
│     实际问题        │◄────────────►│   勾股定理   │
│(直角三角形边长计算) │              │             │
└─────────────────────┘              └─────────────┘
                                            ▲
                                            │
                                         互逆定理
                                            │
                                            ▼
┌─────────────────────┐              ┌───────────────┐
│     实际问题        │◄────────────►│ 勾股定理的逆定理 │
│ （判定直角三角形）  │              │               │
└─────────────────────┘              └───────────────┘
```

设计意图：在学生的叙述过程中，教师及时纠正学生叙述中的错误。通过学生阅读，相互交流，整理知识框图，复习本章知识点，自觉内化到自身的知识体系中。

2. 本章的有关概念、定理

教师活动：出示幻灯片，以问题串的形式回顾本章的有关概念、定理。

1. 勾股定理及其逆定理阐述的是哪种图形的性质及判定？

2. 它们阐述的是该图形哪方面（边、角）的性质？

3. 你还知道该图形的哪些性质？

4. 用框图总结直角三角形的性质及判定。

设计意图：复习与直角三角形有关的知识，加强知识的前后联系，把勾股定理及判定纳入直角三角形的知识体系中，把以前的零散的知识形成知识体系。

学生活动：学生以抢答的方式进行此环节教学。

设计意图：引导学生回顾与反思学习过程，进一步梳理知识，优化认知，从学会走向会学，带着收获的喜悦继续本节课的学习。

3. 勾股定理

教师活动：出示幻灯片。

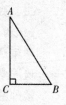

活动一：直角三角形有哪些特殊的性质？

角：直角三角形的两锐角互余。

边：直角三角形两直角边的平方和等于斜边的平方。

勾股定理：直角三角形两直角边的平方和等于斜边的平方。

在 Rt△ABC 中，∠C=90°，则有：$AC^2+BC^2=AB^2$。

勾股定理揭示了直角三角形三边之间的关系。

（或 $AC^2=AB^2-BC^2$，或 $BC^2=AB^2-AC^2$）

学生活动：学生经过回顾后，直接叙述定理内容，并明确其主旨及用处，结论的变式格式，其他学生进行补充说明。

设计意图：培养学生独立思考问题的习惯和细致考虑问题的学习习惯。鼓励学生大胆的表述见解，进一步巩固和复习了直角三角形边的性质。

典型例题

1. 在 Rt△ABC 中，$AB=c$，$BC=a$，$AC=b$，∠B=90°，已知 $a=5$，$b=12$，那么 $c=$_____。

答案：$\sqrt{119}$

设计意图：引导学生画出图来，注意不要简单机械的套 $a^2+b^2=c^2$，避免思维定式。

2. 变式：如果一个直角三角形的两条边长分别是 3cm 和 4cm，那么这个三角形的第三边的平方是_____。

答案：25 或 7

设计意图：进一步引导学生分情况讨论，培养学生分类讨论的数学思想的逐步形成。

4. 勾股定理的逆定理

教师活动：（出示幻灯片）

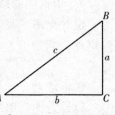

活动二：如何判定一个三角形是直角三角形呢？

角：（1）有一个内角为直角的三角形是直角三角形

（2）两个内角互余的三角形是直角三角形

边：如果三角形的三边长为 a、b、c，满足 $a^2+b^2=c^2$，那么这个三角形是直角三角形。

勾股定理的逆定理：如果三角形的三边长为 a、b、c，满足 $a^2+b^2=c^2$，那么这个三角形是直角三角形。

勾股数：满足 $a^2 + b^2 = c^2$ 的三个正整数，称为勾股数。

典型例题

1. 有四个三角形，分别满足下列条件：

①一个内角等于另两个内角之和；②三个角之比为 $3:4:5$；

③三边长分别为 7、24、25；④三边之比为 $5:12:13$

其中直角三角形有（　　）

A. 1个　　　　　 B. 2个　　　　　 C. 3个　　　　　 D. 4个

2. 下面各组数中，是勾股数的是（　　）

A. 7，24，25　 B. 1，3，5　 C. 1.5，2，2.5　 D. $\sqrt{3}$，1，2

学生活动：学生独立思考，交流想法，不足之处互相进行补充说明。

设计意图：通过具体的例题让学生进一步掌握勾股定理逆定理，在不断的学习中，逐渐完善知识体系，明确理解勾股数的概念。

5. 定理的应用

教师活动：（出示幻灯片）

活动三：定理的应用

典型例题

1. 如右图，折叠长方形（四个角都是直角，对边相等）的一边 AD，点 D 落在 BC 边的点 F 处，已知 $AB=8$cm，$AD=10$cm，求 EC 的长。

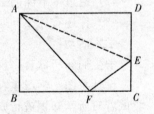

答案：由折叠的过程可知。$\triangle AFE \cong \triangle ADE$、$AD=AF$，$DC=EF$，在 Rt$\triangle ABF$ 中，$AB=8$cm，$AF=10$cm，$BF^2=AF^2-AB^2=10^2-8^2=6^2$，$BF=6$，$FC=BC-BF=10-6=4$cm，设 $CE=x$cm，$DE=(8-x)$ cm，所以 $EF=(8-x)$ cm。

在 Rt$\triangle CEF$ 中，$EF^2=CF^2+CE^2$，根据题意，得 $(8-x)^2=4^2+x^2$，所以 $x=3$，即 CE 的长为 3cm。

设计意图："折叠"问题是数学中常见问题之一，用这个关系就可建立关于 x 的方程，解出 x 便求得 CE。

2. 一圆柱体的底面周长为 32cm，高 AB 为 12cm，BC 是上底面的直径。一只蚂蚁从点 A 出发，沿着圆柱的侧面爬行到点 C，试求出蚂蚁爬行的最短路程。

答案：20cm

设计意图：在曲面上寻找最短路线，把圆柱侧面展开从而转化成平面上的路线问题，利用勾股定理解决问题，培养学生的空间概念和把未知问题转化为已知问题来解决的化归思想。加深学生对勾股定理的理解与运用。

三、好题推荐

教师活动：

同学们回忆在本章的学习过程中，有哪些典型的例题，请你选择一道你认为好的题，推荐给小组内其他成员，小组成员互相交流探讨，然后每组选出小组内的一道好题推荐给全班同学，在实物投影上进行展示。

学生活动：

学生独立思考，然后小组讨论交流，最后班级内展示。

设计意图：通过好题推荐，学生有效地对典型例题进行回顾、归类、总结。放开学生的心灵，给学生体验成功的机会，较好的提高了演绎推理的能力和归纳总结的能力。

四、反思升华

教师活动：

教师提出以下几个问题，请学生回答

（1）通过本节课的学习，你的收获是什么？

（2）通过本节课的学习，你感受到了什么？

（3）你还有什么问题和困惑？

学生活动：

学生们畅所欲言，说出自己这节课学习的感受和收获。

设计意图：学习重在反思和总结，学生在这一环节中可以回忆、交流，尝试着对所学知识进行归纳、梳理。教师引导学生回忆所学内容，与学生一起进行补充完善，使学生更加明确所学知识。

五、布置作业

（必做题）章末复习题第 1 题至第 12 题。

（选做题）章末复习题第 13 题至第 14 题。

【板书设计】

第一章　勾股定理　回顾与思考

一、知识回顾	二、典型例题	三、好题推荐
1. 勾股定理	1.	
2. 勾股定理的逆定理	2.	
3. 定理的应用	3.	

【教学反思】

1. 根据学生的学习情况，改进学生的学习方式，强调合作交流，探索学习，教师在教学过程中，努力为学生创设自主探索的氛围，让学生真正成为课堂主体。

2. 重视对学生能力的培养，重视培养学生观察、思考、归纳总结的能力，学生思考问题的方式是多种多样，教师应该尊重他们的学习方式，这样有助于学生的创新。要鼓励学生尝试并尊重他们不完善的甚至错误的意见，经常鼓励他们大胆说出自己的想法，大胆发表自己的见解，真正体现出学生是数学学习的主人。

3. 重视对学生学习习惯的培养，本节勾股定理的应用尽量和实际问题联系，精选习题，再加大适当的练习，突出学数学、用数学的意识和过程。

课例2　《27.2.2 相似三角形的应用举例》教学设计

教学分析

【教材分析】

这一章是人教版数学九年级（下）的内容，主要研究的问题是在前面研究图形、全等和一些全等变换基础上的拓展和发展，重点研究相似三角形的性质和判定方法，而这一节用三角形相似的方法来解决生活中不能直接测量的物体长度的问题（测量金字塔高度问题，测量河宽问题），这一节的内容对于学生今后从事各种实际工作具有重要意义。

【教学目标】

知识目标：通过本节相似三角形应用举例，发展学生综合运用相似三角形的判定方法和性质解决问题的能力，提高学生的数学应用意识，加深对相似三角形的理解与认识。

能力目标：通过动手作图的过程，提高学生将实际问题转化为数学问题的方法，以及运用相似三角形的知识解决问题的能力。

情感目标：在活动过程中使学生积累经验并获得成功体验，激发学生学习数学的热情与兴趣。

【教学重难点】

重点：在实际问题中，构造相似三角形的模型以及运用相似形的知识解决问题。

难点：构造相似三角形的模型。

【我的思考】

在教学中应从学生已有知识出发，以旧带新，新旧结合，加强解题思路的分析，使学生会把未知化已知，把复杂问题化为简单问题，帮助学生从实际生活中发现数学问题，运用所学知识解决实际问题，真正体现数学的价值。

教学设计

【教学过程】

教学环节	问题设计	师生活动	备注
情境创设	欣赏图片，导入新课 你看过或听说过埃及金字塔解密的故事吗？神秘的金字塔引来无数游客观光旅游。据史料记载，古希腊数学家、天文学家泰勒斯曾用相似三角形的原理测量出金字塔的高度，他是怎样求出金字塔的高度的？ 	教师提出问题。 通过历史故事，提高学生的学习兴趣，激发学生的求知欲望，从而引出本节课题。	

教学环节	问题设计	师生活动	备注
自主探究	问题一：利用阳光下的影子测量金字塔的高度 1. 操作：在金字塔影子的顶部立一根木杆，借助太阳光线构成两个相似三角形来测量金字塔的高度。如果木杆 EF 长 2m，它的影长 FD 为 3m，测得 OA 为 201m，求金字塔的高度 BO。 (1) 太阳光线 BA、ED 之间有什么关系？ (2) △ABO 和 △DEF 有什么特殊关系？ (3) 由 $EF = 2m$，$FD = 3m$，$OA = 201m$，怎样求 BO？ 2. 一题多解 问题二：估算河的宽度 复习学过的测河宽的方法 探索新方案：选择目标点，测量相关数据。如图，在河对岸选定一个目标点 P，在近岸取点 Q 和 S，使点 P，Q，S 共线且直线 PS 与河垂直，接着在过点 S 且与 PS 垂直的直线 a 上选择适当的点 T，确定 PT 与过点 Q 且垂直 PS 的直线 b 的交点 R，如果测得 $QS = 45m$。$ST = 90m$，$QR = 60m$，求河的宽度 PQ。 讨论测河宽的方法	教师提出问题。 学生读题，并理解测量方案。 由学生思考并回答，对于两三角形的关系，学生要会证明： ∵$BA /\!/ ED$， ∴∠$BAO = ∠EDA$ 又∵∠$BOA = ∠EFD = 90°$， ∴△ABO∽△DEF ∴$\dfrac{BO}{EF} = \dfrac{OA}{FD}$ ∴$BO = 134$ 学生分组讨论还有什么方法测量金字塔的高度。 教师帮助学生复习测河宽的几种方法，使知识系统化。 教师提出问题，学生理解测量方法。 教师引导学生分析： (1) 直线 QR 与 ST 有什么位置关系，为什么？ (2) △PQR 与 △PST 有什么关系，为什么？ (3) 怎样求 PQ？ 教师提出上述问题，师生共同分析后，由学生独立完成，并由一生板书。 在学生解答过程中，教师要关注： 学生能否准确快速证出两三角形相似；由相似得到的比例式是否是需要的；学生书写是否规范。 教师要及时肯定并表扬学生的成果。	在教师的分析下，把实际问题转化为数学模型，这是解决问题的关键。 在教师的分析下，把实际问题转化为数学模型，这是解决问题的关键。

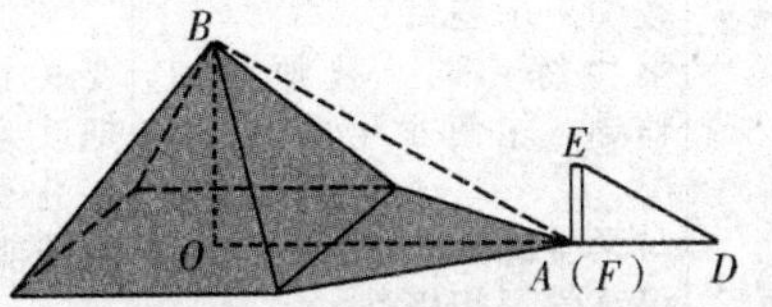

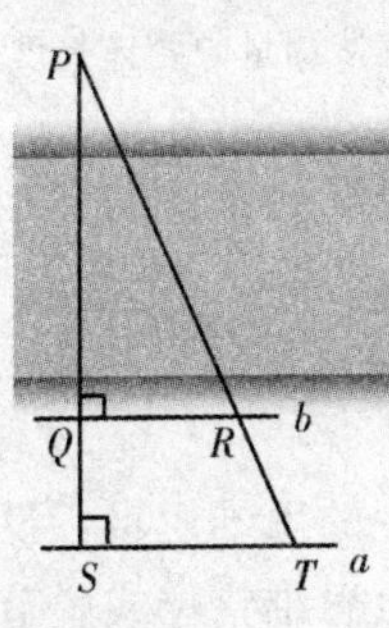

教学环节	问题设计	师生活动	备注
尝试应用	随堂练习	教师提出问题，学生独立思考、解答。 学生解答完毕后，小组交流后以小组为单位展示小组的成果。 解决此题时要让学生明确。	要关注学生把实际问题转化数学问题的能力。
补充提高	思维拓展	教师出示题目： 学生练习时，教师巡视、辅导，了解学生的掌握情况。 与学生感兴趣的问题联系，提高学习积极性。	要关注学生把实际问题转化数学问题的能力。
小结	小结： (1) 相似三角形的应用： 用三角形的相似，解决不能直接测量的物体长度。 (2) 实际应用题的解决方法： 解决实际应用题的关键是将题中的信息转化到数学图形中去。	教师提出问题。 学生独立回答，教师在学生总结后，进行补充。	学生能回顾、总结、梳理所学知识。
作业	作业： 教材 P50 练习 1 习题 27.2，10、11 题。		

【板书设计】

27.2.2　相似三角形的应用举例（第二课时）

一、相似三角形的应用：用三角形的相似，解决不能直接测量的物体长度。

二、实际应用题的解决方法：解决实际应用题的关键是将题中的信息转化到数学图形中去。

【教学反思】

在教学中，总认为教师的思维逻辑就是学生的思维逻辑，没有充分关注学生知识基础和思维特点，导致教学过程与学生思维错位或脱节，在以后教学中应从学生的实际情况多角度去考虑问题。

课例 3 **《19.2 一次函数的应用》教学设计**

教学分析

【教材分析】

这一章是人教版数学八年级（下）的内容。函数是刻画与研究现实世界数量关系和变化规律的重要工具，也是应用极其广泛的数学模型，一次函数是其中最简单最基本的一种，它的学习为今后学习反比例函数、二次函数及高中要学习的各类函数奠定了思想与方法的基础。例如：一次函数增减性和反比例函数增减性问题可以对比理解，二次函数应用问题常常以一次函数为基础。一次函数的应用是本章的重点与归宿。

【教学目标】

知识目标：

经历应用一次函数解决实际问题的过程；学会利用函数性质进行判断及决策的方法；领悟函数与方程、不等式的关系及其应用价值。

能力目标：

在对实际问题的探究过程中，提高通过文字、表格、图象获取信息的能力及提出问题、分析和解决问题的能力，增进应用函数思想的意识与能力。

情感目标：

激发学生学习数学的热情；体现数与形的结合美。

【教学重难点】

重点：经历应用一次函数解决实际问题的过程。

难点：图象信息的正确解读。

【我的思考】

学生会确定一次函数表达式，已掌握一次函数的性质及函数与方程、不等式的关系。最大的障碍是从文字、表格和图象中正确获取信息，准确建模，这也是解决函数应用的关键。

教学设计

【教学过程】

教学意图	教师活动	学生活动	媒体应用
通过本题，使学生感受一次函数在生活中的广泛应用，体会利用一次函数解决问题的好处。设计应本着符合学生心理发展特点的原则，尽量符合学生的认知，时时关注学生的兴趣、体验。尽可能使学生在多方面得到发展。因此，我将本章题目进行了适当改编，增加。(1)(2)问题变得具体化会让学生容易入手。激发学生学习函数的兴趣，同时培养学生应用数学的意识。	一、提出问题，小组讨论，导入新课 1. 我们前面学习了有关函数的知识，相继我们又学习了一次函数的知识，那么你能解决这道生活中一次函数的问题吗？ (1) 我们能直接做出判断吗？需要知道那些量？ (若有学生提出一天能够做几件衣服，每件衣服利润 25 元，则问题就解决了）小组讨论，老师巡视、指导，问题由学生解决。 (2) 第一个问题解决好第二个问题就迎刃而解，学生回答。学生发言会很积极，为本小组争光。	一、提出问题，导入新课 问题1：某织布厂有工人 200 名，为改善经营，增设制衣项目。已知每人每天能织布 30m 或利用织布制衣 4 件，制衣一件需要布 1.5m。将布直接出售，每米获利 2 元。将布制成衣服出售每件获利 25 元。每名工人一天只能做一项工作，不计其他因素。设安排 x 名工人制衣，则 (1) 一天中制衣所获利润 $p =$ _____ 元（用含 x 的代数式表示） (2) 一天中出售剩余布所获利润 $Q =$ _____ 元（用含 x 的代数式表示） (3) x 为何值时，该厂一天中所获总利润 w 最大？最大为多少？ 学生展开小组讨论，组内交流、合作，统一思想、统一答案。	展示问题1
培养学生从文字中获取信息解决实际问题的能力。培养学生利用函数模型思想解决问题的能力。	(3) 本题核心问题，本题中总利润指的是什么？包括哪些利润？怎么解决最大利润？小组讨论，老师巡视指导。	小组派代表解决，板演，讲解。其他小组提出问题。纠正解题格式。 学生在小组合作交流中解决问题，提高学生学习兴趣，把时间留给学生，充分调动学生学习的积极性。	

教学意图	教师活动	学生活动	媒体应用
本题属于"图象信息型"问题，正确解读图象信息对学生来说是个难点，也是本节课的难点。因此我把它作为一个问题单独提了出来："根据图象，你能读出哪些信息？"这个问题属于开放性的题目，学生回答起来也有一定的弹性，有利于学生从多个角度进行思考和探索，可以充分暴露学生的思维。同时，又兼顾到了不同层次的学生差异，符合新课标"教育要面对全体学生"的理念。"问起于疑，疑源于思"，提出一个问题比解决一个问题更重要，因此，第 2 问"你还能结合题意，提出一个问题吗？"，有利于培养学生的问题认识，提高学生数学建模能力。培养学生从实际问题中抽象出数学模型的能力。	教师抛给学生问题：1) 根据图象，你能读出哪些信息？2) 图中 x、y 表示含义是什么？图中折线 $A-B-C$ 是那个槽中的水变化图象？DE 呢？3) B 意义是什么？实质是什么？学生带着问题去讨论、交流、合作。 教师巡视指导，有时也参与学生的讨论。 (2) 中的深度指的是什么？怎样才能解决？	问题2：如图1是甲、乙两个圆柱形水槽的轴截面示意图，乙槽中有一圆柱形铁块立放其中（圆柱形铁块的下底面完全落在乙槽底面上）。现将甲槽中的水匀速注入乙槽，甲、乙两个水槽中水的深度 y（厘米）与注水时间 x（分钟）之间的关系如图2所示。根据图象提供的信息，解答下列问题： (1) 图2中折线 ABC 表示_____槽中水的深度与注水时间之间的关系，线段 DE 表示_____槽中水的深度与注水时间之间的关系（以上两空选填"甲"或"乙"），点 B 的纵坐标表示的实际意义是_____。 (2) 注水多长时间时，甲、乙两个水槽中水的深度相同？ 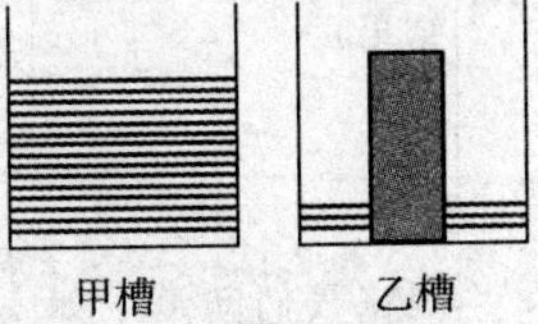 图1 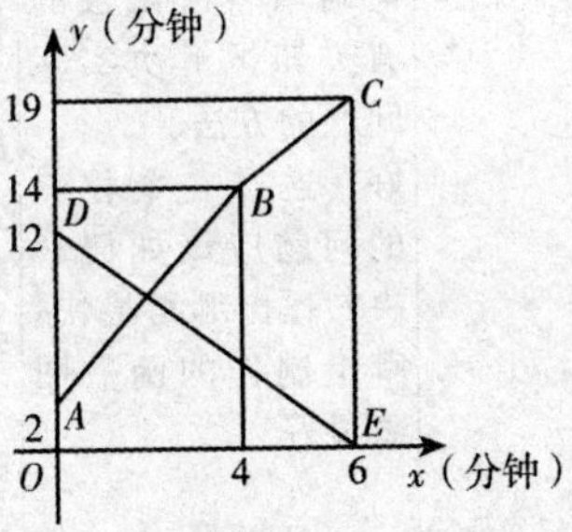 图2 学生带着问题合作交流，有目的、有秩序的进行讨论分析，有利于问题的解决。在第一个问题中学生很容易得到答案，但 B 的实际意义有偏差，在教师引导下得到正确答案。	展示问题2

教学意图	教师活动	学生活动	媒体应用
通过求函数的解析式，观察函数图象提高学生分析问题的能力。让学生经历"解决问题的过程"，获得成就感，培养学生的研究精神。 有利于学生从多个角度进行思考和探索，可以充分暴露学生的思维。同时，又兼顾到了不同层次的学生差异，符合新课标"教育要面对全体学生"的理念。 使学生巩固知识，并能灵活运用。	在这个问题基础上增加两问： (3) 若乙槽底面积为 $36cm^2$（壁厚不计），求乙槽中铁块的体积； (4) 若乙槽中铁块的体积为 $11m^3$，求甲槽底面积（壁厚不计）。（直接写成结果）	学生对问题（2）很快找到解决办法，通过求 AB、DE 解析式办法，交点的纵坐标相同，横坐标就是答案。学生应该能快速求解。整个问题的指向性非常明确，是函数应用的一般模式，也是这节课的重点，因此鼓励学生自己完成，并表述过程准确。 (3) 学生通过交流，根据图象找到问题的突破口，注水的体积是一定量的，使本节课达到高潮。 (4) 留作课后思考。	展示解析式 展示函数图象 展示问题
现在我们知道了如何利用一次函数的有关知识解决实际问题的方法。 好！这样一个租碟的问题应该如何解决？比比哪组最快，哪组制作的函数图象最好。	赛一赛 问题3：某影碟出租店开设两种租碟方式：一种是零星租碟，每张收费1元；另一种是会员卡租碟，办卡费每月12元，租碟费每张0.4元，若每月租碟数量为 x 张。设零星租碟方式应付金额 y_1 元，会员卡租碟方式应付金额 y_2 元。请你制作一张"月租碟费用"的函数图象，帮助来这家店租碟的人判断选取那种租碟方式更合算。学生分组合作完成此题。		展示问题3

教学意图	教师活动	学生活动	媒体应用
鼓励学生进行回顾与反思	引导学生进行归纳总结	课堂小结 学生讨论本节课收获和体会，师生共同归纳，生成方法。 引导学生总结：1. 文字信息类的应用题首先弄懂题意，找到变量及其关系，建立函数模型，解决问题。 2. 图象信息型问题的解题步骤："读图、建立函数模型、函数应用"。	展示内容
第1个问题为课后习题，是对这节课所学知识的巩固。第2个问题则具有很大的开放性，与本节所学从现实情境中抽象出数学模型的过程正好相反，对学生来说是一项创造性劳动，是知识的升华过程，有利于培养学生的应用能力及创造性思维能力。	布置作业	反馈练习，分层作业 1. 课后习题 2. 观察图形，从中任选其一赋予合理的问题情境，自己编写一道一次函数应用题，并解答。 	多媒体展示

【板书设计】

19.2 一次函数的应用

问题 1   问题 2

问题 3   归纳

【教学反思】

1. 本着符合学生心理和发展特点的原则，尽量符合学生的认知，时时关注学生的兴趣、体验。尽可能使学生在多方面得到发展。"问题情境—建立模型—解释应用与拓展"的教学模式是新课标所倡导的教学模式。重视学生全员参与、全过程参与课堂教学，真正突显学生的主体地位。

2. 学生对图象识别还不够到位，在今后教学中加强对学生图象识别方面的训练。

3. 本节课的总体效果很好，学生交流合作，对能力的提高起到一个很好的效果，同时也锻炼了学生和他人的合作和交流。

参 考 文 献

［1］中华人民共和国教育部. 义务教育数学课程标准（2011 年版）［M］. 北京：北京师范大学出版社，2012.

［2］北师大版基础教育课程标准实验教科书培训与服务手册初中数学［M］. 北京：北京师范大学出版社，2014 年.

［3］崔允漷. 有效教学［M］. 上海：华东师范大学出版社，2009 年.

［4］顾继玲. 中学数学教学设计［M］. 北京：北京师范大学出版社 2015 年.

［5］王海燕，卢慕稚. 初中课堂有效教学［M］. 北京：北京师范大学出版社，2015 年.

［6］庞彦福. 初中数学有效教学［M］. 北京：北京师范大学出版社，2015 年.

［7］吕世虎. 初中新课程教学设计与案例评析［M］. 北京：中国人事出版社，2004 年.

［8］严育洪. 新课程评价操作与案例［M］. 北京：首都师范大学出版社，2004 年.

［9］李杰. 初中数学课例研究与典型课评析［M］. 福州：福建教育出版社，2016 年.

［10］罗增儒. "教学目标"视角下的教学研讨［J］. 中学数学教学参考，2017，（1－2）：26－32.